中公新書 2746

櫻井義秀著

統一教会

性・カネ・恨《ハン》から実像に迫る

中央公論新社刊

はじめに

二〇二二年七月八日、奈良県の近鉄大和西大寺駅前で、参議院議員選挙の応援演説中だった安倍晋三元首相が一青年に狙撃・殺害される事件が発生し、日本中を震撼させた。警察の調べによれば、安倍元首相を統一教会（Unification Church：本書で言及する教団が長年用いてきた略称であり、世界や学術書で定着した名称。本書でも和名としてこの呼称を使用する）の最大のシンパだと信じた山上徹也容疑者による犯行であった。それ以降、統一教会による霊感商法や、山上容疑者の家族を経済的苦境に追い込むことになった信者への高額献金要請、自民党と統一教会との関係などが連日メディアで報道された。

韓国で当初キリスト教系新宗教と目された統一教《トンイルギョ》（韓国の呼称）が文鮮明《ムンソンミョン》によって創設されたのが一九五四年なので、二〇二二年で六八年になる。日本で布教が開始されたのは一九五八年だから、日本でもすでに六四年が経過している。その間に、韓国では一九六三年に「世界基督教統一神霊協会有志財団」として登録され、日本では一九六四年に「世界基督教統一神霊協会」の名称で宗教法人として認証を果たし、二〇一五年には「世界平和統一家庭連合」と改称した。統一教会はその後、韓国ではキリスト教の異端（似而非宗教《サイビジョンギョ》）として認知され、教祖ファミリーは財閥としてその事業が注目されている。

財閥と教団という異例の事業を韓国で率いる文鮮明一族だが、こと統一教会において、その収益を稼ぎ出している地は日本である。日本では霊感商法を行う「カルト」として認知され、一九八七年から二〇二一年までに、一二三七億円を超える被害が全国霊感商法対策弁護士連絡会のもとで集計されている。他方で、後述するように、統一教会には多数の自民党国会議員や地方議員に無報酬の私設秘書を送り込む、無償で選挙応援を行う、組織票を回すなどの政治的活動を活発に行い、見返りを受けてきた疑惑も報じられている。こうした背景からわかるように、この団体は宗教団体でありながら、経済組織・政治団体の側面も持っている。

統一教会と言えば、信者同士で教祖が選んだ配偶者と集団で結婚式を挙げることでも一般に知られているだろう。一九九二年には、三万組の合同結婚式が韓国ソウルオリンピック・メインスタジアムで挙行され、元女優・歌手の桜田淳子や元新体操の五輪代表選手の山崎浩子（一年後に脱会）が参加したことで話題になった。これまで日本の七〇〇〇名を超える女性信者が韓国の男性と結婚し、渡韓しているが、韓国の男性は信者でない場合が多い。韓国人の配偶者を得がたい男性や、その母親が息子の結婚を目的に統一教に入る例が少なくないので、日本の女性信者は合同結婚によって地方暮らしや階層的な下降移動を余儀なくされる。すなわち、日本の比較的裕福な女性信者が、結婚難に悩む韓国男性と結婚するという図式になっている。

また現在、日本の統一教会において主要なポストは韓国人幹部に占められ、文鮮明ファミリーによって日本の教団は支配されている。文鮮明が二〇一二年に死去した後、教団の主流派は妻の韓鶴子《ハンハクジャ》派と、世界大学原理研究会を率いてきた三男の文顯進《ムンヒョンジン》派、サンクチュアリ協会（世界平和統一聖殿）を率いる七男の文亨進《ムンヒョンジン》派に分裂し、日本の統一教会も三派から分割統治されている。いま世界布教を行っている教団において、発祥国と布教国でこれほどの格差的待遇がある例はない。キリスト教会で言えば、宣教団体（ミッションボード）が宣教活動を行う国に資金と人材を投入するのが通例である。統一教会は、その逆をいく。なぜ、韓国の統一教は日本の宗教組織をこれほどまでに支配できたのだろうか。逆の言い方をすれば、なぜ、日本の統一教会信者は、韓国の教祖ファミリー、幹部たちに従順に従い、人生や資産のすべてを捧げてしまったのだろうか。

賢明な読者は、日本における統一教会の拡大の背後に、日韓関係の桎梏《しっこく》を感じ取るだろう。韓国人教祖と幹部たちが抱く日本の植民地主義に対する恨《ハン》と、日本人信者の贖罪意識なしに、一方的な支配・従属の関係はありえないからだ。

一九六五年に締結された日韓基本条約によって、韓国政府は日本から得られる経済協力の代わりに、日本に対する植民地期・戦時下の一切の賠償に対する請求を取り下げた。韓国国民は朴正熙《パクチョンヒ》大統領の下で、この条約に怒りを表出することが封じられ、不満が溜まっていった。対する日本でも、こうした戦争責任の政治的決着に道徳的負債感を持つ人々が一定数存在し、歴史認識の問題がくすぶっていた。

このような日韓関係に統一教会を理解する鍵があるのと同時に、統一教会の問題を解決する困難さも内在している。いわゆる統一教会のカルト性や信者へのマインドコントロールを批判するだけでは、この教団を理解し教団の日本戦略に適切に対応することができない。

仮に、日本社会において韓国発祥の統一教が教勢を拡張できなければ、統一教は韓国の一民族宗教として新宗教の一つに数えられるに過ぎず、韓国内で小財閥と教団を形成するに留まったはずである。しかしながら、統一教は日本人の布教に成功し、日本の一般市民から巨額の資金を収奪して韓国に送り、その資金によって文鮮明ファミリーは数十倍規模の財閥となった。そして、さらなる世界布教を行い、おそらく世界中の宗教学者や社会学者が認知する新宗教となっている。つまり、統一教会を育てたのは日本である。統一教会の言い方では、日本は「母の国」として韓国の世話をしなければいけないという。

そこで、あらためて次のような素朴な疑問が生じる。なぜ、日本人は統一教会を信じるようになったのか。なぜ、およそ数万人の日本人が信者として活動し、合同結婚式に参加し、教祖ファミリーを中心とする宗教的・家族的な共同体を形成し、日本の富と人材を韓国側に提供するに至ったのか。

本書の目的は、このような統一教会をめぐる疑問を解くことにある。具体的には、以下の四点を順に考察していく。すなわち、①統一教会が韓国で宗教的財閥となり、日本では霊感商法を行うカルトになっていく経緯、②日本の女性信者が韓国の男性に嫁いで韓国で生活しなければならない状況がなぜ起きたか、③日本の統一教会信者たちが韓国の教祖ファミリーと幹部にすべてを捧げるまでに支配される精神構造、そして最後に、④日本は統一教会問題にどのように対処していくべきか。これらの論点について、私見を述べてみようと思う。

こうした難問に答えるためには、歴史的経緯を丹念にときほぐす必要がある。そこで本書ではまず、統一教会の歩みを日韓現代史に位置づけ、その成立と受容の実態を詳述することから始める。統一教会という教団の歴史と社会問題性を理解してもらうことを通じて、現代日本における政治と宗教の関係、信教の自由と宗教活動に対する規制のあり方などに対する考えを深めてもらえれば幸いである。

目次

第一章　メシヤの証し——文鮮明とは何者か

I　再臨主の死と相続をめぐる争い

メシヤの死

二〇一二年九月三日、統一教会の教祖・文鮮明が、韓国京畿道加平郡にある統一教会施設の清心国際病院で死去した。一九二〇年に、現在は北朝鮮に属する平安北道定州郡で出生したのだから、享年九二である。葬儀（統一教会では聖和式という）は、九月一五日に文鮮明の七男で統一教会世界会長を務めていた文亨進が葬儀委員長（喪主）として行い、一族が参集する中、三男・文顯進と側近の幹部は葬儀への出席を拒まれた。統一教会の行く末に暗雲を投げかけた深刻な兄弟間・母子間の葛藤については、後に述べる。

聖和式の横断幕には「文鮮明　天地人真の父母　天宙聖和式」とあり、遺体が収められた棺には「天一國眞聖徳皇帝億兆蒼生萬勝君皇」と揮毫《きごう》された。文鮮明は二番目の妻である韓鶴子と共に「天地人真の父母」と教団内で呼ばれている。「天地人」は宇宙・世界の意味であり、その「真の父母」というのは、再臨のメシヤ（キリスト）の意味である。再臨のメシヤは一人の人間ではなく、男女・夫婦であるというのが統一教会独自の考え方だ。

その「メシヤ」から一四人の「神の子たち」が生まれた。そして、統一教会では文鮮明夫妻を主礼（韓国語で仲人の意）とした信者間の合同結婚式が一九六〇年から幾度となく挙行され、多数の二世、三世信者が生まれた。「天一国」とは、これらの子供たちと親世代の信者によって作られる教団の地上天国であり、二〇一三年二月に「天地人真の父母様天一国即位式」および「天一国基元節入籍祝福式」が韓国・清平の清心平和ワールドセンターで挙行された。

天一国

天一国には歌がある。

1-1

一　麗しき花よ　愛のバラ　望みの訪れ　満ち溢る　全世界あまねく　こぞりて祝え　尽きぬ喜び　輝かさん（繰り返し）　自由の天一国

二・三は略

四　高くはためく　天つ御旗　天地父母様の　願う理想（繰り返し部分）　幸福の天一国
（出典：日本統一教会公式ＨＰ）

天一国には憲法もある。その前文には、「本憲法は天一国国民皆が真の父母様が生涯を通して見せてくださった実体み言を成していくことができるように導く法度・規範・指針として、天一国を定着・完成させることができる普遍的で実質的な生活体制・家庭体制・国家体制・世界体制を備えるために制定された」とある（「天一国　憲法　摂理的葛藤に対する真の視角と理解」ＨＰ）。

統一教会の教団内規則であれば、憲法と称する必要はない。実際に、この憲法には国土の規定がないので国民国家を前提とした憲法ではない。しかし、次のような規定がある。

主権は真の父母にあり（一〇条）、公的資産の占有権を持ち（一三条）、公式言語を韓国語とし（一四条）、世界本部を大韓民国の天正宮に置き（一五条）、国民の義務として「天一国国民は純潔な天の血統を守らなければならない」、そして「天一国国民は天一国摂理のために寄付または献金をしなければならない」（一八条）。こうした規定から、天一国は、教祖＝真の父母＝主権者に従う信者＝血統の継承者＝献金者の国であることがわかる。その他の法文は真の父母の王国の管理業務（天政院・天議会・天法院・天財院・天公院・地域自治）に関わる規定だけだ。

統一教会の信者は日本国内だけで約数万人、韓国と全世界を合わせても数十万人に足りない。この程度の中小規模の教団が国家を名乗り、憲法を定めるというのは大仰と言わざるをえない。しかし、天一国の主権者・国民にとっては、現存する一九六の国民国家こそ地上に限定された話であり、地上界・霊界にまたがる天一国のリアリティに勝るものはないとみなされる。

その主権者たる文鮮明が亡くなり、統一教会の聖地である清平に埋葬された。日本の信者には葬儀までに一人あたり一二万円の「聖和特別献金」を持って三万人が弔問に行くようにと指示がなされたという。いわゆる香典の額と弔問客数へのこだわりが細かい。

実際、清心平和ワールドセンターで挙行された式典には、教団発表によれば約三万五〇〇〇人が集まり、その模様は世界一九四カ国にサテライト中継され、八〇〇万人が各地で焼香したという。北朝鮮の金正恩も弔電を寄せた。式典後、文鮮明の棺は天聖山の原殿地（本部）に埋葬された。

日韓の政界や宗教界、世界中の新宗教研究者に名を知られた教祖の死は、本国で大きく報じられた。朝鮮日報（九月四日付）では一面トップに「教主・企業人・合同結婚式主催者……自称「問題人物」逝く」「韓・米・日「統一教帝国」信者は国籍関係なく結婚させられ、「平和の王」など3回の戴冠式　キリスト教では「異端」として排斥……教理・脱税などで6回監獄行き」「経済・政治・文化全方位の活動　言論・教育・芸術・スポーツ事業進出……ある時は政党もつくり、強大な財力を前面に、ゴルバチョフ、金日成と単独面談も」といった見出しとりード文が掲載され、文鮮明の履歴や統一教の活動内容が詳述された。そこでは、本人の服役経験や家族間のトラブル、二〇〇八年の「平和統一家庭党（総裁 郭錠煥《カクジョンファン》）」の総選挙出馬（政党の投票得票率は一・一パーセントで、政党法による政党登録の取消）、「韓日海底トンネル」など話題に事欠かなかった人物であることもまじえて紹介されている。

他方、日本のマスメディアでは、「統一教会は信者の合同結婚式で知られるほか、不安を煽って壺や印鑑などを買わせる「霊感商法」とのかかわりが指摘され、日本で大きな社会問題になった」（朝日新聞九月三日付）、「韓国でも「洗脳教育をしている」などと批判を受ける一方、多くの企業を擁する『統一グループ』を形成し、事業を展開した」（読売新聞九月三日付）などと、控え目に報じられただけだった。

本章では、文鮮明という一人の韓国人がどのようにして再臨のメシヤとして信奉者を日韓で集めるに至ったのかを明らかにするべく、初期の統一教会を描こうと考えている。その前に、相続をめぐる骨肉の葛藤を書いておこう。そのほうが、統一教会の現存する主要な登場人物と歴史上の人物との関係がわかりやすいと考えるからである。

相続をめぐる争い

文鮮明の死後、統一教会が抱えた三つの問題が露わになった。それは以下の通りである。

①文鮮明は生前に統一教会の組織や資産を息子たちに分割統治させていたのだが、父の死後、覇を競った三男・文顯進《ムンヒョンジン》（一九六九生）、四男・文國進《ムンクッチン》（一九七〇生）、七男・文亨進《ムンヒョンジン》（一九七九生）の争いが顕在化した。

②文顯進と文國進の争いが教団幹部と統一教会関係組織を巻き込んだ汝矣島《ヨイド》のビル開発をめぐる法廷闘争に発展し、統一教会グループは訴訟費用や工事中止に伴う損害賠償によって多額の負債を抱えることになった。

③文鮮明の墓所に隣接する清平修錬苑（現在はＨＪ天宙天寶修錬苑）を統括する金孝南《キムヒョナム》一族との密接な関係から、巨額の献金をめぐる資金洗浄問題が噴出した。金孝南はシャーマンのようなパフォーマンスを行う幹部信者で訓母《クンモニム》様と称され、文鮮明の妻・韓鶴子《ハンハクジャ》の母親である洪順《ホンス》愛《ネ》の霊媒となってメッセージを信者に伝える。洪順愛は文鮮明が統一教を創設する前に活動していたころからの信者で、死後大母様と称される。

文鮮明と韓鶴子との関係については、夫婦ということ以外にも議論があるので後述するが、これらの三つの問題は相互に関連している。

文鮮明の家族は1-2に示してある。

文鮮明は崔先吉《チェソンギル》と一九四四年から五七年まで結婚しており、離婚後、韓鶴子と一九六〇年に再婚している。正式な婚姻関係はこの二人であるが、金明熙《キムミョンヒ》と崔淳華《チェスンファ》という女性との間にも

1-2　文鮮明の家族構成

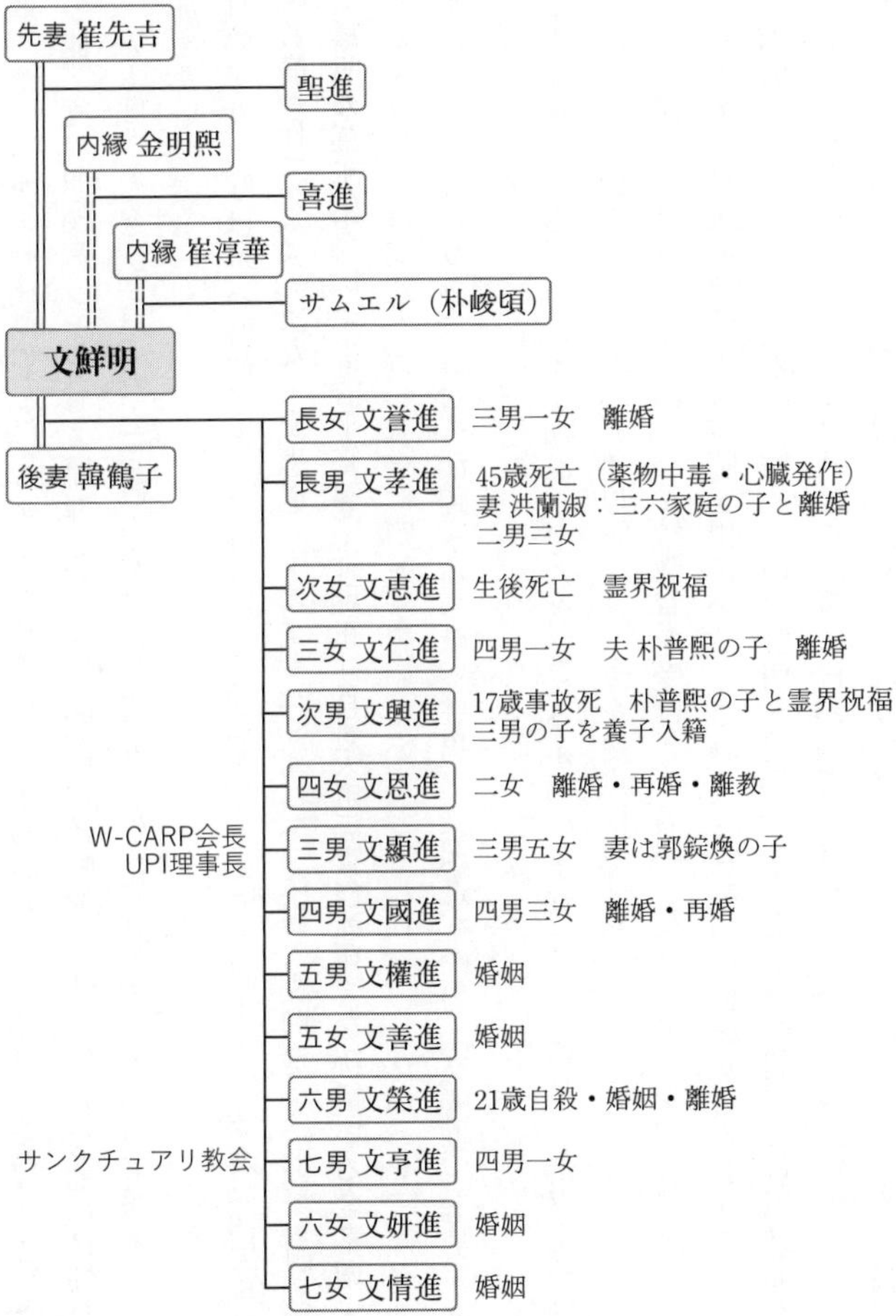
先妻 崔先吉
聖進
内縁 金明熙
喜進
内縁 崔淳華
サムエル（朴峻頃）
文鮮明
後妻 韓鶴子
長女 文誉進　三男一女　離婚
長男 文孝進　45歳死亡（薬物中毒・心臓発作）
妻 洪蘭淑：三六家庭の子と離婚
二男三女
次女 文恵進　生後死亡　霊界祝福
三女 文仁進　四男一女　夫 朴普熙の子　離婚
次男 文興進　17歳事故死　朴普熙の子と霊界祝福
三男の子を養子入籍
四女 文恩進　二女　離婚・再婚・離教
W-CARP会長
UPI理事長
三男 文顯進　三男五女　妻は郭錠煥の子
四男 文國進　四男三女　離婚・再婚
五男 文權進　婚姻
五女 文善進　婚姻
六男 文榮進　21歳自殺・婚姻・離婚
サンクチュアリ教会
七男 文亨進　四男一女
六女 文妍進　婚姻
七女 文情進　婚姻

喜進《ヒジン》、サムエル（朴峻頃《パクチュンギョン》）という子がそれぞれ一人ずついるとされる。入籍はされていない。その他、文鮮明がメシヤとして原罪を有する人間の血統転換＝血分け（世俗的には性行為。「体恤《たいじゅつ》」とも呼ばれる）を行ったとされる女性は相当数いたと思われる。この点も後で詳しく説明を加えたい。

真の子女と呼ばれる韓鶴子との子供は一四名だが、そのうち長男・文孝進《ムンヒョジン》（四五歳で薬物中毒・心臓発作で死亡）、次女・文恵進《ムンヘジン》（生後まもなく死亡）、次男・文興進《ムンフンジン》（一七歳で自動車運転による事故死）、六男・文栄進《ムンヨンジン》（二一歳で飛び降り自殺）の四名が亡くなっている。長女・文誉進《ムンイェジン》と四女・文恩進《ムンウンジン》は父親と統一教会に距離を置いていると言われる。したがって、八名の兄弟姉妹が残るが、そのうち表舞台で活躍するのは、三男・文顯進、四男・文國進、七男・文亨進の三兄弟に過ぎない。

兄弟姉妹のうち、四男・文國進まで八名はソウルで生まれたが、残りの五男・文権進《ムングォンジン》以下六名は、文鮮明夫妻が一九六五年以降アメリカを拠点に生活していたので、アメリカで生まれた。全員がアメリカで幼少時より学校教育を受け、三名がコロンビア大学、五名がハーバード大学など名門私大の学部・大学院を出ているとされる。これらの経歴からもわかるように、英語を母語に育っており、英語を解さない文鮮明・韓鶴子夫妻とは韓国語での意思疎通が難しかったかもしれない。子供たちは多忙な両親に代わって養育係の統一教会員に育てられた。そのうえ、メシヤとしての父親や母親に仕えなければいけないので、いわゆる家族的な親密性は一般家庭のそれとはずいぶんと違うものだった。文鮮明の死後、家族間で骨肉の争いを演じることになるが、特異な生育歴や兄弟姉妹の関係が影響しているかもしれない。

さて、文顯進は長男・文孝進と次男・文興進が亡くなったため、長兄の役割を果たそうとした。彼は統一教会の学生組織である世界原理研究会（W-CARP）の会長として日本の学生組織および幹部たちとも強いパイプを形成し、ワシントン・タイムズをはじめアメリカや海外の事業を引き継いだ。四男・文國進は文鮮明から韓国の統一教維持財団傘下の企業グループの経営を任され、夫妻に可愛がられた七男・文亨進は統一教世界会長として統一教会の継承者に指名された。

内部抗争

統一教会の特徴は、一言でいえばコングロマリット型宗教である。統一教という宗教団体を核として、事業部門を担う数多くの企業や政治的ロビイング活動を行う団体からなる。韓国の経済発展を牽引した創業者一族による家族経営をなす財閥《チェボル》系企業体とも言える。

そのように巨大な事業規模を誇る統一教会に起きた、二つの大きな事件がある。一つは、一九八二年に文鮮明によって創刊された保守系日刊紙であるワシントン・タイムズの売却問題である。三男が二〇〇六年に統一教会世界財団を継承して新聞社の運営に携わったが、運営資金は日本に依存していた。これに対して、日本の統一教会を実質的に指揮していた四男が二〇〇九年に送金を止めさせて、二〇一〇年に四男傘下の会社に売却させたとされる。

もう一つは、ソウルの汝矣島にある統一教会所有地約一万四〇〇〇坪に七二階建てのオフィスビルとショッピングモールを建設しようとした「パークワン計画」である。アジア金融危機で傷んだ統一教系企業の再生を狙った大事業とされた。二〇〇五年に三男が関わるディヴェロッパーが統一教会維持財団と九九年間契約で地上権設定をし、銀行や投資家から資金をかき集めて二〇〇七年に着工したが、二〇一〇年に四男の維持財団側が地上権設定の無効を求めて訴訟を起こした。結果的に二年以上工事がストップしたため、関連会社が契約不履行の請求を三男のディヴェロッパーになすと、このディヴェロッパーは維持財団に対して五〇億円相当の損害賠償を請求した。二〇一四年七月一〇日に、最高裁は原告である維持財団側の請求を棄却した。この訴訟だけでも多額の裁判費用がかかったが、事業者側による一〇〇億円余の損害賠償請求訴訟もまた、維持財団側の敗訴が濃厚な情勢であると報じられている。いずれにしても、裁判費用と賠償金によって統一教会維持財団が多額の負債を負っていることは確かである。

さて、兄弟間の争いに業を煮やした母親の韓鶴子は、突然、四男を維持財団理事長から解任し、七男も統一教会本部教会である龍山「天福宮」堂会長（担任牧師）職から解任して統一教会米国会長に任命した。一方で、三男のグループは、すでに文鮮明存命中から両親とは距離を置いていたので、母親の権限が及んでおらず、統一教会による海外企業をおさえたままである。

こうした韓鶴子の指令の背景には、兄弟同士の争いをやめさせたいという意図よりも、韓鶴子と金孝南の関係があったと言われる。この女性は韓鶴子との関係を利用し、一信者でありながら清平修錬苑および関連施設を管理することを任されており、一九九五年以降、先祖解怨式・役事《ヨクサ》（降霊など霊界につながる儀礼）・病気治しをセットにした修練会を行い、多数の日本人信者から献金を受けてきた。その献金を統一教会維持財団にそのまま納付せず、金孝南ファミリーが巨万の蓄財をはかったという疑惑もある。その結果、修錬苑に監査を要求した文鮮明の子供たちと、金孝南および自分の母親の霊媒をこよなく愛する韓鶴子との対立に発展したとも言われ、結局、韓鶴子は金孝南を切らざるをえなくなった。

金孝南は、自身が統括していた清心教会から家族が経営する振興レジャー開発（ゴルフ場運営）ほか複数の不動産会社に対して総額二五一三億ウォン（約二五〇億円相当）を不正融資していたとして、背任容疑で統一教会信徒対策委員会からソウル地検に告発され、国税庁も関心を示していると報じられた（国民日報二〇一五年一月二三日付）。結果的に、この告訴に対してソウル地裁は教団内での資金移動に過ぎないと不起訴の決定をしたため、金孝南を解任した統一教会が資金源を取り戻すに留まった（金孝南をいまだ支持し、清平修錬苑関係の日本人信者の切り崩しを図るグループもあり、韓鶴子の指揮下にある日本本部は分派活動に目を光らせている）。

韓鶴子は、二〇一五年に統一教会から世界平和統一家庭連合に改称した組織の総裁として、「神様の使命を受けた真の父母であり、『独生女』として人類救援のために真の家庭運動を伝播する」と宣言した。独生女とは神様の独り子であるイエスをまねた表現であり、文鮮明はイエスと同じ独生者、韓鶴子は独生女としてメシヤの地位にあることを公言した（広報局公式HP）。

二〇一五年、七男は四男の資金援助を得てアメリカ・ペンシルベニアに本部を置くサンクチュアリ教会（World Peace and Unification Sanctuary：世界平和統一聖殿）を設立し、日本からは江利川安栄元日本統一教会会長（現在日本サンクチュアリ協会の総会長、兼協会長に就任）ほか七男派が流入している。三男派もまた、グローバル・ピース財団の名称で各種経済セミナーを韓国で開催し、資本提携先を探しながら経済活動を行っている。

日本の統一教会は、韓鶴子の世界平和統一家庭連合（主流派）がおさえているものの、三男派、七男派に加えて、韓鶴子の独裁に異を唱える元幹部や信者がそれぞれにグループを形成する状態になっている。七男派が合同結婚式や先祖解怨の儀式を挙行すれば、主流派が七男派にはメシヤの正統性がないから相手にしないようにと信者宛公文と称する連絡文が通知される。また、七男派はSNSや動画配信サイトを駆使して、母親はメシヤの摂理から外れてしまったと批判する。

蚊帳の外に置かれる日本組織

統一教会内における文鮮明ファミリーや幹部家族の複雑な人間関係（文鮮明夫妻の子供たちや孫たちが幹部たちの子供や孫と結婚することで、姻戚関係による党派ができている）や、それと連動した多数の関係組織間の葛藤に翻弄される日本統一教会の情勢は、一部の現役信者が提供する（意図的な戦略の可能性もある）情報や、統一教会ウォッチャーの推測だけでは十分に把握することはできない。それでも、財閥を多額の資金で支えてきた日本の統一教会組織が、文鮮明ファミリーや韓国の幹部たちから完全に蚊帳の外に置かれ、資金提供者としてのみ有効に活用されている事実については、特に強調しておくべきだろう。

日本の統一教会は二〇一六年までは一六ブロック制がしかれており、ブロック長に占める韓国人の割合は二〇一五年では一六人中六人であった。二〇一七年には一一ブロックに減らされたが、そのうち韓国人幹部の人数は変わらず六人、二〇一八年には五ブロックにさらに減らされ、うち韓国人幹部が三人と、その割合は高まっている。日本人二名のうちの一人が田中富広現会長（ブロック長は兼任）だが、神日本大陸会長（日本総会長）として方相逸《バンサンイル》（世界本部長にして韓鶴子派の事実上の指導者である尹煐鎬《ユンヨンホ》の懐刀と目される人物）が上位にいる。韓国本部の最高委員会一三名中、日本人は小山田秀生ただ一人である。こうした数値は、日本の統一教会における資金収集能力の減衰と、韓国人支配の持続・強化を示している（兄弟間の内部抗争が、結果的に日本に対する献金圧力をさらに高めたという分析もある）。

文鮮明が「再臨のメシヤ」を名乗るまで

さて、ここまで統一教会の教祖・文鮮明の晩年と、死後の教団の動向について記してきた。

文鮮明は「再臨のメシヤ」を名乗り、韓日両国において少なからぬ信者を集め、生涯をかけて巨大な財閥系企業体と宗教組織を形成した。彼はどのようにしてメシヤとして信仰されるようになったのか。

日本の統一教会信者たちは初期の信者を含め、韓国から日本へ密航した宣教師・崔奉春《チェポンチュン》（日本の通称は西川勝）から統一教会の教説を説かれ、文鮮明がメシヤであることを証されたうえで信じるか否かを迫られた。その後の約六〇年間も含めて、日本の信者たちは入信前に文鮮明と直接会うこともなく、その人となりについてはメシヤとして伝えられるままに信じてきた。

しかしながら、一九五四年に韓国において統一教が設立される以前、韓国において文鮮明が教祖として教団を形成する約一〇年間、文鮮明はまだ再臨のメシヤにはなっていなかった。文鮮明は、どのようにして自身が再臨のメシヤであることを創設期の信者たちに説得したのだろうか。人は、神の言葉を語ると称する者を口先だけでは信じない。神の証しを求めるのである。では、その証しとは何だったのだろうか。

この問題を考える前に、まず文鮮明が青年期を過ごした韓国の社会状況やキリスト教を含む宗教文化を理解しておいたほうがよい。この時代、文鮮明だけでなく、神と神霊的交わりをなしたと称する人たちが少なからずいたのである。

II 韓国の民衆宗教とキリスト教

韓国の民衆宗教

韓国の近代宗教史において特筆すべき宗教運動は二つある。一つは、日本による植民地支配下において登場した民衆宗教運動であり、もう一つは、一九世紀後半になってこれまで朝鮮の鎖国政策下で抑圧されたキリスト教が宣教を認められ、韓国独自のキリスト教会を形成したことである。

統一教会という教団宗教の教説や儀礼、教会組織の特徴を考えるうえで、民衆宗教とキリスト教双方に共通する特徴を抽出しておきたい。統一教会もそれらの特徴を色濃く受け継いでおり、教祖の文鮮明がオリジナリティとして創出した要素はごくわずかである。結論から述べれば、共通している要素は以下の三点である。

①神人一体化と解冤《かいえん》のシャーマニズム的伝統
②自助自立型・信者が布教の担い手となる教会組織
③植民地の圧政から解放を望むナショナリズムと新時代を待望する千年王国論、および強い指導者待望のメシヤニズム

では、民衆宗教から説明していこう。韓国で民衆宗教と呼ばれる教団のほとんどが、1－3に示したように、一九世紀末に創始された〈東学《トンガク》－天道教《チョンドキョ》－甑山教《チュンサンキョ》〉の系列にある。

1-3　主な韓国の民衆宗教

天道教（東学系列）	99万6721人（4万5835人）
水雲教（東学系列）	6万4023人
大倧教（檀君教系列）	47万7342人（3766人）
円仏教（仏教系列）	133万7227人（12万9907人）
金剛大道（仏教系列）	51万3030人
更正儒道（儒道系列）	5万5105人
甑山法宗教（甑山教系列）	6万3178人
大巡真理会（甑山教系列）	791万1300人

（出典：文化観光部宗務室『韓国의 宗教現況』2002年）

※この数値は教団の自己申告数であり、二〇〇五年の人口センサスによる資料に記載された教団のみ括弧内に信者数を入れておいた。自己申告の一割が実数とみてよい。

東学とは、一六世紀にイエズス会がもたらした西洋文化に影響を受けて成立した朝鮮の西学に対抗したものである。天道教にも甑山教にも濃厚な朝鮮の宗教文化が見られ、植民地支配に対する民衆的な蜂起の拠点となった。

一八九四年に起きた甲午農民戦争は、東学党の乱とも呼ばれる。崔済愚《チェヂェウ》が創始した東学では、天主《チョンジュ》と人間の一体化、および人間の平等を説いた。この教説は王朝と両班《ヤンバン》による身分制社会に抑圧を感じていた民衆に広まり、二代目の崔時亨《チェシヒョン》は官吏の抑圧に対抗した農民と共に蜂起した。しかし、ほどなく日清戦争の末期に朝鮮半島に侵攻した日本軍によって鎮圧され、崔時亨は処刑された。三代教主となった孫秉熙《ソンビョンヒ》は東学を天道教と改め、宗教活動に加えて三・一独立運動も主導して投獄された。民族主義は、民衆宗教とキリスト教に共通する特徴である。

天道教に次いで大きな民衆宗教の流れを作ったのが姜甑山《カンチュンサン》による甑山教であり、符呪による儀礼以外に解冤相生《かいえんそうせい》を説く。歴史は神々や人々の冤恨《えんこん》の蓄積史であり、これらの冤恨をすべて解いてこそ陰陽五行説の五行（木火土金水）が相克相生する新時代が来るという。不幸や災いは冤神の仕業とされる。この甑山教から、甑山道や大巡真理会《デスンジンリフェ》などの有力な新宗教が生まれている。

神人一体化と解冤思想

ここで注目したいのは、「神人一体化」という発想と「解冤思想」である。これは、韓国の民俗的な宗教文化の基層をなすシャーマニズムにおける「神や人の降臨（憑依）」と「恨プリ（한풀이：恨みを解く）」に根ざし、儒仏道の三教を用いて思想的に洗練化をはかったものである。この民俗的基底はキリスト教の受容においても少なからぬ影響を与えたことが多くの論者によって指摘され、キリスト教系新宗教においてその性格が強い。

韓国のキリスト教系新宗教としては、統一教会や摂理（キリスト教福音宣教会）、神様の教会世界福音宣教協会で、教祖がメシヤを自称している。その一つの根拠が神人一体化である。なぜ、キリスト教会から異端視される教説が生まれ、受容されたのか。

一九世紀末に韓国で宣教に成功したキリスト教は、北米の保守的な神学を教えていたので、イエス・キリストの十字架による救済こそが神の経綸であり、聖書はすべて神の言葉によって書かれており、自由な解釈の余地がないことを説いていた。ところが、韓国における心霊復興運動や祈禱会では聖霊の臨在が強調され、異端視されたキリスト教指導者たちは、それぞれにイエスの神霊を体感したと情熱的に語った。これはあたかも巫堂《ムダン》（シャーマン）による憑依・託宣のようである。また、イエス・キリストが十字架にかけられて非業の死を遂げたことを痛切な愛惜をもって語る説教などは、未婚で亡くなった青年に特別な供養によって慰霊するというシャーマニズムの民俗的宗教文化抜きには考えられないものである。

文鮮明がイエスの代わりに再臨主として人間の娘と聖婚をなしたという統一教会特有の発想もまた、未婚で恨みを残した青年イエス・キリストの「恨プリ儀礼」なのである。ここで恨プリとは、特に死者の遺恨を晴らすという意味で使われている。

韓国のキリスト教徒人口はなぜ拡大したか

韓国の最新の宗教人口調査は、二〇〇五年のものである。その時点で、約四七〇〇万人の総人口のうち、宗教を信じていると回答している人々は約二四〇〇万人である。その内訳は、およそ仏教徒一〇〇〇万人、プロテスタント八六〇〇万人、カトリック五〇〇〇万人、残りは諸教（新宗教など）の信仰者とされる（韓国統計庁、人口住宅総調査二〇〇五年）。

韓国のキリスト教徒人口は、総人口の約二九パーセントを占める。しかし、第二次世界大戦前後ではようやく二パーセントを超えた程度であり、一九五〇年代から八〇年代にかけて爆発的な教会成長を遂げ、キリスト教では「アジアの奇跡」と称えられる。

他方、日本では明治から欧米の宣教師たちを受け入れ、キリスト教が日本の近代化に果たした役割は特に教育や社会事業で際立ち、ミッション系の私学や病院、社会施設にその精神が活かされている。しかし、キリスト教徒の人口は戦後一貫して全人口の一パーセントを超えなかった。

なぜ日本ではキリスト教信仰が広がらないのかという問いは、遠藤周作の文学的主題（『沈黙』『深い河』）としても有名であるが、日韓における受容の差という観点から、宗教社会学の領域においても大きなテーマである。筆者は、キリスト教というものを神学や文学で考えることに加えて、キリスト教受容にプラスに働いた韓国の宗教文化や教会組織のあり方そのものから考えてみることで、日韓の差異が明らかになるのではないかと考える。

第一に、韓国では東洋思想の天の思想やシャーマニズムの感応の文化が、天主との神霊的交わりというキリスト教受容の妨げとはならなかった。それに対して、日本では、神道における八百万の神観念や仏教における先祖祭祀とキリスト教との間に葛藤が生じた。唯一神の信仰は、諸天や菩薩、化生した仏を宗派ごとに多様な形で祀る宗派仏教においても受け入れがたいものだった。先祖供養のために死者に身代わり洗礼を授けるイエス之御霊教会教団は、日本におけるキリスト教の土着化した事例と言えるが、日本の主流派教会からは異端視され、小規模教団のままである。

第二に、韓国ではキリスト教が植民地支配から脱する民族運動やナショナリズムと接続したため、愛国者であることとクリスチャンであることに矛盾はなかった。しかし、日本のキリスト教諸教派は、明治から今日まで西欧文化や近代主義のハイカルチャーが色濃く、神道と皇室を中心とする復古的なナショナリズムとは緊張関係にあった。それでも、韓日における第二次世界大戦終了後のキリスト教人口はほぼ同じだったが、独立後も朝鮮戦争による戦禍や国土の荒廃、家族の離散などを経験した韓国においてその信仰は拡大し、対して経済的発展を享受した日本においては停滞した。日本のキリスト教は、戦後も市民運動や社会運動との相性はよく、社会的プレゼンスは高かったものの、日常の信仰生活よりも社会の変革に意義を説く神の教えが、庶民の心のひだに入り込む機会は少なかった。

第三に、韓国におけるキリスト教会の発展は、朝鮮戦争とその後の復興期における都市化・工業化によって地域社会と家族・親族のあり方が大きく変わった時期に生じた。キリスト教の宣教には、セル・チャーチという、職場や地域に交わりの単位を作るやり方があるが、この宣教方法を通じて、都市に移動した人々に疑似家族や疑似的ムラのような居場所を提供した。日曜礼拝以外に祈禱会や学習会などで週に何度も教会に集まり、近隣でも家庭行事に集まるので寂しさを感じにくい。日本においても、同時期に田舎から都会に出てきて寂しい思いをしていた家郷喪失者たちが、職場の歌声運動や組合活動に代替的共同体を求めた。小規模店舗や工場で働く者たちは、組合活動の代わりに創価学会《そうかがっかい》の座談会や立正佼成会《りっしょうこうせいかい》の法座といった地域密着型の新宗教に居場所を見つけた。他方、ハイカルチャーとして浸透した日本のキリスト教は、かしこまった教理や徳育を重視する社会上流・中流のハビトゥス（文化的指向）が強かった。そのような違いにより、韓国でキリスト教会が果たした役割は、日本では新宗教が代替することになった。そう考えると、韓国のキリスト教会と日本の新宗教の布教方法や布教対象となった社会層には意外なほど類似点があることがわかる。

ともあれ、総人口の三割を占める韓国のキリスト教は、宗教文化や政治とのつながりにおいても相当な幅があり、日本のキリスト教会が取り込みきれなかった宗教的要素や多様な社会層を包摂している。したがって、オーソドックスなキリスト教からは異端視される統一教会であっても、韓国キリスト教の大枠に収まるのである。そのような理解の下で、韓国キリスト教の諸相をさらに説明していこう。

天主教と改新教

韓国ではカトリックは「天主教」と呼ばれ、プロテスタントの「改新教」とは別の宗教と認識されている。一七八四年に朝鮮使節の李承薫《イスンフン》が北京で初洗礼を受けた記録が残っているなど、天主教の宣教の歴史は古いが、王朝の弾圧を受けたために拡大できなかった。信者数が急増したのは大韓民国の独立後、特に一九七〇年代からは年間一〇〇万人単位で増加している。

「改新教」と呼ばれるプロテスタントは、一八七九年に徐相崙《ソサンリュン》ほか四名の初洗礼者を出し、それ以降二〇世紀に入るまで、北米長老教・監理教・聖潔教・救世軍などの宣教が続いた。どの教派もアメリカにおける清教徒の伝統、すなわち根本主義神学と千年王国論の影響を強く受け、聖霊による回心体験、聖書無謬説、そして神の裁きとイエスの再臨、新しい時代の到来などを説いた。これが韓国系プロテスタントの教義的な第一の特徴である。

統一教会の文鮮明は「再臨のメシヤ」を自称するために異端視されるが、教団が説く地上天国の実現という千年王国論は韓国の教会伝統に立脚しているし、韓国を現代のイスラエルになぞらえる選民意識は韓国キリスト教の民族主義にも共通する。

韓国系プロテスタントの第二の特徴は、一九〇〇年代初頭に始まった「大復興運動」と呼ばれるリヴァイバリズムの影響と聖霊の働きの重視である。聖霊体験と感動を回心の入り口とし、信仰の効能として開運や病気の治癒などを祈念する。これは現世利益的な祈福信仰と呼ばれる。こうした特徴は、統一教会におけるセミナーや、通声祈禱することでその場に一種の感応状態を出現させ、聖霊や神を体験し、霊界に働きかけるという信念との共通点でもある。早天祈禱、徹夜祈禱、断食祈禱といった祈禱も部分的に統一教会に見られる。

第三の韓国のプロテスタントの特徴として、宣教や教会運営を自前の人材と財源で行うことが挙げられる。明治から戦後に至るまで、欧米の宣教団による支援が長く続いた日本とは対照的に、韓国ではアメリカの宣教師名にちなんだ「ネヴィウス宣教方式」と呼ばれる教会の完全自立・自給の原則があった。信者の献金からしか教会を支えるお金が出ないのであれば、教会を発展させるためには個人あたりの献金額を増やし、なおかつ布教により信者を増やすしかない。信徒自ら伝道の先頭に立つ、あるいは先頭に立てるように信徒を訓練することが韓国キリスト教会の伝統である。

一九六〇年代から二〇年の間に、韓国プロテスタントは爆発的な教勢拡大を経験した。教勢拡大の宣教戦略と教会運営のノウハウ（メガ・チャーチとセル・チャーチ、弟子訓練、聖書研究など）はかなりの程度アメリカとも共通している。統一教会の旺盛な布教活動やセミナー形式の集中的学習についても、中身の問題はあるものの、伝道と査経会という韓国キリスト教の伝統に基本的に則ったものである。統一教会の布教活動の具体例については第三章で詳述することにして、ここでは、統一教会と韓国のプロテスタントには共通した神学・宗教文化・教会運営や宣教戦略が見られるということをまずおさえてもらいたい。

異端的キリスト教会

統一教会は、韓国のキリスト教伝統の形式を維持しながら、神人一体化（メシヤと信者の霊的一体化＝霊體交換・血分け）の特異な教説・儀礼を持ち込んだ新宗教であり、当時の韓国における神秘主義的なキリスト教受容の系譜に属する。それはどのようなものであったのだろうか。

韓国の土着的キリスト教は一九三〇年代から出現する。その中心人物である李龍道《イヨンド》（一九〇一～三三）は、監理教（メソディスト派）の牧師だった。李龍道は中学時代に独立運動で投獄された経験があり、貧困と肺病に苦しみながら、全国の復興会に招かれては聴衆を熱狂させる数時間に及ぶ祈禱や説教を行った。神との霊的一体化、神・教会を新婦のように愛せよ、「イエスに狂え」という強烈なメッセージに人々は酔いしれた。そして、各地に李龍道派と呼ばれる彼の信奉者集団ができあがったために、伝統教団の牧師たちから熱狂主義者として白眼視された。そのうえ、李龍道は劉明花《ユミョンファ》という接神を行う女性が憑依状態で語った言葉を神の言葉として受容した。接神とは、キリスト教の神を霊媒としておろした女性と一問一答するという、韓国の巫俗そのものとも言える営みである。そして、李龍道の死の一年前、信奉者の李浩彬《イホビン》および接神派と呼ばれた白南柱《ベクナムジュ》が共に「イエス教会」というグループを結成した。

白南柱（一九〇一～四九）は平壌神学校を卒業して牧師となった後、劉明花や李有信《イウシン》といった接神を行う女性たちと交流するようになったという。白南柱は、神學山と呼ばれるイエス教会の修練施設の修道監となり、神からの直接的預言を入神状態で受ける儀礼を行っていたとされる。一九三四年、白南柱は妻の死から二ヶ月後に信徒と「天国結婚」と称するものを行ったという。

一七歳で元山の神學山を訪ね、白南柱の愛弟子になったとされる金百文《キムベクムン》は、後にイスラエル修道院を設立し、『聖神神学』『基督教根本原理』『信仰人格論』という書籍を執筆する。文鮮明はここで半年間、補助引導師として金百文の聖神神学を学んだ。どの程度正確に学習したかは定かではないが、『基督教根本原理』には、統一教会の根本教義とされる創造原理、堕落原理、復帰原理の記載がある。

当時の熱狂派に属する人物としては黄國柱《ファングクジュ》も挙げられる。彼は一〇〇日間の祈禱後、自らイエスになったと明言し、新エルサレム巡礼と称して満州国境近くの北間島からソウルまで数十名の一行で行進し、ソウルに祈禱院を建て、「霊體交換（血分け）」の雑婚を行ったといわれている。黄國柱の信徒に丁得恩《ジョンデグン》がおり、光復後に平壌からソウルに来て三角山（北漢山）に「聖心祈禱院」を開いた。彼女は自身を「大聖母《デソンモ》（대성모）」と称し、神の血統を持つとした。丁得恩は神の血を分けるということで三人の男性の信徒と性交を行い、さらにその男性信徒がほかの女性信徒と性交した。血分けは中核的な信徒集団の間でなされた。丁得恩から何代目かで血分けを受けた人物に、後に天父教《チョンブギョ》を創始した朴泰善《パクテソン》や、文鮮明がいるとされる。霊體交換については、統一教会の教説についての解説（第二章）で説明を加えることにする。

キリスト教復興運動の時代、シャーマン的資質のある女性たちもまた教会に通い、神秘体験や霊能の獲得を主張するようになる。聖主教会《ソンジュギョフェ》を建てた金聖道《キムソンド》はその中核的人物である。金聖道は自らの精神的病いを按手祈禱で癒されてから熱烈な信仰を持ち始め、病気治療なども行うようになった。そして、夫と死別後、一九三一年に娘に神が臨在したと言い始める。按手祈禱と熱烈な祈禱により信徒を集め、教勢は二十数ヶ所の教会を持つまでに拡大した。しかし、韓国に再臨主が現れ世界統一がなされるという教説のために、金聖道と信徒たちは当時の統治国である日本の警察に逮捕された。前述した白南柱は金聖道と会って、リバイバルを確信したという。聖主教会の教理には、罪の根は男女の淫行、悲しみの神、再臨主は女性から産まれる、韓国が世界の中心となるという教えがあったとされる。この教理は、統一教会の教説に影響を与えていると思われる。キリスト教の教義が熱狂主義的牧師や霊媒となった女性たちによって民俗宗教的に解釈され、それが民衆の共感や熱狂を呼び込んだのだろう。異端視されるこれらの教団は、キリスト教が植民地期の朝鮮に土着化した事例として考えられよう。

その他、平壌聖主教会の責任者であった許浩彬《ホホビン》は、自分の腹に主が入ったといい、信徒たちは主の託宣が当たることに驚愕したと伝えられる。これなども巫堂が雑神を憑依させるやり方に近似しており、指導者の霊威を信徒に示すわかりやすいやり方だったのだろうと思われる。許浩彬は金聖道同様に官憲の拘束を受けた。朝鮮半島を植民地として統制していた日本政府は、巫俗の域を超えてキリスト教的な組織形成と運動に展開する可能性があったこれらの宗教運動を抑圧したのである。

日本は皇国の臣民化政策を狙った同化政策を実施するために、文化統治の一環として、民族運動の基盤となる類似宗教の抑圧と日本の神道・仏教・キリスト教による朝鮮民族の教化を促進するよう朝鮮総督府に命じた。「類似宗教」とは、近代日本型宗教統制が生み出した宗教区分である。その区分によると、宗教ピラミッドの最上層に非宗教の国家祭祀と天皇崇拝が位置し、中間層に国家への協力を求められる仏教や教派神道、キリスト教が置かれ、最下層に統制の対象となる新宗教や民俗宗教＝類似宗教の区分が設けられた。

一九一九年三月一日、ソウルのパゴダ公園近くの仁寺洞泰和館に集結し、三・一独立宣言を読み上げた民族代表三三名中、一五名が天道教の前教主と幹部、一六名がキリスト教牧師、二名が仏教僧であった。独立万歳のデモが全土に拡大する中、キリスト教会で地域住民が惨殺される堤岩里《チェアムリ》事件が生じ、運動に加わった女学生の柳寛順《ユグァンスン》が獄死するなど武力鎮圧が続いた。天道教の朝鮮農民社による郷村自営運動も、弥勒大仏として下生したと信じられる教祖一族と信徒たちが新興部落や法堂施設などを建設した地上天国実現の運動だったが、警察の取り締まり対象となり、日本仏教への改宗という懐柔策や教主以下信徒の大量検挙という抑圧に直面した。また、金剛大道による鶏龍山《ケリョン》の信徒村建設でも全伽藍が撤去されたほか、教主以下幹部が保安法違反で起訴され、教主は洞窟に身を隠して光復を待つことになった。

このような宗教の行政的管理と抑圧のやり口は、大正一〇年に不敬罪と新聞紙法違反、昭和一〇年に治安維持法違反で弾圧され、教団施設の破壊と教祖・幹部・信者の大量検挙を経験した新宗教「大本《おおもと》」のように、近代日本で顕著だったものである。このような方法は現代中国と北朝鮮で踏襲されているが、難を逃れた中国と韓国の民族的新宗教や新宗教的キリスト教には、現在でも「巫俗」的要素と「終末思想」が継承されている。

さて、青年期を通じて異端視されるキリスト教会の遍歴を重ねた文鮮明は、統一教会の教説・儀礼・教団運営の方法をそこから学んでいったと思われる。以下では、本人の言である『御言葉集』や教団刊行の伝記などから原初的教団の形成を探っていこう。

III 統一教の形成

文鮮明の生い立ち

文鮮明は一九二〇年、現在の北朝鮮、平安北道《ピョンアンプクト》定州《チョンジュ》郡の比較的豊かな農家に生まれた。文鮮明が一〇歳の時、親族に不可解な災難が相次ぎ、さらに姉と兄が精神的に病んだ。両親は土地の巫堂に邪気祓いを依頼したが効果がなかったので、一家を挙げて長老派キリスト教会に通うようになった。定州普通学校に通っていた文鮮明は、一六歳の時に猫頭山《ミョドゥサン》の中で涙ながらの熱烈な祈禱をしていると、イエスが現れ「神様は悲しんでいる」という啓示を受けたという。「悲しみの神」という表現は統一教会でよく使われる言葉であり、堕落した人間を見る時、神の摂理が人間の不信仰によって予定通り進まない時、神は悲しむのだという。キリスト教と言えば、異教の神々に対する偶像崇拝を激しく「ねたむ神」（『出エジプト記』二〇章五節）という表現や、「神はなんでもできる」（『マルコによる福音書』一〇章二七節ほか）という全知全能のモチーフがなじみ深いだろう。日本にも北森嘉蔵の『神の痛みの神学』という一九四六年に公刊されたユニークな神学があるように、二度にわたる世界大戦や植民地支配／被支配の経験を通して創造と救済、神と人間との関係が多くの地で問われることになった。

当時の復興師たちは、ローマの属国ユダヤと日本の植民地朝鮮を重ね合わせて民族の歴史的苦難を語っていた。文鮮明が行った山中での祈禱は本来、神仙思想に由来するが、復興師たちの時代感覚からも影響を受けていた。先に述べた李龍道も、復興師として成功する前に、山中で断食祈禱を行ったとされる。当時の人々は、巫堂であれ、復興師であれ、神仙に近づいた修行者の霊能を信じていたものと思われる。文鮮明一家の集団改宗もそのような経緯であり、文鮮明も少年期に当地のキリスト教文化の影響を受けたのだろう。

一八歳になった文鮮明は故郷定州を離れ、京城（現在のソウル）に出て京城商工実務学校電気科に入学した。市内数ヶ所を移動した後、先に述べたイエス教会に通う李奇鳳《イギボン》という女性の家に下宿することになる。李奇鳳の母親である康卿淑《ガンギョンスク》は元々イエス教会の信者であり、李龍道の死後にイエス教会を継承した李浩彬を招いて家庭礼拝を行っていた。この李浩彬は、文鮮明が最初の妻である崔先吉と結婚した際に主礼を務めた人物である。康卿淑は、一九三九年に自宅近くに明水台教会を建てることに尽力するなど、熱心な信徒だったという。文鮮明は、康卿淑の四人の娘のうち、初めに次女の李奇鳳の家に下宿した。その後、長女の李奇完《イギワン》とも信仰的交わりを持ち、三女の李奇夏《イギハ》の家にも下宿、四女の李奇淵《イギエン》に至っては、文鮮明と崔先吉の最初の子である文聖進の産婆役を務めた。文鮮明は康卿淑の家族と昵懇の仲だった。

李奇鳳の娘である林南淑《イムナムスク》は、文鮮明と母親、自分の三人で裏山を散歩しながら、「夫婦が一緒に生活して霊界に行けば、また夫婦として生活できるのか」といった会話をしたことを小学生時代の思い出として語っているし、四人の姉妹は「文鮮明と深いかかわり」をもったと教団の伝記にも書かれている。この時期の文鮮明は、本人曰く、自分には「修道の常として男女問題の試練が襲ってきて、性欲をコントロールするために壮絶な戦いを行わざるをえなかった」という。文鮮明はイエス教会において信徒たちと親密な関係を築きながら、李龍道派に固有の「神との霊的一体化」という教えや接神という巫術的な儀礼などを学んだのであろう。

文鮮明はソウルで三年間学んだ後、釜山《プサン》から船で下関《しものせき》に渡り、東京へ向かった。早稲田高等工学校電気科に入学し、二年半を過ごした。当時、東京には多くの朝鮮半島出身の留学生がおり、淀橋区戸塚町の学生下宿において朝鮮独立の扇動的会合を持ったとして文鮮明（当時の日本名は江本龍明）の名が特高月報（昭和一八年一二月号）に記載されている。しかしながら、史料不足のため詳細は不明である。

文鮮明は初等教育から当時の高等教育までを日本語で受けたために、後に日本信者に対して日本語で説教を行うことができた。初期の日本人信者が文鮮明の肉声に神の証しを確認することができたわけである。同時に、日本語での教育は皇民化教育でもあり、植民地支配に抗する学生たちの情熱をこの時代に共有した経験から、文鮮明は壮年期になって日本人信者に対して植民地支配の懺悔を徹底して迫ることになる。その迫力に戦後世代の日本人信者は圧倒された。

ソウルのイスラエル修道院

一九四五年八月一五日、朝鮮半島は光復（植民地支配からの民族解放）に沸いた。ソ連とアメリカは北緯三八度線を境に南北分断の占領政策を行い、北部はソ連軍が侵攻して金日成《キムイルソン》を初代委員長とする北朝鮮臨時人民委員会が創設されるなど社会主義化が進められ、南部は連合国の在朝鮮アメリカ陸軍司令部軍政庁の統治下におかれた。ソ連・アメリカの信託統治のやり方をめぐって南北対立が深まり、一九四八年に南部は李承晩《イスンマン》を大統領として大韓民国が建国され、北部は金日成の下、朝鮮民主主義人民共和国として独立した。南北に分断された朝鮮半島では、東西冷戦体制の最前線として一九五〇年から五三年にかけて朝鮮戦争が発生し、北朝鮮を支援する中国、韓国を支援する国連軍との戦闘によって兵士・民間人数百万人が死傷し、国土は荒廃した。

その間、日本は連合国最高司令官総司令部の下、新憲法を制定して民主主義国家として再出発し、朝鮮戦争を奇貨として経済復興まで成し遂げた。日本の戦後と比較すると、朝鮮民族は植民地支配の時代以降も、民族同士が恩讐を抱える苦難の時代を歩まされた。文鮮明の歴史観にも南北対立の構図が刻み込まれ、同時代の韓国国民の心情を共有することになる。

文鮮明の共産主義に対する敵視は東西冷戦の時代を通して持続されるが、そこには北朝鮮で受けた収容体験も影を落としている。文鮮明は一九四六年に家族を残して平壌宣教に出発し、そこで捕まり監獄に送られたのである。

その出発に先立つ一年間、光復後の政治的混乱と精神的空白を埋めるべく、一九四五年一〇月に文鮮明は白南柱の弟子である金百文が設立したソウルのイスラエル修道院を訪ねた。修道院といっても民家であり、主流派教会からは異端視されたイエス教会に集う人々が通っていた。金百文は、朝鮮半島が新たなイスラエルとして神を迎える地になるという自負を持っていたのだろう。そこで文鮮明は半年間金百文から補助引導師という仕事をもらったが、満足しなかった。文鮮明は説教において、「金百文は洗礼ヨハネとして文鮮明が再臨のメシヤであることを証す役割を果たさなかった」という。

しかし、この言は文鮮明が統一教会を設立した後のもので、この時点で彼がメシヤという認識を持っていたかどうかはわからない。両者の間にどのような葛藤があったかは推測するしかないが、金百文は文鮮明を自分の信徒として扱った。〈李龍道－白南柱－金百文〉という正統な師弟関係において学び、後に『基督教根本原理』として教説をまとめるほどの学究肌であった金百文にすれば、文鮮明はイエス教会において婦人信者に人気のある青年の一人に過ぎなかったのだろう。文鮮明がイスラエル修道院にいては決して金百文を超えられないと思ったかどうかは推測の域を出ないが、米の買い出しに白川に行った際、三八度線を越え北朝鮮へと渡った。新妻と乳飲み子を置いたまま、天啓に従ったという。

平壌の神霊集団

現在の北朝鮮の首都である平壌は当時、東洋のエルサレムを自称するほどキリスト教が勃興し、伝統的なキリスト教から新宗教的なキリスト教まで、雑多な教会が軒を連ねていた。六月六日に平壌に着いた文鮮明が訪ねたのはイスラエル修道院で交流のあった羅最燮《ナチェソウ》であり、そこで説教をしているうちに金仁珠《キムインジュ》という熱烈な女性の信奉者を得た。しかし、金仁珠には夫と子供がおり、家族の猛反対を受けた。この時期の女性信者は既成教会に通う中高年の女性がほとんどであり、夫や祖父、そして彼らが通う教会の牧師から文鮮明は警戒された。八月一一日、文鮮明は大同保安署に逮捕された。逮捕の理由は教団史では定かではないが、拘留中に腹中教の幹部と会い、腹中教の教えを聞いたという。腹中教は金聖道の弟子である許浩彬という女性を信奉する者たちに対してつけられた呼称だが、この時、文鮮明は腹中教の幹部を通して許浩彬と連絡を取ろうとした。

文鮮明が北越した目的は、統一教会によれば摂理的使命を果たすということになる。説教集によれば、植民地朝鮮には再臨主を迎えるための神霊役事が起きていた。「役事《ヨクサ》」とは統一教会の用語であり、霊界と現象界が交わり、一方から他方に働きかけが起こることで、最も一般的には清平聖地における（先祖）解怨と（信者の）治癒の儀礼を指す。この時起きた役事の一つは〈白南柱－李龍道－金百文〉に至る男性側におりた神の啓示だが、金百文は文鮮明を再臨のメシヤとして受け入れなかった。それで、もう一つの神霊役事が起きていた平壌において〈金聖道－許浩彬－朴雲女《パクウンニョ》〉の女性側の霊能的系譜につながるため北越せざるをえなかったということになる。

教説というのは元来が教祖の行為に後付けの意味を与えたものであるから、これが当時の北越の真の理由かどうかはわからない。しかしながら、文鮮明はともかくもイエス教会在籍の時代から異端的教団の源流である霊的集団（神霊集団）と関わり、そこに何かを発見しようとしていたことは確かである。そのために、金聖道の後に神霊を腹に受けて神の子を産むと言った許浩彬と面識を得ようとしたのである。

ところが、彼女は腹中教の指導者として収監された獄中で文鮮明が送ってきた伝言メモを不用意に捨て、そのメモが看守に発見された。このことを「キリスト教を代表する立場にあった女性が不信した結果、キリスト教の摂理が再び失敗したのである」と文鮮明は説教で語る。この九月一八日以降、文鮮明は過酷な拷問による取り調べを受け、身分証の不所持の理由をはじめ南側のスパイでないかと責められ、一一月二一日、半死半生の姿で釈放された。その後、別の信奉者の家庭に集会所を移し、中高年の婦人信徒たちをまた集め始める。

この時期、文鮮明は平壌市内で「神の妻」を称する朴雲女に会ったと説教集や教団史に記載がある。文鮮明は彼女に僕《しもべ》のように仕えていた。当時五七歳であった朴雲女の下着まで洗っていたほどだという。文鮮明は朴雲女に対して奉仕した後に、今度は自分に仕えるよう迫ったが、朴雲女と家族たちの理解するところではなく、追い払われた。文鮮明によれば、四〇日間霊界において壮絶な闘いを経て勝利した後、教団史によれば「神から人類の「真の父母」としての印を押された」ということになっている。

朴雲女とは誰か

朴雲女とは何者で、なぜ彼女と関わることで再臨のメシヤになることができたのか。

朴雲女とは教団が用いる仮名であり、本当は丁得恩のことだという指摘が、研究者や牧師たちからなされている。丁得恩は前述したように、自分は神霊を受けて神の妻になったと称しており、神の妻である自分の血を男性信徒に性交によって分け与え、男性信徒がさらに女性信徒に性交を通して分けていくという「血分け」を実践したとされる。

文鮮明が北越した当初から、丁得恩に神の血を分けてもらうつもりだったのか、許浩彬と関係を結ぶことができないために丁得恩と関わりを持ったのか、必ずしも明らかではない。しかし、丁得恩には並々ならぬ入れ込み方をしていたので、血分けにかけたといっても言いすぎではあるまい。文鮮明は平壌においてイエス教会と近しい関係にある諸教団を遍歴したと考えてよい。その間、平壌滞在に必要な家や金は、イスラエル修道院の信徒や自分が集めた中高年の女性信奉者から集めた。文鮮明が神霊集団で学んだ教説や巧みな人心収攬の話術やふるまいは、解放直後の朝鮮の人々を惹きつけた。その布教の戦略は、文鮮明自身が語るように、既成教会の中核メンバーを改宗させていくことが狙いであり、誰に対しても神の話をしたわけではない。未信者を宣教することは考えていなかったようである。既成教会から引き寄せた女性信奉者たちに説教し、共に祈禱を行う様子は既成教会の牧師たちが警戒するところとなり、当局に異端的集会として訴えられ、再び収監されることになった。文鮮明が北朝鮮の監獄で命を落とせば後の統一教会もなく、彼自身が歴史に名を残すこともなかっただろう。

朝鮮戦争と避難

一九四八年二月二二日に再逮捕された文鮮明は、「無知な人たちを甘い言葉で誘惑して虚偽を捏造し、多くの金品を搾取し、キリスト教徒の家庭や社会を破綻させた」という社会秩序紊乱罪により五年間の強制労働の判決を下され、五月二〇日に興南《フンナム》の徳里特別労務者収容所に移送された。朝鮮窒素肥料株式会社での厳しい工場労働と飢えた日常が収容所の毎日だったが、文鮮明の母親や親族が面会に来て差し入れをしたエピソードも語られている。

収容所内では、後に仲違いして『六マリアの悲劇』（恒友出版、一九九三年）という本で文鮮明の実生活を暴露した（が、その後『私は裏切り者』〔世界日報社、一九九五年〕を出版し懺悔したとされる）朴正華《パクジョンファ》と出会っており、一緒に韓国へ逃れている。

ここで再び時間を戻そう。一九四五年に日本統治から連合国軍の管轄下に置かれた朝鮮半島では、朝鮮の人々による統一的な独立政府の形成が難航した。植民地時代に李承晩・呂運《ヨウ》亨《ニョン》・金九《キムグ》等が中華民国の上海で設立した大韓民国臨時政府や、金日成が所属した東北抗日聯軍は国外勢力でしかなく、朝鮮半島本土の様々な勢力や民衆を糾合する力はなかった。光復後に呂運亨が画策した朝鮮建国準備委員会は空中分解し、連合国サイドで進められた信託統治案も朝鮮国内での反対運動によって流れてしまった。そして、一九四六年、ソ連占領下では金日成を中心とした北朝鮮人民委員会が、アメリカ占領下では李承晩の南朝鮮過渡政府が設立され、一九四八年八月に大韓民国が樹立したのに続いて、九月に金日成が朝鮮民主主義人民共和国の建国を宣言し、三八度線を境に二つの国ができたのである。

文鮮明が三八度線を越えた一九四六年から四八年の間は、北も南も金日成と李承晩が権力を掌握するべく政治闘争をしていた最中であり、反対勢力の粛正はもとより、済州《チェジュ》島四・三事件や麗水《ヨス》・順天《スンチョン》事件のように数万人規模の民間人殺害事件も起きていた。そして朝鮮戦争によって北と南の制圧地域が変わるたびに、協力住民と疑われた民間人が政治犯とされたり、その場で虐殺されたりしたのである。

朝鮮の人々は、国土の分断による家族・親族の離散と権力による民衆弾圧を記憶の奥底に沈めたまま、北と南の独裁政権の下で恨《ハン》を晴らす機会と救いを求めていたのだろうと思われる。神霊主義の異端的キリスト教会に人々が集まった背景として、解放後の政治体制の分断と北・

南内部の政治的抗争、次いで、独立運動に多大な寄与を行ったキリスト教が韓国では李承晩の体制派につき、植民地期の神社参拝や親日的活動の過去によって教派が分裂してまとまらなかったことが挙げられる。安心して頼ることができる政治体制や心安らげる信仰の拠り所がなかったのである。

南北分断後も朝鮮半島の統一は政治的課題であり続け、大韓民国は「北進統一」、朝鮮民主主義人民共和国は「国土完整」を唱え、特に北朝鮮はソ連および中国共産党と交渉し、侵攻時期を狙っていた。一九五〇年六月二五日、ソ連の軍事支援を受けた朝鮮人民軍が三八度線を越え、東海岸からゲリラ部隊も突入させるなどして二八日にソウルを陥落させ、八月には釜山付近まで勢力を拡張した。朝鮮戦争の勃発である。しかし、九月一五日にアメリカ軍を中心とした国連軍が仁川《インチョン》に上陸し、兵站が伸びきった北朝鮮軍を分断して攻勢に出た。一〇月には韓国軍が三八度線を越えて侵攻し、元山《ウォンサン》付近まで北朝鮮軍を押し戻した。

ちなみにこの時、元山の海域に日本の海上保安官などが掃海作業のために派遣され、数十名の死傷者を出した。一〇月一九日には北朝鮮の要請を受けた一〇〇万人規模の中国人民志願軍が参戦し、一二月に平壌、一九五一年一月に再度ソウルを奪還した。中国軍と国連軍の戦いは一進一退を繰り返し、三月に国連軍がソウルを奪い返すものの戦況は膠着化した。局地戦で地域住民は難民化するだけではなく、協力住民や敵対住民とみなされると殺害された。そして、一九五一年七月一〇日から停戦交渉が始まり、長引いたものの一九五三年七月二三日に休戦協定が結ばれた（北朝鮮と大韓民国は現在に至るまで平和条約を締結していないために休戦状態のままである）。

朝鮮戦争における国連軍の死傷者は数十万人、民間人はさらに一桁多かったのではないかという推定もある。いずれにしても、日本の植民地支配後に生じた朝鮮戦争によって朝鮮の人々は同じ民族同士による戦争・殺戮という傷痕を抱え、戦闘で焼け野原となった国土の再建に取り組まなければならなかった。

文鮮明は一九五〇年一〇月まで、朝鮮戦争の事態を知らされることもなく収容されていた。国連軍が元山に迫った数日の間には、北朝鮮当局によって刑期の長い収容者が処刑されていったという。一九五〇年一〇月一四日、徳里《トンニ》特別労務者収容所と朝鮮窒素肥料株式会社が国連軍によって爆撃破壊され、文鮮明その他の生き残った収容者たちは解放され、平壌を目指した。しかし、中国軍の参戦によって国連軍が押し戻されて平壌を維持できなくなってきたため、一二月三日に国連軍は平壌から三八度線への撤退を決定した。文鮮明は同月四日に従兄弟の金《キム》元弼《ウォンピル》と収容所で知り合った朴正華と一緒に避難民の群れに加わった。

文鮮明一行は徒歩で同月二七日にソウルにたどりついた。しかし、ソウルも陥落寸前であったので身体を休める間もなく、慶州《キョンジュ》経由で唯一国連軍が防衛できていた釜山を目指し、翌年の一月二七日に到着した。そして、避難民が集まるエリアでまずは埠頭労働者として働き、初期の教会を作り始めた。

釜山の初期教会

文鮮明は避難民が居住する凡一洞《ポミルドン》のバラックで金元弼と朴正華と一緒に仕事を始め、イエス教会時代の婦人信者たちを集めながら共同生活をするようになった。文鮮明は金百文や平壌で出会った許浩彬、丁得恩らの女性宗教家たちの教説や実践を行いながら、徐々に文鮮明をメシヤと信じる信奉者たちを増やしていった。説教集によれば、文鮮明は釜山に流れ着いた文鮮明とゆかりのあったイエス教会や平壌時代の信徒たちを探し出し、これまた平壌時代同様に既成教会から神霊に通じる信徒たちを引き抜いた。時には神学校に通う学生たちへも布教した。

姜賢實《カンヒョンシル》という高麗神学校出身の伝道師は、自身が勤める教会の学生が奇妙な教説を聞いてきたというので、心配になり文鮮明の住まいを訪ねた。彼女は「ミイラ取りがミイラになる」というたとえのごとく文鮮明に傾倒し、布教活動に邁進した。ほかにも、神霊主義に関心を持ち祈禱院が林立するソウルの三角山に出入りしていた東亜神学校の李耀翰《イヨハン》伝道師が、文鮮明の信徒であった玉世賢《オグセヒョン》に導かれてきた。こうして凡一洞の住居に信者が増え、一九五二年、文鮮明は自分の覚え聞いた教説をノートに筆記し、「原理原本」を完成させた。

ところが、一九五三年に教会は最初の受難を迎える。文鮮明の妻である崔先吉《チェソンギル》が七歳の息子を連れて、新しく購入した水晶洞の教会を訪ねてきたのである。感動の再会を果たすことを期待した妻は、我が子に対して「これが聖進《ソンジン》か」とそっけなく言う文鮮明に落胆して「木石のように人情を解さない人だ」と応じたと説教集にある。側近であった朴正華によれば、一緒に生活するようになった崔先吉は文鮮明と女性信徒たちとの「実践」に激怒し、女性たちを住居からたたきだし、文鮮明は女性信徒を連れてソウルや釜山を転々とする時期を過ごしたという。文鮮明は既成教会による非難を主たる受難の理由に挙げ、崔先吉がこの種の非難を鵜呑みにして自分のメシヤとしての使命を理解してくれなかったと難じるが、メシヤを名乗る前の文鮮明（当時は文龍明）と結婚した妻からしてみれば、妻子を六年以上も遺棄し、再会後は再臨のメシヤとして特異な宗教実践に明け暮れる文鮮明は理解不能に映ったのだろう。

こうして女性信奉者たちと共同生活をし、妻の追及を逃れるばかりでは、文鮮明も平壌で遍歴した神霊集団の亜流に留まった可能性が高い。しかし、文鮮明には幸運が訪れた。統一教会の教説を作り上げることになる人物、劉孝元《ユヒョオン》が信者に導かれてきたのである。彼は文鮮明と同じ定州生まれで京城帝国大学医学部出身の秀才だったが、脊椎カリエスにかかり三九歳まで病の床にあった。文鮮明に心酔した劉孝元は、一九五七年に文鮮明の教説を「原理解説」にまとめ、これを増補して一九六六年に『原理講論』とした。金百文の『基督教根本原理』は一九五八年に刊行されているので、劉孝元が『原理講論』を書き上げるまでに参照した可能性も考えられる。しかし、金百文の神学的知識や異端的想像力がいかんなく発揮された大部の『基督教根本原理』と比べれば、統一教会の教説は金百文のそれを普及版としたような簡潔さであり、劉孝元自身の韓国思想やキリスト教、および当時の科学理解が混在している。その素人的なブリコラージュがかえって一般の人たちにとってはわかりやすかったのかもしれない。いずれにしても、劉孝元およびその弟の劉孝敏《ユヒョミン》（写真屋の腕を活かしたブロマイド製作や後に空気銃の開発販売を手がけ、教団の財政的基盤を作る）の貢献なしに、教団の拡大はなかった。

梨花女子大事件

劉兄弟の入信と前後して起きた、統一教会の教勢が大いに削がれた事件にも言及しておこう。梨花《イファ》女子大事件である。統一教会が異端としての烙印を主流派教会や韓国社会で押され、韓国で教勢を拡大する路線を断念して海外布教に乗り出す契機になった事件とされる。

一九五四年五月一日、ソウル北鶴洞において「世界基督教統一神霊協会」が設立された。この時点においても一軒家の民家に看板を掲げた教会でしかなかったが、文鮮明は大いなる布教活動の構想を考えていたようである。説教集によれば、延世《ヨンセ》大学と梨花女子大学の学長をはじめとする教員や学生たちに布教できれば、二大学の人脈、すなわち政治家や高級官僚の夫人との関係を利用してキリスト教会のみならず韓国政界にも影響力を行使できたはずだった。延世大学は、一八八五年にアメリカの長老派により設立された私学である延禧専門学校に始まり、セブランス医科大学との統合を経て一九五七年に大学校に昇格した。もう一方の梨花女子大学は、一八八六年にアメリカのメソディスト派により設立された梨花学堂を母体とする、一九四六年に大学校として認可された名門大学である。

一九五五年、劉孝元から布教された梨花女子大学校音楽科講師の梁允永《ヤンユヨン》が入信すると、同大学教授の崔元福《チェウォンボク》と金永雲《キムヨンウン》、舎監の韓忠燁《ハンチュンファ》が相次いで導かれ、教授たちの薫陶を受けた学生たちも多数教会に通うことになった。梁允永は梨花女子大学校の総長・金活蘭《キムハラン》と副総長・朴瑪利亜《パクマリア》にも布教しようとした。瑪利亜の夫である李起鵬《イギブン》は、李承晩政権で後に副大統領となる大物政治家である。しかし、トップから布教しようという戦術が失敗し、梁允永は大学側から正統派のキリスト教へ戻るよう説得されることになり、これに応じなかったために四名の教員と一四名の学生が、それぞれ免職・退学処分となった。

これだけでは事件は収まらず、連日新聞がこの事件を報道することで社会の関心が集まり、七月四日に文鮮明、金元弼、劉孝元、劉孝敏、劉孝永が逮捕された。文鮮明については兵役法違反と女子大生を三日間不法監禁したという容疑で取り調べられた。検察は文鮮明に懲役二年を求刑したが、一〇月四日に文鮮明には無罪、劉孝元は罰金五〇〇〇ウォン、その他三名には懲役八ヶ月の判決が言い渡された。控訴審では文鮮明と劉孝元は原審維持で無罪、金元弼に控訴棄却、劉孝敏と劉孝永には執行猶予一年がついた。

裁判では勝訴したようなものだが、この事件によって統一教会の異端的教説や教祖の淫教イメージが定着し、韓国内においてキリスト教界に勢力を拡大することが難しくなった。しかしながら、どういうわけか、一九五七年に文鮮明にとってアメリカ布教の片腕となる朴普熙《パクボヒ》が入信し、朴の同僚であった韓相吉《ハンサンギル》・韓相国《ハンサング》・金相仁《キムサンギン》も加わった。四名は後に韓国中央情報局（K

CIA）のメンバーとなるので、四名の入信が自然なものか韓国政府の意図があってのものなのかは判然としないが、双方が利用し合う政治的橋頭堡《きょうとうほ》が築かれたことは確かだろう。一九六五年以降、文鮮明はアメリカを拠点として、統一教会の布教に加えて反共活動やアメリカの保守勢力へのロビイング活動を行うようになるが、朴普煕のようなブレインを抱えることなく、この時代の統一教会が反共政治に精力を傾けることは考えにくい。

朴正煕政権とKCIA、統一教会の関係は、一九七八年アメリカ議会で「韓国の対米関係に関する調査」と題したフレーザー委員会において明らかにされた（第四章）。この問題について深く検討することは本書の射程を超えるため、関心のある読者は巻末の参考文献一覧に記した文献を参照されたい。ともあれ、異端としてであれ、キリスト教の教団として教勢を拡大する道が絶たれた以上、宗教団体ではなく別の形で組織の維持拡大を考えざるをえない局面に置かれたことは間違いない。

一九五八年、崔奉春が布教の命を受けて日本に密入国し、一九五九年には金相哲《キムサンチョル》と姜義弘《ガンイヨン》が渡米して文鮮明一族移住の基盤作りをなすことになる。しかし、この段階で文鮮明が明確に海外宣教を意識していたかどうかはわからない。少なくとも、韓国内では悪評のために既成のキリスト教会から信徒を引き抜いたり、社会的に有力な人物から布教していくといった路線が頓挫したことは確かである。

裁判後、一九五七年に文鮮明は崔先吉と協議離婚した。崔先吉の親族が文鮮明との離婚を妻に勧めたためと文鮮明は言うが、世俗的な婚姻を継続するわけにはいかなかった理由がほかにあったことも事実だろう。すなわち、文鮮明が再臨のメシヤとして世界を救済する特別な役割を遂行するためには、人類の母となる処女を娶る必要があったからである。

六人のマリア

文鮮明の七男である文亨進は、二〇一〇年の「世界平和統一家庭連合」世界会長時代に、日本全指導者会議の席上、イスラームやモルモン教において一夫多妻制が存在したことに言及し、「何故私たちはお父様を恥ずかしがりますか。キリスト教がそのような話を出す時どうして私たちは隠れますか。何故摂理的に説明できませんか。はっきりとした摂理的な道であったのに」と述べた。また、世界会長を解任され、二〇一五年のサンクチュアリ教会を設立した後も、説教において「私は、お父様の六マリアを恥じません。私は、真の御父母様が幸せな結婚でなかったことを恥じません」と述べている。

韓国の統一教会幹部たちには知られたことであるものの、日本の幹部たちが決して認めない「六人のマリア」とは誰のことか。統一教会がいうところの歴史的「摂理」とどう関わっているのか。以下で概略を説明する。

後に教典となる『原理講論』や文鮮明の公刊された説教集に明示されることはなかったが、文鮮明が平壌へ遍歴し、釜山やソウルで教会の土台作りをしている時代、「六人のマリアと子羊」という話を語り、実践してきたとされる。初期の統一教会から離反した朴正華のような側近や、後に述べる日本宣教の立役者だった崔奉春の語るところによれば、この秘密の儀式があったからこそ、初期の統一教会に婦人たちが集まり、次いで若い男性信者も集まったのである。

一言でいえば、文鮮明は先述の丁得恩のように、神を感得した女性との血分けによって神性を獲得して「再臨のメシヤ」となった。また、そのことを神の摂理として語ることができた。この教説の原型部分は、イエス教会時代やイスラエル修道院時代に学んだのである。しかも、神霊と救いを分け与えると称して、神霊集団の一部で実施されたというメシヤから信徒への血分けを自らも実践した。当時、まだ教説は教典化されていなかったので、文鮮明の熱狂的な説教によって語られ、特定の信徒に対してのみ秘儀的な事柄として教えられたものと推測される。

文鮮明がそれ以前の神霊集団や祈禱院運動の実践者と異なる点は、血分けの意義をより強調し、摂理としてアレンジしたことかもしれない。この時期に合わせて簡略的にその教説を述べれば、次のようなことになろう。

人類の創世において神はアダムとエバを夫婦にして子孫の繁殖を計画されたが、同じく神の被造物であった天使長ルーシェルはエバに魅惑され、エバと性的な不倫関係を結び、悪の血統がエバからアダムへ、そして人類に遺伝され、人間は原罪を持つことになってしまった。神に背き、人間を堕落させたルーシェルはサタンとなった。そこで神は、再臨主としてまずイエスを送ったが、イエスの十字架の失敗によって第三のアダムを再度送ることにされた。第三のアダムの使命は、サタンによって奪われたエバを取り戻す（復帰）ためにイエス（メシヤ）に対してマリア（母親）の位置に立つ女性六人を復帰（血分け）し、次いで子羊（処女）を娶って子孫繁殖をなすのだとされる。

縮めて書けばこれだけの話だが、平壌時代や釜山・ソウル時代に文鮮明のもとに集まった婦人信徒たちは自分たちがマリアになるのだと思い込んでいたという。そのために、家族をかえりみず、資産と自身の半生を文鮮明と教団に捧げたのである。朴正華はこの時代の物語を暴露本『六マリアの悲劇』として出版し、六マリアは六人の婦人信者に留まらなかったことを述べ、教団の財政的基盤に貢献した多くの婦人たちに言及している。

日本の統一教会信者たちは、後に崔奉春《チェボンチュン》による証しやセミナーへの参加を通して文鮮明が再臨のメシヤであることを知らされた。「真理」としてそのことを語る人間がいて、その人間の言を信用することで文鮮明がメシヤであると歴史上の人物を覚えるように間接的に理解したのである。ところが、ここまで説明してきたように、韓国の初期信者たちは文鮮明が再臨のメシヤにほかならないことを文鮮明の口と文鮮明の行為から直接的に経験した。次章で詳述するように、この差が日本と韓国の統一教会信者たちの信仰態度の差にも表れてくる。ともあれ、メシヤを自称する韓国の新宗教創始者は少なくないが、何の根拠をもってメシヤであるというのか、その証しを当時の韓国の信者は貪欲に求めたし、文鮮明はそれを明らかにするために「六人のマリアと子羊」の語りと実践を行ってきたのである。

子羊と祝福

文鮮明は一九五七年に先妻と離婚して正式な子羊探しを始めたわけだが、実質的にはすでに子羊に相当する年頃の未婚女性信者と血分けを始めていた。金明熙《キムミョンヒ》は未婚のまま一九五四年に文喜進《ムンヒジン》という男児を出産している。また、崔淳華《チェスンファ》（アニーとして知られる）との間にも朴峻頃《パクジュンギョン》（サムエル）が生まれ、彼は文鮮明の側近・朴普熙《パクボヒ》の息子として育てられる。二人は自分たちが子羊候補と信じ込んでいたのだろう。

後に統一教会に祝福という合同結婚の儀式ができ、初期信者同士が三家庭、三六家庭というカップルになっていくが、男女とも青年期から中年期にかけての信者たちである。女性信者たちのうちで自分が子羊として選ばれるのではないかと考えたものもいたかもしれない。しかし、文鮮明が選んだのは、現在の統一教会＝世界平和統一家庭連合の総裁である韓鶴子《ハンハクジャ》であった。

韓鶴子の母親は洪順愛《ホンスネ》（一九一四～八九）であり、一九五五年に入信したとされる。文鮮明によれば、韓鶴子は三代続いて女子の独り子であって神の独り子の相対者にふさわしいということだが、それ以上に洪順愛が〈金聖道《キムソンド》－許浩彬《ホホビン》〉の教団に所属していたことのほうが重要である。そして、洪順愛は韓鶴子に対して家族の父親よりも「神様があなたのお父さんである」という躾《しつけ》をしてきたという。洪順愛は金聖道の長男から文鮮明が活動していることを知らされ、ソウルで会った。その時、許浩彬の教団に通っているころに見た夢に二度現れた再臨主のような青年と同じ人物が文鮮明だったので、説教を聞いて号泣したとされる。洪順愛は多くの婦人たち同様に教会に起居して立ち働き、韓鶴子は一九六〇年に結婚するまでそこから看護学生として通学していた。

文鮮明は親子ほども年齢差のある一七歳の韓鶴子を突然メシヤの妻、真の母に指名し、子羊の婚宴以降、韓鶴子は「内的試練」を三年間受けることになったとされる。文鮮明の言によれば、韓鶴子に親戚との縁をすべて切らせ、教会ではなく別宅に住まわせた。それは、教会では一二〇人以上の女性たちが年若く信徒としての経験もない韓鶴子に嫉妬し、毒でも盛りかねない勢いだったからだったという。そして、文鮮明は、統一教会の教説によれば「三位基台」をなすマリア格の女性たちと行動を共にした。特に梨花女子大事件で辞めさせられた崔元福《チェウォンボク》との関わりは深く、彼女を「お母様」と呼ぶ信者たちもいたという。文鮮明が深く関わった女性たちで結婚しなかった者たちは死後、霊界祝福（霊界にいる祖先や元の配偶者、歴史上の人物＝霊人と結婚すること）を受けることになった。金明熙（ソクラテス夫人）、張貞順《ジャンジョンスン》（イエス夫人）、李京俊《イギョンジュン》（孔子夫人）、姜賢實《カンヒョンシル》（アウグスチヌス夫人）、崔元福（釈迦夫人）の次第である。霊界には歴史上の聖賢たちが存在しており、祝福により救済されたとされる。

祝福による拡大聖家族

一九六〇年四月一一日に行われた文鮮明の聖婚の後、同年四月一六日には弟子の三家庭（金元弼・鄭達玉《ジョンダロク》、劉孝元・史吉子《サキルジャ》、金榮輝《キムヨンギ》・鄭大和《ジョンデワ》）の婚約が行われ、翌一九六一年五月一五日に三六家庭（前記三家庭を抜いた三三家庭）の合同祝福結婚式が挙行された。その後、一九六二年の七二組、一九六三年の一二四組の韓国人信者同士の合同結婚式があり、一九六八年には日本の初代教会長である久保木《くぼき》修己《おさみ》を含む四三〇組の合同祝福結婚式が行われた。

　合同祝福結婚式が日本人信者にとってどのようなものであったのかは第四章で述べることとして、初期の統一教会の性格についてまとめることとしよう。初期の統一教会は、文鮮明という再臨のメシヤによって血分けされた女性信者たちが男性信者とさらに血分けするという、一連の血分け行為（霊體交換）が合同祝福結婚という形で収束して形成された疑似的な聖家族＝文鮮明による神霊的拡大家族にほかならなかった。文鮮明がメシヤであることの証しは何よりも血分けという実践そのものにあった。

　こうした筆者の主張は書籍の受け売りではなく、三六家庭で日本宣教の立役者となった崔奉春から直接話を聞いて裏づけたものである。二〇〇六年八月、私は来日した崔奉春に東京都内で統一教会のある幹部を通してインタビューすることができた。その際、「血分けは事実か」と尋ね、「私はしなかったが、このことは妻の申美植《シンミシク》から聞いた」と返答を得た。申美植は梨花女子大事件で退学した学生の一人で、文鮮明の子供の世話をしている時に日本で布教中の崔奉春との結婚話を出され、来日して崔奉春と開拓伝道を行い、その後夫婦でアメリカ宣教を命じられ、以降は長くアメリカに滞在した人物である。

崔奉春からは、文鮮明の人となりについても詳しく話を聞かせてもらい、特に人の心を読む、摑むという人心収攬の術について天賦の才を持っていることが印象づけられた。創設当時の統一教会において、信者たちは日常生活の中で文鮮明のカリスマ的説教の魅力や指導力を感じ、文鮮明の語る「摂理的な行為」として霊體交換をも実行していたのだろう。そこには教団幹部として死亡するまで残った人物もいれば、初期信者として名前は残すものの行方がわからなくなった者、後日統一教会を告発する朴正華のような人物もいた。

崔奉春は、日本宣教を命じられた一九五八年以来、一九六五年まで日本に滞在し、当時の韓国国内教会の動静とは隔絶した宣教活動を行っていたようである。申美植も文鮮明から直接指導を受けた高弟であり、若いうちに日本に来て崔奉春の夫人として日本人信者に尊敬されていた。そうした二人の穏やかな性格がそのまま日本の統一教会に反映される一方、韓国にいる等身大の文鮮明や韓国教会の実態はあまり知られていなかったのではないかと考えられる。その結果、日本では韓国の統一教会とはかなり性格を異にする統一教会が形成された。

なにより文鮮明がいないのだから、血分けという現実的なメシヤの証しを示すことができない。それにもかかわらず、なぜ日本人は文鮮明を再臨のメシヤだと信じることができたのだろうか。

宗教とは理の通らぬことを信じることだと一般的には考えられているが、それでも真理として語られている事柄にはそれなりの論理や脈絡があるもので、それを自分なりに丹念に追っていって初めて納得したり、感得したりするものである。韓国の信者にとっては、これまで聞いたことのないような歴史や霊界の秘密を語り、秘儀的な行為を実践する「メシヤ」が眼前に存在したわけだから、まさにその言説と直接的な行為を受け入れるか否かであった。ところが、日本人は文鮮明という生けるカリスマを見たり、ふれて感じることなしに、統一教会の教説を信じたのである。信仰のゆえにという統一教会側の言い方はあまりに美しすぎるし、統一教会を批判する側のだまされてという言い方にも、ある意味で宗教を世俗的常識的に解釈しようとする傾向が強すぎる。

続く第二章では、日本で成立した統一教会の特異性を考察していくことにしよう。日本が受け入れた統一教会とは、文鮮明の実体的な血統転換ではなく、崔奉春や劉孝元が解釈した「統一原理」という摂理史観だった。そうした教説を真理として受け入れる世相や社会層が一九六〇年代の学生たちにあったことを初期の教会形成の過程から見ていくことにしたい。

第二章　統一原理と学生たち――勝共による日本宣教

Ⅰ　日本宣教と初期信者たち

キリスト教系新宗教から多国籍型宗教団体へ

前章では文鮮明が統一教の基礎を築くまでを説明した。彼は、一九二〇年、現在の北朝鮮、平安北道定州郡に出生後、日本留学を経て朝鮮半島に戻り、ソウルのイエス教会やイスラエル修道院、平壌の腹中教や霊體交換を実践していた女性のもとを遍歴し、統一教会の教説と実践の原型となるアイディアを獲得した。文鮮明は既成教会から信者を引き抜き、婦人信者や若い女性信者との共同生活によって当局の疑惑を招き、平壌で逮捕され興南監獄に収監された。彼は解放された後、釜山で残存信者を集めて初期教団を発展させた。順調に見えた教団発展の途中で梨花女子大事件が起き、文鮮明は弟子と共に女子学生の不法監禁を理由に検挙されたが無罪判決を得た。しかし、統一教はスキャンダラスに報道されたために、異端的キリスト教会として韓国の教会関係者や市民の記憶に残ることになった。実際、文鮮明以下信徒たちは衣食住を狭い住居で共にし、信徒たちがブロマイド製作の家内工業で活動資金を捻出していたものの、教団は細々と命脈を保っていたに過ぎなかった。

しかし、不思議なことに統一教は人材に恵まれる。朴普熙《パクボヒ》ほかの軍将校が一九五七年に入会し、キリスト教会を経験した伝道師で入信する者や劉孝元《ユヒョオン》のように文鮮明の説教をまとめて教本とする秀才も現れた。統一教会は息を吹き返し、宗教組織としての体制を整え、海外宣教を計画するようになったのである。統一教会が財団法人の認可を得たのは一九六三年であり、一九六一年には朴普熙が駐米韓国大使館の陸軍武官補佐官に任命され、現地で統一教会の地盤を築き、一九六五年から始まる文鮮明の世界巡回路程の準備をなした。

文鮮明は一九七一年以降アメリカに居を構え、世界宣教を指揮するようになった。それを可能としたのが、統一教会の財政基盤を支えた各種の企業と宣教対象国の政治家へのロビー活動だった。特に一九六〇年代の日本において、政界や大学への統一教会の浸透ぶりと資金調達能力の伸びには目を見張るものがある。当時の統一教会ウォッチャーは、アメリカや日本における保守政治家へのロビー活動や、韓国で統一教会の事業部門が手がけた「鋭和B3」空気銃をはじめとする種々の物品輸入販売などを見て、統一教会は宗教を隠れみのにした政治経済団体ではないかと批判した。現在でも、統一教会は宗教を偽装した政治経済団体ではないかと言う人は少なくない。

統一教会の資金調達活動については、第三章の「なぜ霊感商法をするのか」で詳しくふれるとして、ここでは私の考えをあらかじめ述べておこう。一九六〇年代から次々に設立された統一教会の組織や事業の展開には、冷戦体制を舞台とした反共産主義（反共）の動きが影を落としている。文鮮明は、李承晩が結成した与党の自由党に働きかけてアメリカ宣教を金永雲や朴普煕に担わせたと説教集で述べている。日本宣教に関しても政治家を介して便宜を図ってもらったことは想像に難くない。その人物たちが後に世界反共連盟（WACL）、日本では国際勝共連合の結成に動いたのである。

この章では、日本宣教がどのようにしてなされ、信者たちが教団の基盤をどのように築いたのかを説明し、信者たちの入信動機や活動の形態を当時の学生運動との比較で考察する。

まずは日本宣教の立役者となった崔奉春《チェボンチュン》の日本渡航から説明を始めよう。

崔奉春と初期教会

崔奉春は釜山で生まれたが、日本の大阪難波《なんば》で幼少期から青年期まで過ごし、終戦前に韓国に戻ったので日本語は巧みだった。釜山で会社員をしていた一九五六年に統一教に入教し、一九五八年忠清南道《チュンチョンナムド》の甲寺《カブサ》で西大門《ソデムン》刑務所から釈放されたばかりの文鮮明から日本宣教を命じられた。文鮮明は梨花女子大事件の後、兵役法違反の罪でも起訴され、無罪判決を得るまで未決囚として収容されていた。文鮮明は当時の金で一五〇万ウォン（約一〇〇万円、大卒初任給の八〇倍相当）を崔奉春に持たせたという。貨物船に潜伏する密航は三度失敗し、最終的に一九五八年七月に福岡に上陸したものの、入国管理法違反で半年の実刑判決を受け、広島刑務所に収監された。強制送還される前に、崔奉春は肺炎と診断され療養施設に移された。その後、上京した崔奉春は韓国のＹＭＣＡを訪ね、日本に帰化した韓国のクリスチャンが経営する雄鶏舎時計店に住み込ませてもらった。一九五九年の一〇月に、雄鶏舎の二階で初礼拝を行ったが、信者は家主の家族ほか数名だった。

崔奉春は仕事の合間を見ながら、自身の仕事先や大学構内などで布教を始める。草創期のメンバーで後に教団幹部になった者にはクリスチャンが多い。大学生で聖書研究会に失望していた増田勝、戦争未亡人でクリスチャンであった松本道子（曺正道）、クリスチャンファミリーに生まれた小笠原節子、大学の聖書研究会にいた小室宏之、信者でミッション系大学に通っていた春日千鶴子、東北大で聖書研究会にいた小山田秀生など、既成教会に通う青年信者や求道中の学生だった。崔奉春の布教は、日本のキリスト教徒に狙いを定めており、教会や大学のキリスト教サークルに物足りなさを感じる信者たちが話を聞いていったのである。

この布教方法は、文鮮明が北朝鮮や釜山で行った布教戦略に等しい。既成教会から信者を引き剝がしていくのだから、当然、キリスト教会の反発があり、春日千鶴子は大学から正統派のキリスト教をとるか統一教会をとるか迫られ、結局退学している。一九六〇年前後の日本のキリスト教会で統一教会が認知されていたとは考えられないが、韓国人の教祖を再臨のメシヤと信じることだけでも異端視されたことは想像に難くない。

日本におけるキリスト教布教

ところで、当時のキリスト教会には、戦後の大復興からは一段落したものの、求道中の青年たちがかなり集まっていた。明治以降、日本ではキリスト教も含む信教の自由と布教が認められ、西欧の宣教団は全国に教線を拡大し、学校教育や社会事業において存在感を発揮してきた。前章で述べたように、日本でキリスト教はハイカルチャーな宗教文化としての認知を受けてきたのだが、日中戦争から太平洋戦争にかけてのナショナリズムの高まりの中で、敵対国の宣教団体から支援を受けていたキリスト教は政府から抑圧された。しかし、戦後一転して国民の道徳的欠乏に応える新しい価値観を伝えて多くの信者を集め、カトリック・プロテスタント共に戦後十数年で信者数を三倍程度に増やした。ただし、キリスト教復興の波はこの一回限りだった。一九六〇年代から八〇年代まで韓国のキリスト教が爆発的な成長を遂げた（総人口の約二五パーセント）のとは対照的に、日本のキリスト教会は早くも教勢の停滞に陥り、信者数は総人口の一パーセントの壁を超えられなかったのである。

この差は、学問的に言えば、宣教の対象が国民の中下層にまで及んだ韓国と中上層に留まった日本との違いである。巫俗や祈禱の治癒文化を取り込み、受難の近代史をイスラエルになぞらえた韓国のキリスト教と、先祖祭祀をはじめとする宗教伝統と折り合えず、日本の保守主義と徹底して対峙した日本のキリスト教との違いが、キリスト教の土着化の度合いを決めたと言える。

さらに言えば、日本のキリスト教は韓国のキリスト教に比べると、西欧宣教団に物心両面で依存する時代が長かった。結果的に日本人自身の宣教熱もあまり高まらず、ごくごく控え目に友人を教会へ誘う程度の大人しい勧誘が主になっていった。また、信者が新規信者を勧誘して導くやり方で急成長した韓国のキリスト教に比べて、日本の主流派教会において伝道の役割は牧師や宣教師がもっぱら担い、信徒は牧会される側という役割意識が明確であり、教会成長の活力に欠ける面があったとも言える。

もっとも、信者が布教の最前線に立つやり方は、教団成長に適合的な反面、弊害もあった。学ぶ者が教える側に立つことは確かに動機づけや学習効果を高めるが、生半可な宗教知識や体験だけで未信者を導こうとするので、現世利益的な教説理解と宗教団体らしからぬ実績主義が生じることになる。信仰の中身が何人伝道できたかという熱心さで判断されるために、ブラック企業の営業担当社員のような手段を選ばぬやり方で信者集めを行う教団が出てくるおそれがある。急成長する福音主義教会の新興勢力に対して日本の伝統的な教会は警戒心を抱き、伝道・教化の行き過ぎを問題視する動きがあったことも付け加えておきたい。

結果として、高度経済成長の時代、向都離村でイエやムラから離れた労働者や地方で貧しさに喘いでいた多くの人々が結集した居場所は、新宗教の集まりだった。創価学会の座談会、立正佼成会の法座などは都市部の疑似的ムラの寄り合いとなり、青年部や婦人部は若者組／青年団や婦人会の代わりになった。一九六〇年前後の日本はまだまだ貧しく、頼るものなき人々が大勢おり、青年たちは人生観や世界観を求めて初期の左翼的学生運動や強力な労働運動、農村や職域のサークル運動、そして宗教運動に友人たちからの誘いで引き込まれていったのである。

日本の統一教会の創設期メンバーが大人しいクリスチャンだけであれば、日本の統一教会運動はこれほど発展しなかったし、霊感商法もなかったかもしれない。一九六二年に久保木修己ほか数十名に及ぶ立正佼成会の青年たちが相次いで統一教会に入信し、統一教会に新宗教的な運動組織と政治運動的要素を加えたことは重要である。

統一教会と立正佼成会

久保木修己は一九三一年に満州で生まれ、終戦後に引き揚げ、父親の仕事で千葉県から東京中野に移り、慶應義塾中等部から慶應義塾大学に進んだ。両親の影響で立正佼成会に入会し、庭野日敬会長と長沼妙佼副会長に気に入られ、青年部長・会長秘書として青年信者の指導にあたった。久保木には、創価学会の政界進出に対抗して立正佼成会推薦の国会議員として出馬する話もあったようだが、青年部で「創価学会撲滅の会」を指導していた小宮山嘉一から統一教会の伝道集会に誘われたことで久保木の人生が変わった。小宮山は半年前から統一教会に出入りしていた。久保木は、当時信者数数十万世帯に迫ろうとしていた大教団の青年幹部である自分を前に滔々と教えを語る崔奉春の迫力と、貧しいけれども熱気に溢れた青年信者に負けたと述懐している。

小宮山は庭野に崔奉春を紹介し、崔は大胆にも庭野に「立正佼成会の青年たちを四人、四〇日間預けてくれれば人間改造をして見せます」と申し出た。庭野は承諾し、一九六二年末に他教団出身者含めて四〇人の研修会に、自分の息子と後見役として久保木らを出席させたのである。久保木によれば、後継者として信者の模範にはふさわしくなかった息子（後の庭野日鑛）のあまりの変わりように驚いた庭野が、その後も研修会に佼成会の青年を送り込むことを了承した。しかし、研修に出席した青年たちが、研修会で聞いたばかりの世界情勢だとか統一教会の教説などを語る例が佼成会で拡大し、統一教会の影響力が強まることを懸念した教団幹部の進言により庭野は途中で方針を変えた。それでも、百数十人送り込まれた青年たちの数分の一が統一教会に残ったのである。

久保木自身は研修の最後に五日間断食を行い、最終日に神の声を聞く霊的体験をしたと語る。一〇年近く世話になり、将来を嘱望された地位を捨てて統一教会に入会するにはよほどの決意があったことと推察される。当時の立正佼成会は、一九五六年に読売新聞が仕掛けた立正佼成会批判キャンペーンによって、長沼妙佼の霊能や姓名鑑定、教団の土地不正取得問題などが批判され、教勢を落としていた。庭野は、霊能カリスマの教団を法華経中心の根本仏教教団に作り替えて教勢を盛り返し、長沼派による会長批判の連判状事件なども穏便に事態収拾に努めて教団運営の手腕を発揮した。しかし、大学で学んだ久保木にとって、現世利益で信者を集めていた新宗教は物足りなかったのかもしれない。また、政治運動への参画も視野に入れていた久保木にとって、立正佼成会は微温的だった。一九七〇年代に立正佼成会は、明るい社会作り運動や世界宗教者平和会議を開催するなどして社会参加型仏教教団へと改革を進めた。もう一〇年、運動が先行していれば久保木は立正佼成会に留まったかもしれない。

ともあれ、久保木は金も人脈もない統一教会に飛び込み、廃品回収で資金を稼ぐことになった。そして、崔奉春と初期の信者が毎月のように研修会を持つことで信者を増やしていったのである。教団宗教の幹部として組織運営に一日の長を認められた久保木は、一九六四年七月一五日に認証された宗教法人世界基督教統一神霊協会の初代会長に就任する。同年七月には全国各地の大学で進められていた原理研究会の連合組織である全国大学連合原理研究会が発足する。会長は小宮山嘉一であり、立正佼成会出身者がツートップを務めた。

II　統一教会と政治運動

笹川良一・岸信介と統一教会

一ヶ月ほど時間を戻すが、一九六四年六月二日、崔奉春は入国管理法違反で警察に連行され、七月一七日まで拘留された。崔奉春の釈放に尽力したのが笹川良一である。明治三二（一八九九）年生まれの笹川良一は「国粋大衆党」を組織するなど大陸でも活動するが、A級戦犯容疑者として収監され、後に不起訴となった。その後、競艇事業などで資産を築き、政財界や社会事業にも足跡を残す（日本船舶振興会、後の日本財団会長）。毀誉褒貶のふれが大きな人物である。

崔奉春本人の弁によると、たまたま信者と知り合いになった笹川良一が、教会に足を運んだり、戸田のボート練習場施設を研修所として貸してくれたりと便宜を図ってくれたという。笹川は、一九六三年に教団の顧問となる。そして、崔奉春が警察に拘束された際、賀屋興宣法務大臣のルートを使っていったん帰国させ、再入国許可の措置に持ち込んだとされる。この年、統一教会は本部を世田谷区代沢から渋谷区南平台町の岸信介元私邸の隣に移した。

統一教会という一介の新宗教に、右翼人士の大立て者である笹川良一と岸信介元首相（一九五七年から六〇年まで）が関わっているというのは奇異である。岸信介は、一九六〇年に日米安全保障条約改定を強行したものの、全国に広がる反対運動や国会前のデモの鎮圧などの責任を取って内閣総辞職した。その経験から、労働運動や学生運動に広がる左翼思想に脅威を覚え、反共産主義的な活動を行う民族派に加えて、統一教会のような組織をも活用することを考えたのだろう。

笹川と岸は、一九六七年七月に山中湖畔の笹川私邸で文鮮明と会合を持つ。翌年一月に韓国で国際勝共連合が発足し、同年四月に日本の国際勝共連合が発足した。会長は統一教会会長である久保木修己、名誉会長は笹川良一、顧問団には玉置和郎ほか自民党政治家が名を連ねた。玉置和郎は一九六四年に発足した生長の家政治連合の支援を受けて参議院議員に当選していた。この件に関わる証言は、文鮮明がアメリカ宣教で行った政治家への様々なロビイング活動が問題化した際、フレーザー委員会において韓国中央情報局（KCIA）との関わりの中で出てきて、日本の国会では一九七六年の外務委員会にて田英夫が質問している（第078回国会外務委員会第4号　昭和五一年一〇月二一日）。

一九六一年に軍事クーデターによって政権を奪取した韓国の朴正熙は、一九六四年にアメリカの求めに応じて約五万人の大韓民国軍人を南ベトナムの戦線に派遣、一九六五年に日本に対する個別的請求権を放棄する代わりに計一一億ドルの経済協力金を得ると定められた日韓基本条約を締結、一九六八年には北朝鮮のゲリラ部隊に大統領官邸を襲撃されるなど、北朝鮮を含む共産圏国家と対峙していた。こうした流れの中で、統一教会も反共活動を担わせる民間団体の一つとして活用されたものと考えられる。事実、警察局長や情報課長のほうから統一教会に接近してきたと文鮮明は説教で述べており、一九六五年に文鮮明は反共啓蒙団を創設し、江《カン》原道《ウォンド》を中心に教会幹部を講師として種々の集会に派遣し、韓国の原理研究会の学生には農村で中高生に指導せよと説いた。述懐するところによると、「国を愛することにおいては、どこの誰よりも愛し、共産主義者を捕まえるところにおいても、誰よりも一生懸命捕まえました」。

この反共啓蒙団は一九六八年に「国際勝共連合」として韓国の文化部に登録される。そして、李相憲《イサンホン》に『新しい共産主義批判』を執筆させ、国際勝共連合のテキストとしたのである。

勝共と統一は、朴政権にとっても文鮮明にとっても生き残りをかけた現実そのものだったが、日本では岸や笹川といった保守・右翼人士を除けば、学生たちには運動や理想の問題として捉えられた傾向がある（この点は後に述べる）。それでも、共産党や学生運動と対抗する勢力になりうる原理研究会の学生が日本でも五〇〇名余りに増えたことを、文鮮明は「気分のよかったこと」と語っている。

久保木修己と勝共運動

久保木修己は一九六四年から一九九一年まで日本の世界基督教統一神霊協会会長の職を務めたうえ、一九六八年から六七歳で死去する一九九八年までの三〇年間、国際勝共連合会長をも務めた。夫人の久保木哲子によれば、「もう地上での私の使命は終わった。早く霊界に行って成さねばならないことがある」と晩年口癖のように語っていたほどの重責だったという。

久保木の使命とは何だったのか。結論から言えば、統一教会の世界反共運動を日本で推進するロビイング活動である。しかし、一九八九年にベルリンの壁が崩壊し、同年、ゴルバチョフとブッシュが米ソ首脳会談で冷戦の終結を宣言、一九九一年にソ連が解体した。同年一二月に文鮮明が北朝鮮を訪問し、金日成と文化経済交流の共同声明を発表するに及んで、戦後の東西冷戦体制と統一教会の反共運動も事実上終結した。久保木が三〇代半ばで統一教会に人生を賭けてからの二七年間、全身全霊を打ち込んできた勝共運動に、もはや意味はなくなったのである。

実際、この年に久保木は会長職を去り、古参幹部である神山威《たける》に二代会長職を渡している。後に述べる統一教会の経済活動および資金調達組織としての教会組織に久保木は実質的権限を持っていなかったので、このことは、久保木の統一教会における居場所の喪失をも意味していた。

久保木修己にとって国際勝共連合の活動こそ、立正佼成会時代に達成できなかった宗教の政治参加そのものだった。アジアの共産主義化を防ぐ手立てとして、一九七〇年の世界反共連盟世界大会、一九七五年のアジア人民反共連盟大会、一九七九年からのスパイ防止法制定促進国民会議を日本で展開した時期こそ、久保木の面目躍如たる黄金時代だった。

そもそも世界反共連盟（WACL：World Anti-Communist League）とは、一九五四年に朴正熙の肝いりで設立されたアジア太平洋反共連盟（APACL）を国際組織に改組して、一九六六年に台北で設立されたものであり、以後毎年、世界各国で大会を開催してきた（一九九一年に世界自由民主連盟〔WLFD〕と改称）。統一教会が関わる国際勝共連合は、一九六九年に大手町サンケイホールと日比谷公園で日本勝共国民運動東京大会を開催して約五〇〇〇人を動員し、同年、第一回アジア学生勝共大会をソウル市民会館で開催して約六〇〇〇人を動員、一九七〇年は東京において笹川良一が大会総裁となり、九月二〇日に世界反共連盟世界大会を武道館で開催して約二万人を動員したという。久保木たちは自民党議員を中心に「勝共推進議員」を増やし、大会にも動員した。文鮮明は同日の説教で「そこには、日本の自民党員たちから、昔首相をした人たちまで、私の作戦に巻き込まれながら喜んでいます」と語っている。『文鮮明先生御言精選　真の御父母様の生涯路程』には控え目にしか文鮮明の言葉は紹介されていないが、それでも岸や笹川を利用したという意識は隠しきれていない。一方、久保木以下日本人幹部向けの御言集（ナンバリングがされ限定配布。信者収蔵）には、七月三日の御言として、おおよそ次のようなことが書かれている。

①大会に動員することで信者を増やせ、学生に兄弟姉妹がいるなら韓国料理店で飯でも食わせ、一人でダメなら二人で説得しろ。②今、日本で久保木が宣伝しても人が振り向かないが、世界大会で有名人士を招けば、その人を通して日本の久保木がと宣伝してもらえる。③各国代表が来たら、その人の名前で特派員記者を招待する。外国のプレスが殺到すれば、日本のプレスも追随する。④動員の予算、二億七千万円？　そんな金があれば私の所に持ってこい。一人あたり一万四千円も払って来てもらうくらいなら、一人何百円か払って街で募集した方が安上がりだ。それよりいろんな教団・教会にあたって、一千人動員すれば二百万円寄付しますといったやり方をするのが動員だ。⑤学生が寄附を願っても誰も出さない。岸さ

んとか大物を先に立てればいい。笹川にして原理研究会の奨励とか意味をつけて二千万円を出す。⑥社長たちは個人では回れないから、「若者が訪問しているからよろしくお願いします。しかし、名刺は渡します」ということにして名刺をジャンジャン配るんだよ。以上。

文鮮明は戦略家である。朝鮮戦争の砲弾の下をかいくぐり、裸一貫から政府要人と交渉して互いの利益を最大化する戦術を身につけてきた壮年期の男に、社会経験のない日本の学生や日本の新宗教の幹部経験しかない久保木たちが意見を差し挟めるはずもなかった。それどころか、ただの学生あるいは貧しいクリスチャンである自分たちが、日本の大物政治家たちに会えることに感動し、運動に邁進したのである。そうした学生や若者を自民党政治家は重宝した。「選挙になれば無償で熱心に働いてくれたね。共産主義に反対する教えも身についているからとても助かった。だから地元秘書にしたんだ。でも相手陣営（筆者注：中選挙区制時代のことで自民党議員）に情報を流していることがわかってやめてもらった。勝共連合の人たちはいまでも議員会館によくまわってくるよ」（高山和雄「統一教会よなぜ変わってしまったのか」『別冊宝島』四六一号、九三－九九頁）。

統一教会が自民党に食い込む絶好の機会が「スパイ防止法制定促進国民会議」の結成だった。一九七一年、佐藤内閣において沖縄基地返還協定が結ばれたが、福田赳夫蔵相と米財務長官デヴィッド・M・ケネディは、日本政府が地権者への原状回復費用をアメリカのために肩代わりするという密約をしたとされる。この秘密情報を毎日新聞の西山太吉記者が外務省女性事務官から入手し、社会党はこの情報を元に国会で政府を追及した。二人は逮捕・起訴され、一審では事務官に懲役六ヶ月執行猶予一年の有罪（控訴せず確定）の判決が下され、西山は一審では無罪判決であったが、二審で懲役四ヶ月執行猶予一年の有罪となり、最高裁は上告を棄却した。この事件で佐藤内閣は国家の機密情報漏洩を防ぐ法律がないことを問題にし、自民党が法案成立に向けて動いた。

一九七九年から国際勝共連合は、「スパイ防止法制定促進国民会議」の中核部隊として各県や自治体の議会においてスパイ防止法を制定する要望や決議を働きかけ、自民党はそれを受けて一九八〇年に第一次、八二年に第二次、八四年に第三次の案を発表した。しかし、防衛・外交秘密の枠が広いこと、国民の知る権利とマスメディアの報道の自由に直結する内容であることなどにより批判が広がり、一九八五年に審議するも廃案となった。なお、機密保護については、三〇年後の二〇一三年、第二次安倍内閣において日本の安全保障に関する事項の秘匿を行政機関とその従事者に求める特定秘密保護法案が成立されたことは周知の通りである。

一九八〇年代こそ、国際勝共連合が自民党政治の黒子として活動した時代であり、スパイ防止法制定をめぐって反対に回る野党や弁護士会、日本基督教団から〈国際勝共連合‐統一教会〉に対する批判が拡大した。しかし余禄はあり、国会における社会党や共産党による統一教会批判を自民党政治家とのパイプで軽く受け流せるほどの関係を築くことには成功した。ただし、国際勝共連合の活動はここまでであり、一九八〇年代末に冷戦体制が終結し、文鮮明が北朝鮮や中国との経済関係を追求するようになると、統一教会の内部で反共活動の意義も薄れてしまった。久保木たちの反共運動によるアジア主義、アジア圏の夢は消えたのである。

統一教会と日本の右派運動

国際勝共連合が岸信介や笹川良一、自民党のタカ派的政治家と強いパイプを形成したことから、統一教会は日本の右翼的運動ともみなされた時期があった。安倍晋三首相事務所が統一教会関連のイベントに祝電を送ったこと（二〇〇六年に開催された天宙平和連合〔UPF〕祖国郷土還元日本大会）や、二〇一六年のアメリカ大統領就任前のドナルド・トランプとの会談におけるパイプ役として統一教会が関与したことなどが報じられている。

しかし、一九八〇年代から現在まで、自民党政権が宗教理念やイデオロギーの面において国際勝共連合と統一教会（世界平和統一家庭連合）を強く支持し、一体化してきたという証拠はなく、むしろ統一教会が私設秘書派遣や選挙時の無償ボランティア派遣などで政権へ積極的にアプローチし、お互いに利用し合う関係が続いたというのが実態だろう。戦後の保守政権には、戦前のように天皇制と国体の二本柱で国作りをするという発想はなかった。特定の地域や社会層をおさえるための道具として宗教団体を適宜利用したまでである。それをわかったうえで自民党を逆に手玉に取った文鮮明と久保木修己のような〈宗教－政治〉活動をやった宗教人がいたということであろう。

関連して言えば、神社本庁や創価学会も政治志向の強い宗教団体の一つであるが、現在、利用されるに留まらない勢力を形成している。一九六九年に設立された「神道政治連盟」は、神社本庁が神道的国民意識の復興を願って国会議員との連携を図った政治団体だが、二〇一六年時点では安倍政権の主要閣僚二〇名のうち一七名が神道政治連盟国会議員懇談会に所属し、さらに一〇名が「日本会議」に所属していた。日本会議は、一九九七年に「日本を守る会」と「日本を守る国民会議」が糾合して結成された組織であり、皇国史観と天皇制の護持、および近代西欧的な民主思想に対する危機意識を運動理念としている。一九七四年設立の日本を守る会は、伝統宗教と創価学会を除いた新宗教の諸教団からなり、伝統精神や愛国心の称揚を目指して結成されたものだ。一九八一年設立の日本を守る国民会議は、保守派の財界人や文化人によって結成された。こうした政治団体の結成において裏方的役割を果たした活動家が、神社本庁と生長の家から輩出した。

こうした〈宗教－政治〉の野合において、国際勝共連合は一九七〇～八〇年代までかなりの勢力を誇ったのだが、一九九〇年代は見る影もなく凋落し、日本の右派運動に痕跡も残していない。その理由は次のようなものだろう。

第一に、後述する統一教会の資金調達活動＝霊感商法に対する社会的批判が強まり、統一教会を母体とする政治運動から自民党議員も距離を置き始めた。日本会議のような神社界や神道系新宗教を中心に動員力を有する政治団体が誕生したことで、保守系政治家が特定の宗教団体、しかも出自と資金調達方法に疑念を持たれる勝共連合に頼る必要がなくなった。

第二に、勝共連合が主張する反共連合としての大アジア主義のリアリティがなくなった。冷戦体制の終焉と共に、〈中共－ロシア－北朝鮮〉に対峙する〈韓国－日本－台湾－アメリカ〉という構図が崩壊し、日韓関係が領土・従軍慰安婦・歴史認識問題によって冷え込んだ。それにともない、韓国が主で日本が従となる統一教会の教説・世界観は、日本の右派勢力にとってまったく魅力的なものではなくなったのである。勝共連合との理念の共有は、ヤルタ－ポツダム体制の打破、日米安保の廃止、昭和維新の断行を企図した新右翼の団体でも不可能だった。ただし、学生が保守派の政財界人・文化人から支援を受けて学内の左傾化に対抗し、卒業後も右派の政治運動を持続するというやり方は、統一教会にも共通する運動の仕方といえよう。

右派運動の変遷と統一教会の政治活動の現状

とはいえ、日本の右派勢力、民族派が学生運動においても人心を集めたのは、生長の家が政治活動に熱心だった一九七〇年代、あるいは生長の家学生会全国総連合で活躍した安東巌《いわお》や椛島有三《かばしまゆうぞう》（日本青年協議会を経て日本会議の結成に参画）の時代に限定される。生長の家では、二代目総裁の谷口清超《せいちょう》が一九八三年に生長の家政治連合の活動を止め、三代目の谷口雅宣から完全に愛国・保守路線をやめてしまった。日本会議は多くの宗教団体や保守の人士から支持を集めているものの、会員の高齢化は否めず、①悠久の歴史に育まれた伝統と文化を継承し、健全なる国民精神の興隆を期す、②国の栄光と自主独立を保持し、国民各自がその所を得る豊かで秩序ある社会の建設をめざす、③人と自然の調和をはかり、相互の文化を尊重する共生共栄の世界の実現に寄与する、という綱領だけで若い世代の心を摑むこともはや難しい。そのような中で、日本青年会議所や地方政治家など地域密着型の若手経済人や政治家に対しては、郷土愛＝祖国愛＝美しい日本の言説がいまも受け入れられやすい。久保木修己の遺稿集『美しい国　日本の使命』（二〇〇四年）と安倍晋三『美しい国へ』（文春新書、二〇〇六年）がタイトルの方向付けに共通性を示していることからも、保守言説がどこを外野としているのかがわかる。すなわち、グローバル化した経済や東アジアの国際関係において相対的に地位を低下させた日本に残された美点として、自然や文化、国土をよすがとしたい高齢層や地方の若者などである。

安倍晋三元首相の殺害事件とその余波については第五章で論じることになるが、国際勝共連合を中心とした統一教会の政治的ロビイング活動団体がなぜ今日まで命脈を保ってきたのかについて、あらかじめ要点を記しておきたい。

第一に、統一教会側としては自民党から用済みとされることを何とかして避けたく、便利な道具になりきることで関係を維持してきた。共産主義のイデオロギー批判はやめ、自民党の保守的国家観や家族観にすり寄る形で組織の使い勝手をアピールした。一例としては、ジェンダーフリーや性教育、LGBTQなどの性的マイノリティ、性と生殖の健康に関わる政策への反対が挙げられる。関連団体の世界日報が、批判的キャンペーンを紙面やインターネットで積極的に展開した。たとえば、二〇〇三年一二月に宮崎県都城市で「性別または性的指向にかかわらずすべての人の人権が保障され」という性的マイノリティの権利に関わる文章を含む男女共同参画条例が日本の自治体で初めて制定された際に強く反対の論陣を張り、二〇〇六年に「性別又は性的志向にかかわらず」を削除した条例が再設定されるまで、地元議会にアプローチし続けた。世界日報には自民党議員のインタビュー記事も多く、安倍晋三元首相とともに「過激な性教育・ジェンダーフリー教育実態調査プロジェクト・チーム」を自民党内に立ちあげた山谷えり子参議院議員のように、選択的夫婦別姓制度の導入反対について語っている例もある(二〇〇一年一一月二五、二六日付)。こうしたメディアを用いた政治家への接近戦略が、選挙応援にもつながっていく。

第二に、自民党側でも宗教団体を使わなければ選挙に勝てない状況が、五五年体制の崩壊による政界再編の一九九〇年代に出現した。都市部中間層の浮動票＝無党派層の増大と業界団体・地域票の減少である。周知の通り、自民党は最終的に〈創価学会－公明党〉と連携して安定基盤を確保することに道を求めることになる。そして、日本会議に名を連ねる保守的な宗教団体にも広く支援を求めた。

第三に、国際情勢の変化である。政治のイデオロギーや外交戦略を掲げる党派は冷戦体制期にこそリアリズムを持ち得たが、一九九〇年代から二〇一〇年代にかけて景気回復や社会保障が業界団体や国民の主要な関心事になっていくにつれ、それを掲げて支持を集めることが難しくなった。しかし、二〇一〇年の尖閣諸島中国漁船衝突事件を契機に中国との領土問題が再燃し、竹島問題、徴用工や従軍慰安婦への賠償をめぐる裁判、および歴史認識問題などをめぐって韓国との関係も悪化した。東アジアの地政学的な緊張が高まるに至って、再び外交論や国家のあり方が政策的課題に浮上する。自民党保守はこうした日本の政治を取り巻く状況の変化に適応し、宗教保守層や国家に毅然とした態度と保護を求める市民を岩盤として取り込んだ。

こうして、日本の政治における宗教団体と政治の関係はこの二〇年余りの間にむしろ強固になった。その原点として、国際勝共連合・統一教会にかつての学生たちがなぜ惹かれていったのかを考察することは、現代まで続く保守政治と宗教運動の関わりの核心に迫る意味でも重要だろう。

次節では、保守の政治家・宗教家・中小企業事業主と違って、守るべきものがない無産階層の学生たちが、なぜ保守－宗教運動に突き進んだのか、当時の学生運動から光を当ててみよう。

III　統一教会と学生運動

学生運動の一九六〇年代

一九六〇年から七〇年にかけて統一教会に集った信者たちは、①崔奉春の熱烈な布教に感化されたクリスチャン、②立正佼成会から入信した久保木修己ら新宗教人、③原理研究会のメンバーである大学生から構成される。①は信仰上の先駆者として後輩たちを感化し、②は教団組織を形成し、政治運動とも連携しながら統一教会本体を牽引していったが、日本の統一教会を大きく特徴付けたのは③の大学生たちであり、多くが一九八〇年代以降の教団幹部として成長していった。原理研究会や勝共連合の活動に専心するあまりに大学を中退するほどであり、「親泣かせの原理運動」としてメディアに注目された世代である。

一九六〇年代、七〇年代の大学生において、日米安全保障条約改定反対の学生運動や関連する新左翼運動、全共闘による学園紛争に影響を受けなかった者はほとんどいないだろう。もちろん、先鋭的なセクトで活動する学生は同世代の一パーセントにも満たなかったが、デモや団交への参加者、シンパというレベルでは二、三割はいたと推測される。この世代の学生の特徴を知ることで、統一教会幹部層の思考様式がわかる。まず、学生運動の背景と学生の社会層から見ていこう。

戦後、日本の一八歳人口に対する大学への進学率は、一九六〇年の約一〇パーセントから一九七〇年の約二〇パーセントへと急激に上昇しており、一九七〇年代半ばから一九九〇年当初まで約二十数パーセント台で伸び悩み、それ以降二〇一〇年代までかけて倍増し、二〇二〇年は約五七パーセントである。

学生数が倍増した時期は、大学の大衆化とマスプロ化に呼応した学生運動が盛んだった一九六〇年代からの一〇年間と、二一世紀に入って短期大学の大学化や大学新設が相次ぎ大学の普遍化とユニバーサル化が進んだ、直近の二〇年間に分けられる。バブル崩壊後に伸び悩んだ日本経済に起因して、高卒で就労せず大学にひとまず進学する者が激増した後者の時期には、大学側がサービス業化して教育内容の柔軟化やキャリア支援に取り組んで学生募集に努めたために、学生の不満はあまり生じなかった。

それに対して、一九六〇年代からの一〇年間は、多くの私大においてインフレ・物価高に対応するべく学費や収容定員を倍増させていったためにマスプロ教育化し、貧弱な教材・教職員の体制が、戦後の新制大学教育に対する学生たちの期待を大きく裏切った。

大学の教員は出身背景からしてエリート層であるのに対して、学生は中間層・大衆であった。これは向都離村者の増加、農家の子が勤め人へという階層の社会移動を反映していた。こうした一般学生にとって、大学で講じられる人文学は教養主義的であり、社会科学の大半が輸入学問の域を出ておらず、現実社会に対する説明が極めて観念的だと感じられたのも無理からぬことである。高踏的な学問のあり方と、自身が抱える社会への疑問や将来への指針などを求める切迫感とのギャップは大きい。学生たちは大学よりも社会へと問題意識を研ぎ澄まし、新しい社会像を示す啓発的議論や社会変革の運動に敏感になっていたのである。

このような学生たちを運動に動員したのが政治組織である。日本共産党指導下にある日本青年共産同盟（一九五六年に日本民主青年同盟に改称）は全国の大学に自治会を組織し、一九四八年に設立された全日本学生自治会総連合（全学連）は、授業料値上げと文部省の提示した大学法案反対運動を展開した。レッドパージ以降、日本共産党が武装闘争方針を放棄すると、新しい革命階級政党の設立を目指す共産主義者同盟（ブント）が一九五八年に設立され、一九六〇年の日米安全保障条約改定反対運動の主役に躍り出た。労働組合、学生、市民からも軍事同盟・基地強化反対の声があがり、国会では社会党・共産党が反対した。政府はソ連・中国の脅威から日本を防衛するための必要策を主張し、同年五月に岸信介内閣によって強行採決された。国会議事堂周辺で激しいデモが繰り返され、全学連の女子学生樺《かんば》美智子《みちこ》が死亡し、多数の負傷者が出た。その後、条約は自然成立したが、反対運動によってアイゼンハウアーの訪日は取り止めとなり、岸は条約成立後に首相を辞任した。

その後、全学連主流派であったブントは安保闘争の総括をめぐって内部対立して分裂し、主導権を握ったマルクス主義学生同盟（後に中核派）から日本革命的共産主義者同盟革命的マルクス主義派（革共同・革マル派）が分裂し、全共闘の多数派を占めた。その他、ブントの後継である社会主義学生同盟（社学同）、民青や全学連から分派した構造改革諸派などが、階級闘争の理論と実践論をめぐって対立し、党派抗争（内ゲバ）において一九六〇年代の殴り合いから一九七〇年代以降の殺し合いに展開した。

特に、一九七一年に起きた浅間《あさま》山荘事件では、共産主義者同盟赤軍派と日本共産党革命左派神奈川県常任委員会が合体した連合赤軍が銃砲店を襲って銃器を強奪し、榛名山《はるなさん》の山岳ベースで武装訓練を行う中、総括と称して一二名をリンチで殺害したうえ、翌年二月に浅間山荘で人質を取って立てこもり、機動隊員三名を殺害してメンバー五名が逮捕された。一九七五年、共産同赤軍派の別の分派、日本赤軍は在マレーシアのアメリカとスウェーデンの大使館を占拠して職員らを人質に収監中の赤軍派の解放を要求したクアラルンプール事件を起こし、日本政府は超法規的措置として浅間事件の犯人坂東國男《ばんどうくにお》ら五人を釈放した。坂東は一九七七年にダッカ日航機ハイジャック事件を日本赤軍と起こし、現在も国際指名手配中である。こうした一連の事件により、新左翼運動が社会から警戒された。

新左翼の分裂・抗争が続く一九六五年ごろから、全学連から離れて自発的に学生運動を行う全学共闘会議（全共闘）が各大学で形成されるようになる。新左翼の党派が自治会をおさえるのは、全学生が支払った自治会費を自由に使えたので資金調達の意味があった。しかし、全国的な党派の階梯制や統制された活動と異なり、自分の大学で自由に参加でき、直接権力と渡り合える全共闘は、ノンセクト学生たちの不満や鬱憤晴らしの場として多くの学生を巻き込んでいった。授業料値上げ、大学の不正経理、インターン問題などで協働する全共闘は、一九六八年の日本大学や一九六九年の東京大学を舞台に全国の大学で団交、バリケードによる大学封鎖などの戦術を駆使して大学当局と渡り合ったが、機動隊の導入や「大学の運営に関する臨時措置法」に基づく文部省の統制によって収束した。

学生運動の理念主義と暴力性

新左翼運動や全共闘運動が一九六〇年代に発生した要因については、先に述べた大学の大衆化（マスプロ化と授業料値上げ反対）に加えて、小熊英二が指摘する「前の世代が経験していた戦争、貧困、饑餓といった『近代的不幸』とは次元の異なる『現代的不幸』と言われるアイデンティティの不安、未来への閉塞感、生の実感の欠落」（『１９６８』〈上〉新曜社、五一頁）という心理的な疎外を、この時代の構図としてさしあたり指摘しておきたい。ただし、学生運動参加者への調査を行った教育学者の鈴木博雄によれば、正義感や規範意識が強い活動家層と価値志向性の強いシンパ層の温度差や、そもそも自治会や学生運動に批判的な層と無関心層との断絶があり、当時の学生がみな疎外感を持っていたわけでも社会変革を志していたわけでもない。特段の問題意識を持っていなくとも、友人・知人に誘われて運動に巻き込まれた活動家やシンパの学生が少なくないのである。

五月革命で労働者と連帯したフランスの学生運動や公民権運動とも関わったアメリカの学生運動と比べると、日本の学生運動の特徴は、マルクス主義的社会改革と保守派との対立ではなく、マルクス主義陣営内での抗争に転換していったことにある。それは、日本の左派における理論的厳格主義をかなりの部分で反映しているとも言えるが、当時のマルクス主義や学生運動自体が理念的過ぎて現実に根ざしていなかったことや、些末な差異にこだわって相手を言い負かすことで主導権を取ることが自己目的化した結果でもあった。実際、当時は知識人の間でもソ連の社会主義や中国の文化大革命、北朝鮮の主体思想への無批判な憧れの類いの論説が語られていた。社会党や左派知識人の視察程度では、ソ連や中国の共産党や朝鮮労働党による専制と抑圧はわからなかった。アメリカの帝国主義や日本の国家独占資本主義を打破するという遠大すぎる目標が、かえってカリスマ的弁舌の冴えだけで党派を率いることを可能にした。今では想像しづらいが、日本の大学教員間でもマルクス主義が隆盛を極めていたので、学生たちは普通に授業に出ていれば、マルクス主義の洗礼を受けたのである。

そしてもう一つの特徴は、他国の学生運動と比較して、日本の学生運動では暴力的（ゲバルト）過激主義がセクト運動でも全共闘（ノンセクト）活動でも見られ、学生と警察、機動隊の双方の死亡や負傷、学生逮捕の件数が多かったことである。保守政権が学生運動を統制したこともあるが、学生たちが徹底抗戦し、妥協しなかったためでもある。特に、党派活動では思想や実践の純化が図られ、それゆえの分裂・抗争、内部統制・引き締めとしてのリンチ・粛正などによって多くの命が奪われた。大学を中退して職業的活動家となった者たちは先鋭化して地下活動を行い、過激派として公安や警察の取り締まり対象ともなった。民間人の襲撃、ハイジャック、無差別テロなどを繰り返したのは、目的は手段を正当化するという極端な発想があったからである。理念主義と暴力性こそ、学生運動の負の遺産であり、当事者やシンパとなった学生たち、学生運動に擁護的であった左派知識人の間で総括的な反省がなされなかった点でもある。そして、まさにこの二つの特徴が、統一教会を担った幹部信者たちにも継承されることになる。

学生運動と勝共運動の相同性

学生たちが信奉したマルクス主義と統一教会の学生信者たちが信じた〈統一原理－勝共論〉には、思考法が似ている面がある。かたや宗教を否定する社会主義、かたや共産主義を目の敵にする異端的キリスト教だが、①認識論、②歴史論、③実践論から構成される実証主義的な発想が土台になっている。

実証主義とは、一九世紀前半にフランスで社会学（ソシオロジー）を創始したオーギュスト・コントが唱えた科学主義的社会思想である。コントは、〈宗教－形而上学－科学〉と三段階で進化するという認識論と、それに応じて社会が〈軍事－法律－産業〉の三段階で発展するという産業社会論を唱えた。そして、実証政治学として産業資本家・聖職者・女性による博愛主義的なソシオクラシーを構想した。幸か不幸か、コントは学派も信奉者集団も形成できなかったので、社会学の始祖としてまつられるだけに留まった。しかし、①科学的方法で自然・社会を認識するという方法論と、②そのような認識論に基づいて現代社会の歴史的趨勢を理解し、③知恵者である統治者によって理想的社会を建設するという思考様式は、マルクス主義をはじめ二〇世紀の近代的社会理論の基となった。

認識論としては、このような素朴な科学主義や客観主義に立脚した実証主義的発想は、トマス・クーンによる科学のパラダイム説やソシュールによる言語論的転回によって根底から転換を迫られた。ところが、政策論や社会運動論の領域では、一九六〇年代の世界において近代化論であれ、マルクス主義であれ、認識と制度・組織、言語と世界観との関係が気にされることはなかった。したがって、それぞれ独自の概念を用いて現実の構成や社会の構造を説明し、イデオロギー的歴史論や実践目標を設定しても、それが特殊な利害集団による恣意的な認識・実践だとは思わなかったのである。

マルクス主義では、科学的社会主義を標榜し、弁証法的唯物論を哲学的基礎とし、生産力の発展段階に対応する生産関係（アジア的、古代的、封建的、近代ブルジョワ的生産関係）およびその桎梏によって生じる闘争・革命による〈精神‐文化‐社会〉の変革を説く。統治の主体は前衛としての共産党である。一方、勝共論が依拠する統一原理という教説においても、科学と宗教との統一を標榜し、東アジア的宗教文化と疑似科学的存在論を接合して人間・世界の創世から説き始め、神の救済が人間の不信仰によって失敗し続けるという摂理史観によって歴史上の出来事をすべて説明し、歴史の完成形として神の救済の実現された地上天国を提示する。この世の統治者はメシヤであり、世界は信者たち、および救われるべき未信者から構成される。

この二つの思考様式を比較した表が2‐1であり、学生運動と勝共運動に着目してみたのが2‐2である。勝共思想とその実践活動は、マルクス主義および左派的思想や運動と対峙する

2-1　マルクス主義と統一原理の比較

	認識論	歴史論	実践論
マルクス主義	唯物論的弁証法	歴史発展・階級闘争	発展段階に応じた闘争（共産党・指導者）
統一原理	創造論	堕落・復帰論	摂理に応じた救済計画（統一教会・メシヤ）

2-2　学生運動と勝共運動の比較

	観念論的歴史実証主義	実践論	運動論
学生運動	マルクス主義（唯物論的歴史観）	階級闘争、反帝国主義	反安保、反体制、大学の民主化、セクト拡大
勝共運動	統一原理（唯心論的歴史観）	統一運動、反共産主義	保守政治と協働、フロント組織の拡大

べく理論化されたために類似性があるのである。相手側を否定する際、認識論や歴史観のどの部分が対応していて比較優位であるかを説明するためにも、対応関係から説明したほうがわかりやすい。統一原理や勝共思想を形にした韓国統一教会の若き理論家たちも、彼らの話を聴いて左派学生運動に対抗できると考えた日本統一教会の指導学生たちも、基本的には同じような認識の枠組みにとらわれていたのである。教養である『原理講論』と勝共思想のテキストが翻訳・出版されるようになると、統一教会の学生たちは宗教というよりも思想や科学の決定版として教養を学び、実践家を目指すようになる。こうした思想の形も、時代状況を反映したものだった。

政治運動としての統一教会

本書において、統一教会の教説である統一原理の説明よりも前に、派生的な実践論である勝共論（およびその仮想敵としてのマルクス主義）を取り上げたのには理由がある。統一教会の教典である『原理講論』の韓国語版は一九六六年、日本語版は一九六七年に刊行された。京城帝国大学医学部を卒業した秀才である劉孝元《ユヒョオン》は、脊椎カリエスで療養中に統一教会と出会い、文鮮明の講義ノートを『原理解説』（一九五七年）としてまとめ、『原理講論』に体系化した四年後、病死した。そのため、統一教会の教説に関する社会思想的な解説は、別の人物に委ねられることになる。それが、勝共論の初版である『新しい共産主義批判』（一九六八年）を書いた李相憲《イサンホン》である。

李相憲は一九一四年に生まれ、ソウルの名門延世《ヨンセ》大学の前身であるセブランス医科大学を出て医者となった。一九五四年に四〇歳で統一教に入信し、劉孝元同様に三六家庭という幹部家庭を形成する。彼は統一思想研究所所長、鮮文大学の碩座教授（寄付金で研究する特任教授）という地位について八二歳で亡くなるが、入信時点はちょうど、統一教会が反共啓蒙活動の団体として韓国で活動していた時期にあたる。たとえば、『原理講論』の後半にある復帰摂理の五章「メシヤ再降臨準備時代」と六章「再臨論」に書かれた近現代史と『新しい共産主義批判』や『勝共論――総論及び共産主義建設論批判』（一九七二年初版）は同工異曲である。そこでは、教祖である文鮮明の歴史的役割と指導集団である統一教会の前衛性を述べている。この二著をはじめ、李相憲の『統一思想詳説　第一篇・第二篇』（一九七四年講義、一九七九年出版）、『共産主義の終焉』（一九八四年）、『金日成主体思想の批判』（一九九〇年）などの著作が、統一教会がマルクス主義に対抗する思想運動であることを明確にしたものとされるが、李相憲自身がマルクス主義思想にかなりの程度影響を受け、東西冷戦体制下で北朝鮮と休戦状態にある韓国の時代認識を反映させた議論を紹介していたのである。

一九六〇年代から七〇年代、そして八〇年代の前半にかけて日本の学生たちが経験した統一教会は、それ以降の宗教運動としての統一教会という側面以上に、政治・社会運動としての統一教会だったことをひとまず理解しておきたい。そのうえで、統一教会がこの時代の右派・左派の学生運動や政治運動と共通性を持つ、次の三点を保持していたことを指摘しておこう。

第一に、日本の右派運動同様、統一教会も学生運動に対する反発を活用した。生長の家学生会全国総連合の活動家であった椛島有三や安東巌らが、新左翼による自治会支配や全学連による大学施設封鎖や授業ボイコットに批判的な学生たちを集めて全国学生自治体連絡協議会を組織したように、統一教会も原理研究会という学生組織を一九六四年に立ち上げ、各大学の原理研究会が全国大学連合原理研究会を結成した。そして、〇〇大学学生新聞といった学内新聞を発刊し、何も知らない教授やシンパの教授の記事を掲載して紙面の体裁を整え、OBの名刺広告などで運営費を稼ぎながら大学内に統一教会の橋頭堡を築いた。

第二に、これまた生長の家の学生活動家が本体から独立して日本青年協議会などを結成したように、原理研究会も学生団体による運動組織として、統一教会本体から人事・資金調達の両面で独立した。そして、統一教会の指導層を輩出する組織としての自負を強め、ひいては宗教団体である統一教会で多数派を占める宗教的学生や主婦・高齢者を活動のコマとして利用するメンタリティーを持つようにもなっていった。

第三に、左派運動の実践論同様に、統一教会の教説も実践と不可分であった。統一教会に巻き込まれた人々は原理研究会であれ、統一教会の学生部や婦人部であれ、本体部分である文鮮明や幹部の要求に応じない宗教生活はなかった。その実践とは、幹部や指導層においては多岐にわたる統一運動への献身なのだが、一般信者にとっては「資金調達」と「新たなメンバーを勧誘すること」の二つの意味しか実質的にはなかった(第三章)。

ここまで、勝共運動として統一教会が日本社会に浸透していく過程を、その時代背景と共に確認してきた。本章の最後に、統一教会の教義として教えられていたことを一通り説明しておくことにしたい。

Ⅳ　統一教会の教説

講義で説かれた教え

学生や市民が、信者による路傍伝道や訪問伝道、あるいは市販書やインターネットのサイトを通じて統一教会の教説を直接的に学ぶことは稀である。統一教会の教えは、創設期から布教、勧誘された後、教会において講義を受講するということで学習された。この学び方は、学ぶよりも慣れるという形で宗教的儀礼や教えに習熟していく伝統宗教とも異なる。しかも、学校で受ける授業でもない。ミッションスクールでキリスト教をそのまま講じても生徒や学生は安心して居眠りを始めるくらいのものだが、統一教会の場合は「宗教と科学を統一する真理＝統一原理」がいま・ここであなただけに特別に解き明かされると強調される。受講者が置かれた特殊な状況によって教説が徐々にしみ込んでいく過程があり、それは徐々に合宿形式の修練会として構造化していくことになった。

ともあれ、最初は文鮮明、彼の高弟、またその弟子たちが口述筆記ノートをもとに講義したのである。日本では崔奉春が最初の布教者兼講師であった。当時は、崔奉春が理解した統一原理の教えと統一教会の雰囲気が日本の信徒に伝えられ、一九六〇年代には教義解説の内部資料だった『原理原本』が使われた。統一教会の教典となる『原理講論』の初版は一九六六年に、日本語版は一九六七年に刊行され、その後数度改版され、新しい部分も付け加えられた。

A5判六〇〇頁余りの『原理講論』には、総序というはしがきがある。「ここに発表するみ言はその真理の一部分であり、今までその弟子たちが、あるいは聞き、あるいは見た範囲のものを収録したに過ぎない。時が至るに従って、一層深い真理の部分が継続して発表されることを信じ、それを切に待ち望むものである」（『原理講論』三八頁）とある。

『原理講論』は文鮮明の初期の説教を体系立てたものに過ぎず、文鮮明が健在なうちは教祖の御言葉が教義そのものだった。その集大成として、『文鮮明先生御言選集』（韓国版が正規のものであり、一九五六年以降の文鮮明の説教を数百巻にわたって収録している）がある。

以下では、これらの資料に加えて、『概説　統一原理レベル4』（一九九〇年刊行）なども参照しながら、学生や市民が統一教会のツーデーズセミナー（二日間の合宿）もしくはスリーデーズセミナー（三日間の合宿）を受講する水準で、『原理講論』のエッセンスを創造原理、堕落論、復帰摂理の三部構成で紹介する。

創造原理

初期の統一教会では、『原理講論』で説かれた統一原理を宗教と科学を統一する原理と考えていた。したがって、神の存在の弁証にしても自然科学的な因果論的推測に基づき、結果から原因を探ろうとする。「無形にいます神の神性を、我々はいかにして知ることができるだろうか。それは、被造世界を観察することによって、知ることができる」（『原理講論』四二頁）。被造世界は、すべて陽性と陰性の二性による授受作用（相互作用）によって存在するようになり、存在それ自体も性相（性質を示す精神的実態）と形状（形態を示す物質的実態）の二性性相を有するという。

陰陽二元論の発想は統一教会が人間を男性と女性という性において理解し、双方が合体した時に繁殖・繁栄がもたらされるというモチーフにも通底しており、素朴な民俗的心性に根ざしていると言えなくもない。男女が成長して夫婦となり、子を産み育てて、大地の恵みを得ることを神が祝福されたと、創成神話を理解するのではない。

創造原理でもう一つふれておかなければならないのは、統一原理で説かれるアジア的な霊魂観である。キリスト教でいう聖霊や天国という観念は、東アジア的な死霊の世界、後生の観念とは大きく異なる。キリスト教伝統によれば、聖霊は聖人の霊魂ではなく、聖・神的特徴をもった霊的存在であり、天国／地獄の観念も最後の審判の後にある来世であって、現世の裏にある精神世界などではない。ところが、統一原理では「被造世界は、神の二性性相に似た人間を標本として創造されたので、あらゆる存在は、心と体からなる人間の基本形に似ないものは一つもない」（『原理講論』八二頁）といって、「有形世界で生活した人間が肉身を脱げば、その霊人体は直ちに、無形世界に行って永住するようになる」（『原理講論』八三頁）のだという。

霊人体というのは精神界（霊界）に存在しながら、現実の人間（肉身）と合わせ鏡のような関係にあり、「肉身の善行と悪行に従って、霊人体も善化あるいは悪化する」（『原理講論』八五頁）、「霊人体の善化も、肉身生活の贖罪によってのみなされる」（『原理講論』八七頁）、「天国でも地獄でも、霊人体がそこに行くのは、神が定めるのではなく、霊人体自身が決定するのである」（『原理講論』八八頁）とされる。

要するに、霊魂を浄化するためには身体の浄化や贖罪が必要で、それをしなければ霊魂はそのまま地獄行きになる。ここに早くも統一原理の救済論が登場しており、天国は地上に建設される地上天国とその建設に伴ってできる霊界の天国があり、死後はこの霊界天国に安らげるよう地上天国実現に邁進せよということになる。神はご自身の喜びのために世界を創造され、人間の誕生を祝われたわけであるが、その後、人間も世界も大きく変わることになったというのが、続く堕落論の話である。

堕落論

堕落論の大前提は、人間には罪の根があるということである。ここでは聖書の創世記第三章の物語に準拠して堕落の問題が考察されるが、なぜ聖書が原初の人間を考察する際に参照されるかという科学的根拠はない。統一原理の論法は創造原理も同じであり、世界の発生因を神とすることにも論証はない。仮説を公理として議論を進めていって、議論に必要な概念(二性性相や肉身と霊人など)もまた直感・霊感的に想定可能な準公理として用いながら、すべての議論を展開していくのである。

ここで創世記の第三章から何が読み込め、何が読み込めないのかを考察するために、いささか長いが2-3にそのまま引用しておこう。

2-3 創世記三章一~二四節

1 主なる神が造られた野の生き物のうちで、最も賢いのは蛇であった。蛇は女に言った。「園のどの木からも食べてはいけない、などと神は言われたのか。」

2 女は蛇に答えた。「わたしたちは園の木の果実を食べてもよいのです。

3 でも、園の中央に生えている木の果実だけは、食べてはいけない、触れてもいけない、死んではいけないから、と神様はおっしゃいました。」

4 蛇は女に言った。「決して死ぬことはない。

5 それを食べると、目が開け、神のように善悪を知るものとなることを神はご存じなのだ。」

6 女が見ると、その木はいかにもおいしそうで、目を引き付け、賢くなるように唆していた。女は実を取って食べ、一緒にいた男にも渡したので、彼も食べた。

7 二人の目は開け、自分たちが裸であることを知り、二人はいちじくの葉をつづり合わせ、腰を覆うものとした。

8 その日、風の吹くころ、主なる神が園の中を歩く音が聞こえてきた。アダムと女が、主なる神の顔を避けて、園の木の間に隠れると、

9 主なる神はアダムを呼ばれた。「どこにいるのか。」

10 彼は答えた。「あなたの足音が園の中に聞こえたので、恐ろしくなり、隠れております。わたしは裸ですから。」

11 神は言われた。「お前が裸であることを誰が告げたのか。取って食べるなと命じた木から食べたのか。」

12 アダムは答えた。「あなたがわたしと共にいるようにしてくださった女が、木から取って与えたので、食べました。」

13 主なる神は女に向かって言われた。「何ということをしたのか。」女は答えた。「蛇がだましたので、食べてしまいました。」
14 主なる神は、蛇に向かって言われた。「このようなことをしたお前は／あらゆる家畜、あらゆる野の獣の中で／呪われるものとなった。／お前は、生涯這いまわり、塵を食らう。
15 お前と女、お前の子孫と女の子孫の間に／わたしは敵意を置く。／彼はお前の頭を砕き／お前は彼のかかとを砕く。」
16 神は女に向かって言われた。「お前のはらみの苦しみを大きなものにする。／お前は、苦しんで子を産む。／お前は男を求め／彼はお前を支配する。」
17 神はアダムに向かって言われた。「お前は女の声に従い／取って食べるなと命じた木から食べた。／お前のゆえに、土は呪われるものとなった。／お前は、生涯食べ物を得ようと苦しむ。
18 お前に対して／土は茨とあざみを生えいでさせる／野の草を食べようとするお前に。
19 お前は顔に汗を流してパンを得る／土に返るときまで。／お前がそこから取られた土に。／塵にすぎないお前は塵に返る。」
20 アダムは女をエバ（命）と名付けた。彼女がすべて命あるものの母となったからである。
21 主なる神は、アダムと女に皮の衣を作って着せられた。
22 主なる神は言われた。「人は我々の一人のように、善悪を知る者となった。今は、手を伸ばして命の木からも取って食べ、永遠に生きる者となるおそれがある。」
23 主なる神は、彼をエデンの園から追い出し、彼に、自分がそこから取られた土を耕させることにされた。

24 こうしてアダムを追放し、命の木に至る道を守るために、エデンの園の東にケルビムと、きらめく剣の炎を置かれた。

現代の聖書学では、創世記は四つの文書からなっていると考えられている。すなわち、創世記の一章から二章四節aまでがエロヒスト文書（神をエロヒームと記述）、二章四節bから三章以降がヤハウィスト文書（神をヤハウェーと記述）、そして、語法の違いからエホウィスト文書、祭司文書という二つの文書がさらに加わったものと考えられ、成立年代はヤハウィスト文書であればソロモン朝以降であろうといわれている。

メソポタミアやエジプトにおいて蛇は知恵の象徴として崇められており、ヤハウィスト文書ほど狡猾で邪悪な存在とは考えていないといわれる。しかし、聖書では蛇が女に神の戒めを疑うよう教唆したために、神から呪われる存在になった。この蛇が何であったのかについては古来より論議がなされ、アウグスチヌスは元来天使であった悪魔が蛇の口を通して女を罪に陥れたと考えた。神により創られた被造物であった天使は、「神のように善悪を知るものとなる」という高慢のゆえに神に逆らい悪魔となったのであるが、この悪魔がまたしても女とアダムに「目が開け、神のように善悪を知るものとなる」という高慢さを与えて神の戒めを破らせたとアウグスチヌスは述べる。彼の神学に大きな影響を受けたキリスト教会では、サタンの唆しによって戒めを破ったことを人間の罪とするようになった。

現在の聖書学では、ヤハウィスト文書をはじめとする旧約の諸文書には原罪の観念はなく、楽園において人間が犯した神の戒めを破ったこと、その結果、神の前に裸で立てずに神を恐れるようになったという事柄をそのまま述べているのだと考えている。蛇はあくまでも蛇であり、その蛇が天界から投げ落とされるというヨハネ黙示録「この巨大な竜、年を経た蛇、悪魔とかサタンとか呼ばれるもの、全人類を惑わす者は、投げ落とされた」(一二章九節)、「この天使は、悪魔でもサタンでもある」(二〇章二節)は新約文書成立期の解釈であるとする。

統一教会は、元来が成立経緯の複雑な創世記の該当箇所に独自の解釈を付す。「我々は天使が姦淫によって堕落したという事実を知ることができるのである」(『原理講論』一〇〇頁)。しかも、統一原理では天使のみならず人間の罪も淫行であったと結論づける。その根拠は、一つが善悪の木の実を食べた後に裸を恥じて腰を覆ったということから、「彼らが下部で罪を犯したという事実を推測することができる」(『原理講論』一〇一頁)。マタイ福音書二三章三三節「蛇よ、蝮の子らよ、どうしてあなたたちは地獄の罰を免れることができようか」を用いて、人間を悪魔、蛇の子供と考えるのである。「エバが善悪の果を取って食べたということは、彼女がサタン(天使)を中心とした愛によって、互いに血縁関係を結んだということを意味するのである」(『原理講論』一〇四頁)。

しかし、サタンとエバが血縁関係を結んだという記述は聖書にはない。そこで、人間を守るために神によって創られた天使の長であるルシファーが堕落した経緯と関連付ける。すなわち、ルシファー（『原理講論』ではルーシェルと記載）は、「神がその子女として人間を創造されたのちは、僕《しもべ》として創造されたルーシェルよりも、彼らをより一層愛されたのである。……愛の減少感を感ずるようになったルーシェルは、自分が天使世界において占めていた愛の位置と同一の位置を、人間世界に対してもそのまま保ちたいというところから、エバを誘惑するようになったのである。これがすなわち、霊的堕落の動機であった。……愛に対する過分の欲望によって自己の位置を離れたルーシェルと、神のように目が開けることを望み、時ならぬ時に、時のものを願ったエバとが（創三・5、6）、互いに相対基準をつくり、授受作用をするようになったため、それによって非原理的な愛の力は、彼らをして不倫なる霊的性関係を結ぶに至らしめてしまったのである」（『原理講論』一〇八－一〇九頁）。

これを統一原理では「霊的堕落」という。ルシファーとエバが霊的性関係を結んだということを前提に、次にエバがアダムと性関係を結んだと述べられる。「エバは天使との霊的な堕落によって受けた良心の呵責からくる恐怖心と、自分の原理的な相対者が天使長ではなくアダムであるということを悟る、新しい知恵とを受けるようになったのである。ここにおいて、エバは、今からでも自分の原理的な相対者であるアダムと一体になることで、再び神の前に立ち、堕落によって生じてきた恐怖心から逃れたいと願うその思いから、アダムを誘惑するようになった。……アダムがルーシェルと同じ立場に立っていたエバと相対基準を造成し、授受作用をすることによって生じた非原理的な愛の力は、アダムをして、創造本然の位置より離脱せしめ、ついに彼らは肉的に不倫なる性関係を結ぶに至ったのである。……サタンの血統を継承した人類が、今日まで生み殖えてきたのである」(『原理講論』一一〇‐一一一頁)。

統一原理がいう原罪とは、このような二重の不倫関係によって人間が「サタンの血統を継承した」こと、しかも、これは比喩ではなく、性関係によって実際にサタンの血統が現在の私たちまで流れている事実にほかならないという。このような原罪を持つに至った人間の堕落の歴史には、神によって人間の救済がなされなければならない。これが「復帰」である。「喜びを得るために創造なさった善の世界が、人間の堕落によって、悲しみに満ちた罪悪世界となり、これが永続するほかはないというのであれば、神は、創造に失敗した無能な神となってしまうのである。それゆえに、神は必ずこの罪悪の世界を、救わなければならないのである」(『原理講論』一三八頁)。

セミナーの受講者であれば、「では、どのようにして」という問いを持って当然であるが、『原理講論』では「終末論」「メシヤ論」「復活論」「予定論」「キリスト論」の各章を挟み込んで後編の復帰摂理に進む。前記の章は省略して、復帰摂理の説明に移りたい。

復帰摂理

復帰摂理の要点は、①歴史形成の原則、②歴史の同時代性、③再臨主の弁証、の三つにまとめられる。

①は、歴史形成の原則は蕩減《とうげん》復帰の原理に則るということである。蕩減は韓国語で「借金を帳消しにする」「罪の清算」を意味する。「本来の位置と状態を失った時、それらを本来の位置と状態にまで復帰しようとすれば、必ずそこに、その必要を埋めるに足る何らかの条件を立てなければならない。このような条件を立てることを「蕩減」というのである」（『原理講論』二七三頁）。なお、「人間の責任分担としてそれに必要な蕩減条件を、あくまでも人間自身が立てなければならないのである」（『原理講論』二七七頁）から、人間の側の失敗は多々あるわけで、これにより摂理の延長は常に生じることになる。人類史とは端的に言えば、蕩減条件を立てることの失敗による摂理の延長にほかならないというのが、統一原理の主張である。

第二に、堕落人間を復帰するための歴史では「蕩減復帰する中心人物は、十二数、四数、二十一数、四十数などを復帰する数理的な蕩減期間を立てなければ、「信仰基台」を復帰して、このような数の完成実体復帰のために必要な「実体基台」は造成することができなくなっている」（『原理講論』四四九頁）から、歴史的同時代性という現象が起こるのだという（2－4参照）。

一二（三×四）、四、二一（七×三）、四〇（四×一〇）の数字で歴史が進むというが、実際の出来事の年数には前後がある。最初にこの図を見せられた者は、歴史の同時代性にハッとするかもしれないが、人類の歴史がなぜエデンの園から始まり、ユダヤ民族史で一回りして、その後西欧史で代表されなければならないのかという議論は、キリスト教だからと言うしかない。

しかも、この人類史において神による完全なる救いは終わっていないという。

使徒信条（西方教会が認める正統的教義を規定する信条）では、「主は聖霊によってやどり、おとめマリアから生まれ、ポンティオ・ピラトのもとで苦しみを受け、十字架につけられて死に、葬られ、陰府《よみ》に下り、三日目に死者のうちから復活し、天に昇って、全能の父である神の右の座に着き、生者《せいしゃ》と死者を裁くために来られます」とある。プロテスタントにおける再臨信仰では、最後の審判によって邪悪なものたちが滅ぼされ、キリストによって善なるものが天に上げられること（携挙《けいきょ》）と信じられ

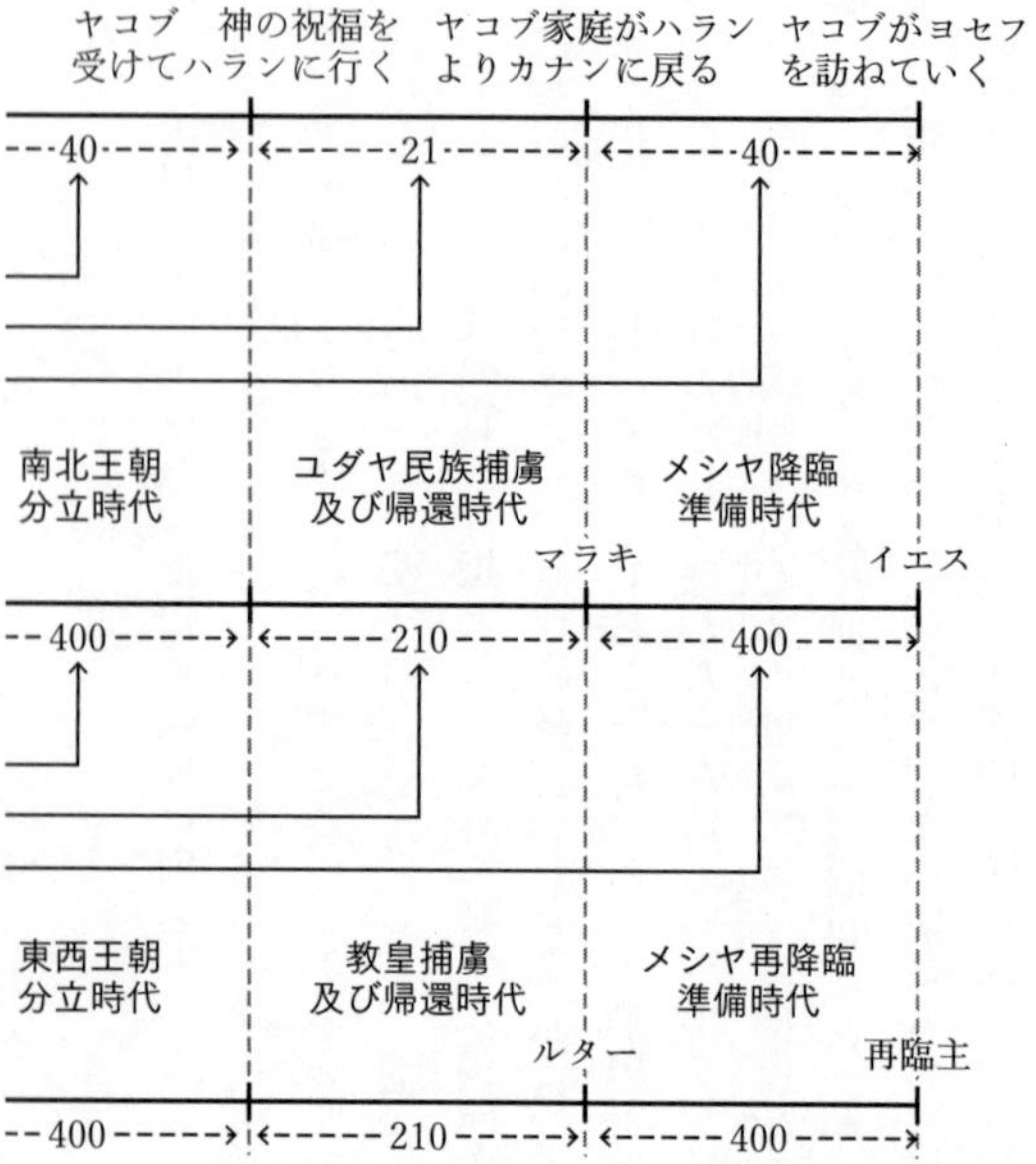

（出典：『原理講論』435頁）

2-4　復帰摂理の歴史

摂理的同時性の時代の対照表

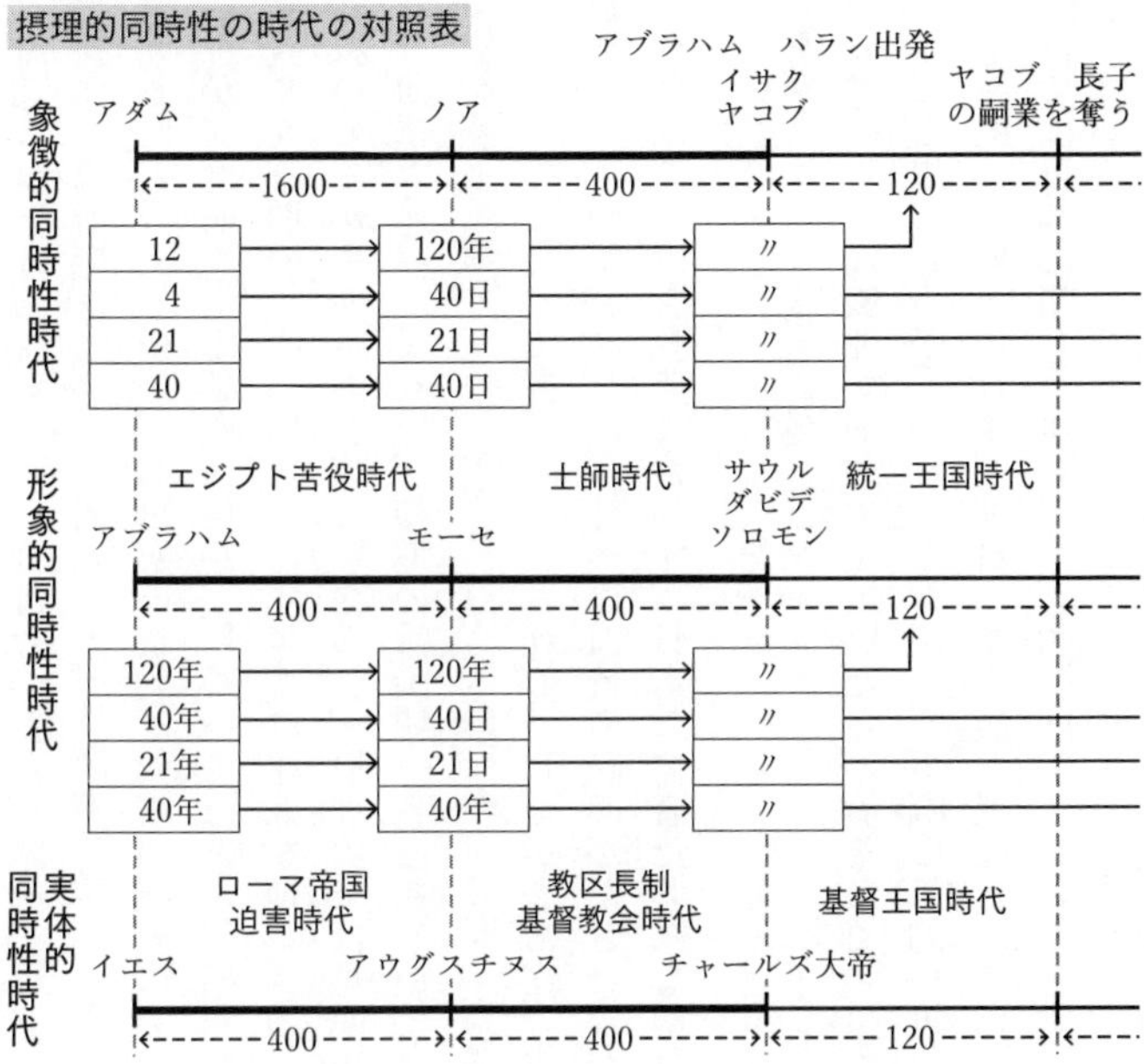

ているが、キリスト教徒であれば、人間の罪を負って十字架にかけられたイエス・キリストによる贖罪を疑うものはない。神の栄光はイエスの復活によって示されているからである。

　ところが、統一教会では、イエスはキリストの使命を完遂できず無念のまま人間としての生命を終えたのだという。なぜ、イエス・キリストによる救済が完全なものでないのかに関して、『統一原理』では語られず、「再臨論」へと話が進められる。復帰摂理を構成する第三の項目は再臨主が文鮮明にほかならないことの弁証なのだが、本来この点はキリスト教であれば最も慎重な検討を要する箇所である。ところが、『原理講論』では、①なぜ、イエス・キリストによる救済が失敗したと言えるのか、②再臨の目的が救済の歴史の完成という根拠はどこにあるのか、③再臨主が文鮮明である証拠は何か、についてほとんど聖書を根拠として述べることがない。

講義や文鮮明の説教において、イエスは花嫁を迎え真の父母となることができなかったので、霊的救いのみがキリスト教徒に与えられ、摂理史では再臨主を迎えるための準備に入ったとされる。前章で述べたように、初期の韓国統一教会においては堕落論から帰結する復帰の方法として霊體交換（血分け）が重視され、実践されてきた。霊體交換は、霊的堕落と肉的堕落の逆のプロセスをたどって復帰するとされる。したがって、『原理講論』におけるイエスの失敗は、霊體交換によってサタンから神への血統の転換がなされなかったことを意味するはずなのだが、統一教会はこの点を教典に含めず、日本の信者たちにも明言してこなかった。

文鮮明がメシヤである証拠

血分けのような儀礼が前面に出ていたら、おそらく学生たちは統一教会を思想運動とは捉えなかったと思われるが、それはともかく、再臨の目的や再臨主の現れる国についての議論でも聖書の典拠は必要とされず、独自の歴史観が展開されていく。

聖書では再臨に関して述べている箇所はいくつかあるが、「その時、人の子の徴が天に現れる。そして、そのとき、地上のあらゆる民族は悲しみ、人の子が大いなる力と栄光を帯びて天の雲に乗って来るのを見る」（マタイ二四章三〇節）のように漠然としたものである。ヨハネの黙示録においても、「わたしはまた、もう一人の天使が生ける神の刻印を持って、太陽の出る方角から上って来るのを見た。この天使は、大地と海とを損なうことを許されている四人の天使に、大声で呼びかけて」（黙示録七章二節）のように天使が現れる方角の記載もあるが、具体的な場所の記載はない。

ところが、『原理講論』によれば、①再臨の時期は「再蕩減復帰摂理時代（新約時代）の二〇〇〇年が終わるころに、イエスが再臨される」（五六一頁）とされ、②再臨の形態は「イエスは再臨される時にも、初臨の時と同様、肉身をもって地上に誕生されなければならないのである」（五六五頁）、③再臨の場所は「イエスの再臨のための実を結ぶ国は東方にある」（五八五頁）と具体化される。このように推定できる根拠は聖書にはなく、啓示によって文鮮明に明かされた自分たちの政治状況と文化伝統なのだという。以下、やや長くなるが、いくつか引用してみよう。

> 古くから、東方の国とは韓国、日本、中国の東洋三国をいう。ところがそのうちの日本は代々、天照大神を崇拝してきた国として、更に、全体主義国家として、再臨期に当たっており、また、以下に論述するようにその当時、韓国のキリスト教を過酷に迫害した国であった。そして中国は

共産化した国であるため、この二つの国はいずれもサタン側の国家なのである。したがって端的にいって、イエスが再臨される東方のその国は、すなわち韓国以外にない。

（『原理講論』五八六頁）

西暦一九一〇年、日本が強制的に韓国を合併した後には、韓国民族の自由を完全に剝奪し、数多くの愛国者を投獄、虐殺し、甚だしくは、皇宮に侵入して王妃を虐殺するなど、残虐無道な行為をほしいままにし、一九一九年三月一日韓国独立運動のときには、全国至る所で多数の良民を殺戮した。

さらに、一九二三年に発生した日本の関東大震災のときには、根も葉もない謀略をもって東京に居住していた無辜の韓国人たちを数知れず虐殺したのであった。

一方、数多くの韓国人たちは日本の圧政に耐えることができず、肥沃な故国の山河を日本人に明け渡し、自由を求めて荒漠たる満州の広野に移民し、臥薪嘗胆の試練を経て、祖国の解放に尽力したのであった。日本軍は、このような韓国民族の多くの村落を探索しては、老人から幼児に至るまで全住民を一つの建物の中に監禁して放火し、皆殺しにした。日本はこのような圧政を帝国が滅亡する日まで続けたのであった。このように、三・一独立運動で、あるいは満州広野で倒れた民衆は主としてキリスト教信徒たちであったのであり、さらに帝国末期にはキリスト教信徒に神社参拝を強要し、これに応じない数多くの信徒を投獄、または虐殺した。それだけではなく、八・一五解放直前の日本帝国主義の韓国キリスト教弾圧政策は、実に極悪非道なものであった。しかし、日本の天皇が第二次大戦において敗戦を宣言することによって韓国民族は、ついにその軛から解放されたのである。
　このように韓国民族は、一九〇五年の乙巳保護条約以後一九四五年解放される時まで四十年間、第一、第二イスラエル選民が、エジプトやローマ帝国で受けたそれに劣らない迫害を受けたのである。そして、この独立運動が主に国内外のキリスト教信徒たちを中心として起こったので、迫害を受けたのが主としてキリスト教信徒たちであったことはいうまでもない。

（『原理講論』五八八－五八九頁）

　イエスが再臨される韓国は神が最も愛される一線であると同時に、サタンが最も憎む一線ともなるので、民主と共産の二つの勢力がここで互いに衝突しあうようになるのであり、この衝突する一線がすなわち三十八度線である。すなわち、韓国の三十八度線はこのような復帰摂理によって形成されたものである。

（『原理講論』五九一頁）

第三イスラエル選民たる韓国民族も李朝五〇〇年以来、この地に義の王が現れて千年王国を建設し、世界万邦の朝貢を受けるようになるという預言を信じる中で、その時を待ち望みつつ苦難の歴史路程を歩んできたのであるが、これがすなわち、鄭鑑録《チョンガムノク》（筆者注：李氏朝鮮が五〇〇年で滅んだ後、鶏龍山に鄭氏の王朝が出来て八〇〇年続くという朝鮮王朝中期の予言書）信仰による韓国民族のメシヤ思想である。韓国に新しい王が現れるという預言であるので、執権者たちはこの思想を抑圧し、特に日本帝国時代の執権者たちは、この思想を抹殺しようとして、書籍を焼却するなどの弾圧を加えた。また、キリスト教が入ってきたのち、この思想は迷信として追いやられてきた。しかし、韓国民族の心霊の中に深く刻まれたこのメシヤ思想は、今日に至るまで連綿と受け継がれてきたのである。以上のことを知ってみれば、韓国民族が苦悶しつつ待ち望んできた義の王、正道令（神の正しいみ言をもってこられる方という意味）は、すなわち韓国に再臨されるイエスに対する韓国式の名称であった。神はいまだ韓国内にキリスト教が入ってくる前に、将来メシヤが韓国に再臨されることを「鄭鑑録」で教えてくださったのである。そして、今日に至ってこの本の多くの預言が聖書の預言と一致するという事実を、数多くの学者たちが確認するに至っている。

（『原理講論』五九四頁）

将来イエスが再臨されることを、仏教では弥勒仏が、儒教では真人が、天道教では崔水雲が、そして、「鄭鑑録」では正道令が顕現すると、教団ごとに各々、異なった啓示を受けてきたのである。

（『原理講論』五九四－五九五頁）

牽強付会にも見える傍証だが、文鮮明がメシヤである証明はこれしかない。なるほど、近代の韓国は欧米列強や清・日本勢力の影響下にあり、日本統治下において苦難を経験したことは確かである。召命を受けたり、キリストが身体に入ったとも証言したりするキリスト教徒の熱狂派や聖職者による抵抗運動があったことからも、キリスト教復興運動が生じざるをえなかった民族的苦難と救済への渇望は理解できる。しかし、メシヤが再臨すべき摂理的・社会的条件が整ったとはいえ、メシヤが文鮮明にほかならないことの証明がなくてよいのだろうか。

ところが、統一教会はこう切り返すのである。こうした体系的な教えを文鮮明以前になした人がいるか？　イエスはキリストであることの客観的な証明をなしたがゆえにキリストと認められたのか？　イエスは人間の不信のゆえに十字架にかけられ、復帰の摂理が二〇〇〇年も延長され、ようやくメシヤを迎えたのだけれども、今再びあなたの信仰が試されているのではないか、と。

やはり、最後は信仰なのである。最も肝心な部分を信じるか信じないか、端的に言えばそれだけなのだが、状況によっては、信じないことで自らの意思の弱さ、倫理観や道徳性の欠如に自責の念を抱くところまで追い込まれる。その果てに、「今はまだ信じられないが、答えがわかるまでとりあえず前に進んでみるか」と決心するに至った人たちが、統一教会の初期から中期の信者だったと言えるかもしれない。

次章では、統一教会が教勢を拡張し、布教戦略と活動資金の調達を組織的に展開する時代を説明しよう。

第三章　統一教会による人材と資金調達の戦略——布教・霊感商法・献金

I　日本統一教会の使命

原理研究会と幹部養成

崔奉春は一九六五年にアメリカに飛んだ。当時、文鮮明は、崔が日本であまりに勢力を拡大することを懸念していた。統一教会が宣教の中心地をアメリカに求めたこともあって、崔をアメリカの宣教担当に配した。その後、ほどなく崔は文鮮明と教団内部の宣教方針において対立するようになり、左遷された後、教団を離脱している。筆者が二〇〇六年八月に崔奉春と直接面談した当時、高齢ながら意気軒昂であり、『教育原論』という自身の著作や彼なりのキリスト教信仰に基づき、韓国と日本の統一教会に距離を置いた現信者との交流を深めていた。

崔奉春が去った後、統一教会の将来は久保木修己に託され、大学に設立された原理研究会

（原研）と、開拓伝道で全国に拡大した統一教会の地区教会の二部門から、伝道と教会自活のための経済活動が進められていく。まず、原理研究会の動きを見ていこう。

一九六五年、全国大学連合原理研究会（全大原研）では「春期一般錬成会」と「春期特別錬成会」と呼ばれるセミナーに一〇〇名を超す学生を動員し、「新原研員一〇〇〇名を復帰する（入会させる）」と梶栗玄太郎全大原研副会長が檄を飛ばしていた（『原研週報』二号）。この時期の布教活動は、大学キャンパス内で原研メンバーが黒板で統一原理や世界情勢の講義を行ったり、左翼系政治団体と討論したりするなどの動きが目立っていた。統一教会と原理研究会の存在は学生たちに明確に認識され、ものの試しに原研のセミナーに出てみた学生も多く、民族派学生と自治会の主導権争いで連携することもあった。幹部たちの入信経緯を綴った文章には、統一教会の世界観や歴史観に共鳴したという話が少なくない。前章で言及した通り、宗教運動というよりは政治運動の色彩が濃厚にあり、事実、一九六八年には「国際勝共連合」による反共政治活動が組織化されている。

日本の原理研究会の会長には、初代から小宮山嘉一《こみやまよしかず》、小山田秀生《おやまだひでお》、阿部知行《あべともゆき》、藤井菱雄《ふじいひしお》、太《おお》田《た》洪量《ひろかず》、大塚克己《おおつかかつみ》、古田武士《ふるたたけし》、徳野英治《とくのえいじ》、松波孝幸《まつなみたかゆき》、梶栗正義《かじくりまさよし》、梶栗正建《まさたけ》、小畑守男《おばたもりお》、本山勝《もとやまかつ》道《みち》、佐野忠國《さのただくに》（二〇二二年現在）と統一教会の中でも知られた人物がついた。小山田から松波までは幹部第一世代（大塚と徳野は約一回り下）、第二世代である梶栗兄弟の父親は先ほど登場した梶栗玄太郎である。

一九六〇年代から七〇年代にかけての大学在籍者は、親世代や同世代と比べれば明らかに高学歴であり、周囲や家族の不安視する声に耳を傾けることなく、自分たちが新時代を切り開いていくという意識が強かった。そのような中、「親泣かせの原理運動」（読売新聞一九六七年九月一七日付）として、原研学生の家族が法務局に訴えた事件、早稲田大学が原研学生四〇名に復学を呼びかけた事件、大分の原研修練会で学生が死亡し、七名の関係者が書類送検された事件などが報道された。この時期の原研では他の学生運動と同じく、メンバーは親の反対を振り切り、大学当局とも対峙した。オルグのような布教にも激しいものがあり、活動に熱中して授業に出る暇もなく、中退者が続出したのである。一九七五年以降、「原理運動対策全国父母の会」が発足し、一九七八年には「原理運動を憂慮する会」にジャーナリスト、牧師、大学関係者が参加して原理研究会批判を強めた。

この時代が、原理研究会としては最も「炎上」した時代かもしれない。一九八〇年代に入ると原理研究会も次第に軟化し、同志的共同生活に伴う「毎日が修学旅行の夜」といったノリや、若者の自己実現へのアプローチを強調するようにもなっていった。

二〇一〇年代までの原理研究会に所属する学生の生活は次のようなものであった。「ホーム」もしくは「学舎」と呼ばれる戸建てを賃貸して共同生活を行う。学生たちが親から受け取る仕送りは全額供出され、学舎長という原研出身の責任者の指導の下、寮母（メールともいう）中心に食事当番があり、学生たちには三食と必要に応じて日用品が平等に提供された。十数人の生活でも、男子学生部屋と女子学生部屋くらいしかなく、プライベートな空間はない。男女の共同生活がメディアから訝しがられたものの、教義上も男女の恋愛や肉体的接触は厳禁であり、兄弟姉妹の関係であったという。もちろん、少数の例外はあっただろうが、脱落者として離脱するままにさせた。統一教会の集団内圧力には相当なものがあるが、連合赤軍のように人間的感情を持つものを総括のうえ殺害したり、オウム真理教のように離脱者に集団リンチを加えて殺害したりするような直接的暴力性には現れない。むしろ、外形的な暴力の欠落、表面的な優しさ、信者の人のよさが日本の統一教会の特徴でもあった。そのため、共同生活に理想世界を投影させ、地上天国実現に向けて青年期をかけた若者たちが続出したのである。

いかに学生が貧乏とはいえ、共同生活をすれば独り暮らしよりは金銭的余剰が生まれる。しかし、それを持ち寄る程度では原理研究会の活動費に足りないので、春・夏・冬の学期休暇中に経済活動を行うことになる。「F」（＝FUND-RAISING：資金集め）と称される物売りである。それ以外の業務はもっぱら学内での伝道活動であり、GWや夏休み時期の五日間修練会およびそれ以上の日数の特別錬成会に向けて、一人でも多くの学生に食堂や教室その他の大学構内や学生下宿への戸別訪問で声がけを行う。

大学ならではの活動としては、全国主要大学で原理研による学生新聞会が設立された。北海道大学であれば、従来からある北海道大学新聞会に対抗して、北海道大学学生新聞を年数回刊行し、左派系新聞会に批判的な記事や大学ＯＢの名刺広告を掲載して資金集めを行う仕事もあった。

新聞会を通じてシンパとなり、原理研究会の顧問を引き受ける大学教員も数多くいた。一九七四年創立の「世界平和教授アカデミー」は、統一教会として学術・言論界への働きかけを意図したものである。ハワイなどで開催された文鮮明の国際会議に参加する教授たちの旅費を全額負担し、教授の名前と肩書きによって統一教会の活動にお墨付きを与えようとした。当時、ハワイ旅行はおろか海外出張や留学に与れる大学教授は限られており、初めての海外旅行に飛びついた教授もいた。また、左派系の新聞や雑誌が論壇を席捲していた時代、論壇人の域に達しない大学人の所論を記事にしてくれる学生新聞に対して好意を持つ大学教員も少なくなかったのである。

原理研究会の中退者と一部の卒業者はそのまま原理研究会に残り、新規開拓した大学の学舎長やリーダーになったり、一九六八年に設立された「国際勝共連合」の反共政治活動に従事したりした。原理研究会では、地区協会とは別の日曜礼拝を持ち、卒業後は「孝成教会」という独自の教会に所属することが多い。一九九〇年代に原研を四年間経験した人物は、「原理研究会はエリートであり、世界のことを考え世界を救うためにやる。地区教会は、先祖のため、家族のためにやっている人が多い。レベルが違うと教えられた」という。

原研の学生は原理研究会維持のための物売りは苛烈に行うが、統一教会本体の方針に従って資金調達の使命を与えられる地区教会とは異なり、組織全体のための献身は求められず、あくまでその本分は学生運動に留まる。そのため、原研出身者は卒業後に原理運動を離れる者もいるし、逆に統一教会の幹部層として、平信徒のまま生活する一般の統一教会信者とは別のライフコースを歩み、統一原理への信頼と文鮮明に対する尊崇の念を高める者もいる。

幹部信者に見えていないもの

古参信者や一九七〇年代までの原理研究会出身者は、平信徒を搾取する側に回ったために搾取される側への想像力を欠いていたのだろう。学生たちはもとより金がないので、教会に献金しようとしてもできない。そこで、原理研究会に残った者や地区教会に移動した者、統一教会系の会社などに配属された若者たちは、身銭を切る代わりに一般市民から地上天国実現のための摂理に必要な資金を調達しようとした。それが霊感商法として批判され、被害者が裁判で損害賠償請求を起こすようになっていった。

一九九〇年代の後半からは、市民を信者にしてから多額の献金を要請し、商品販売と献金を合わせて韓国本部に送金することになった。特定商取引法による取り締まりを逃れるためである。こうした商品販売の違法行為やグレーゾーンに相当する献金要請を組織的に行うことに疑問を持ち、良心の呵責を感じた者もいたはずだが、残念ながら幹部層から組織体質の批判を行う者が出ることは稀だった。

その理由は、統一教会の教義や文鮮明からの指令を信じ切っていたからというよりも、活動家であった学生たちが社会人として働き、その給与で家族を養い、可能な範囲で献金や喜捨を行うという社会生活を経験しなかったことが大きく関係している。つまり、統一教会の幹部層や中間層には、信仰者としての自己と宗教的理念との間に「日常生活世界」があり、そこに自分たちの家族同様の「生活者」の営みがあるという現実が見えていなかった。教義に従い、神の世界に反する「サタンの世界」から財を「神の世界」に戻す――そうした理屈の正当性を頭だけで理解し、「生活」を破壊することの非倫理性をからだで感じることがなかったのではないか。

もう一つ理由を挙げれば、新左翼運動に身を投じた活動家同様、幹部信者は前衛（運動のさきがけ）としての意識が過剰であり、誰も知らないことを知っているというエリート意識を持つ。これが一般市民に向けられれば霊感商法となり、一般信徒に向けられればエンドレスの献金要請につながって教団の大半の信者が生活困窮に陥る事態となる。この点を地区教会の実態から説明していく前に、近年の原理研究会の状況について若干補足しておこう。

二世信者の時代

この十数年ほど原理研究会の活動に変化が見られるようになった。まず、統一教会で合同結婚式を挙げた第一世代の子供たち、すなわち二世信者たちが大学に入学し、原理研究会の中核メンバーになってきた。彼・彼女たちは「祝福二世」と呼ばれ、教義上は無原罪の子供たちである。それに対して、結婚後に主婦となって子育て期に信者となり、子供も信仰生活を送ってきた者は、一段低い「ヤコブ」と呼ばれる信仰二世に位置づけられている。そのさらに下に、大学で信仰にめざめた一世信者がいる。もちろん、学生同士で表面上は対等に付き合うのだが、たまに親の宗教上の地位に応じた子世代の格差を感じることがあるという。このような事情に加え、大学生自体が体育会系の熱いノリを嫌い、サークルの淡泊な付き合い方を好むような時代の中で、原理研究会もソフトになってきているという。

もう一つの大きな変化は、キャンパス内での勧誘である。若い世代におけるコミュニケーションが対面でのおしゃべりからSNSを介したチャットに移ってきているのに対応して、勧誘も対面からSNSを介したものにかわってきている。また、原理研究会に直接誘うのではなく、各種ボランティア・サークルを立ち上げ、そのイベントや活動に学生を巻き込み、コアとなる活動理念を学びたいという学生に統一原理を説明するというやり方に変化している。現在の原理研究会（W-CARP Japan）には、SDGsや地域活性化のプロジェクト提案や支援などが記載され、原理研究会であることが一般の学生には見えにくくなっている。

なぜ霊感商法をするのか

日本の統一教会は、創設期メンバーによる廃品回収や、一九六〇年代中頃まで「献身」した青年信者による花売り（花屋から大量に買い、小分けにラッピングして売り歩く）などで資金を稼ぎ出していた。「献身」とは文字通り無給に近い待遇で専従となることで、韓国をはじめ海外の統一教会では平信徒に要求されない日本の統一教会独自の制度である。教団の指示により様々な任地で種々の活動をする。三食と寝場所は保障されるが、月々一万五千円程度の小遣いしかもらえない。統一教会の布教目的は、なるべく多くの「献身者」を出し、教勢を飛躍的に拡大することにあった。その背景には、文鮮明が一九六五年に世界巡回を開始し、二度も来日して地上天国実現に向けて教会員を鼓舞したことと、仙和《ソンファ》子供舞踊団（後のリトルエンジェルス）の設立、勝共活動などの政治的ロビイング活動に多額の資金を必要としたからである。それらの諸費用を稼ぎ出すミッションを日本の統一教会は受け、効率的な資金調達の方法を考えた。

しかし、活動家を量産する、もしくは、修道会や僧院のような節制と禁欲の生活に学生や市民を大量動員することはもとより不可能である。そこで統一教会は、資金調達に専念する経済部門と熱烈な信者を養成する伝道・教化部門の同時並行的展開を考えた。経済部門では、安く原価で仕入れて熱意で高く売る路上や訪問での物売りが、原理研究会や統一教会のお家芸とでも言うべき経済活動になった。

この種の行商は誰にでもできて再現性が高いが、一方でいつまでも押し売りのような職種に満足していたくないという幹部たちもいた。彼らが起業の方策を探り、韓国製造の空気銃販売などを手がけたが失敗し、ワコム（電子機器製造）やアメリカのTrue World Foods（寿司店などへの水産物卸業）、あるいは第一章で述べた韓国の不動産業の例を除き、ほとんどの事業が成功しなかった。その理由は簡単で、韓国幹部からの指令による市場を無視した商品開発や、信者の安価な労働に依存した物作りや物売りでは、日本の経済市場において勝負にならなかったのだ。そこで、見る眼がない人には原価と売価の差がわかりにくい着物、貴金属、絵画、毛皮などの高額商品を扱う販社を設立して訪問販売や展示販売を手がけたり、信者や信者の家族向けの旅行会社（世一観光）、出版社（光言社）、新聞社（世界日報社）、化粧品（株式会社男女美）、高麗人参濃縮エキスなどの健康補助食品（株式会社ＩＨＭ）、医療・福祉関係（医療法人社団日心会一心病院）などを設けたりした。

そして、一九八〇年代、日本では韓国の一信石材、一和といった統一教会関連企業が製造した高麗大理石壺、朝鮮人参茶などを輸入販売するようになった。これらの商品は、統一教会の幹部が設立した会社である「ハッピーワールド」（元・幸世商事）が輸入し、系列会社の「世界のしあわせ」が卸売りをする。そして、全国に配置された販社組織に委託販売するという形態をとった。販売員はすべて統一教会員だった。

ところが、韓国物産展や正規の販売ルートに比べて何倍も利ざやをのせた韓国の商品を日本で売り上げるのは難しかった。そんな中、立正佼成会から移ってきた古参信者に、初期の立正佼成会が庭野日敬の姓名鑑定と長沼妙佼の霊能で教勢を拡大した経験を生かし、姓名判断とセットで高麗大理石壺や数珠、人参茶などを開運霊能商品として原価の数十倍で売りつけるやり方を考案した者がいた。これが当たったのである。

売れ残りを一掃するどころか、売り物が足りないほどの状況下で、教団は韓国の統一教会系企業と組んで大規模な輸入販売を推し進めた。しかし同時に、この商法が「霊感商法」として購入者から消費者被害として訴えられることになり、一九八七年東京に霊感商法被害救済担当弁護士連絡会、全国組織としては全国霊感商法対策弁護士連絡会が結成され、商品購入代金の返還交渉、損害賠償請求の提訴がなされた。統一教会に対する訴訟については、第五章で詳しく説明する。

統一教会はこの霊感商法によってバブル景気で豊かになった市民から多額の金銭を違法に調達することができたが、他方で、教会の成長の道を極めて限定的なものにしてしまった。すなわち、文鮮明ら韓国の幹部たちは日本を「打ち出の小槌」として使えることにすっかり味をしめてしまい、矢継ぎ早に切れ目なく資金調達の指令を日本の本部に出すようになったのである。こうして日本の幹部たちは、違法判決や世間の悪評にもかかわらず、霊感商法や献金要請を継続することを、近年に至るまで主要なミッションにしてしまった。

霊感商法が日本の統一教会にもたらした帰結は二点ある。一つは、日本の統一教会の活動の根幹が違法な資金調達に固定されてしまい、とりわけ地区教会の一般信者にとっては、これまでの物売り以上に霊感商法が主な宗教活動となっていったこと。そして、それをバックアップするような実践的神学が磨き上げられことである。もう一つは、統一教会を名乗って布教すれば誰も来ないことは自明なので、統一教会は一般信者に正体を隠した特異な勧誘方法をもって布教活動を行うようになり、信者に倫理的葛藤と拭いがたい罪責感を与えることになった。この点は、統一教会の地区組織の特異な形態を見れば一目瞭然である。次節で確認していこう。

II 資金調達の組織構造

地区教会＝販社

一九八三年一〇月に、当時「世界日報」の編集局長であった副島嘉和のもとに国際勝共連合理事長だった梶栗玄太郎以下約一〇〇名が押しかけ、暴力的に副島と彼の部下を解任したという事件が発生した。副島と彼の部下であり、一九八一年に四国ブロック長であった井上博明が、連名で統一教会の資金調達活動を内部告発する文書を『文藝春秋』一九八四年七月号に発表したからである。その中で、副島は一九八〇年に文鮮明の指令により経済局が新設され、その局長職に就いた古田元男が伝道局長の桜井節雄と彼の管轄下にある全国のブロック、教会組織を幸世商事（後にハッピーワールドと名称変更し、古田は全国しあわせサークル連絡協議会の長にな る）の傘下に組みこんだと述べている。副島は経済部門主導の教団経営に異議を申し立てたというが、文鮮明に逆らう賛同者はいなかったようであり、会長の久保木修己も従った。

当時の幹部は教会長クラスで三〇前後とみな若い。局長といっても三〇代半ば。久保木と古

3-1　**統一教会の事業部門の組織図**（1980年代後半から90年代初頭）

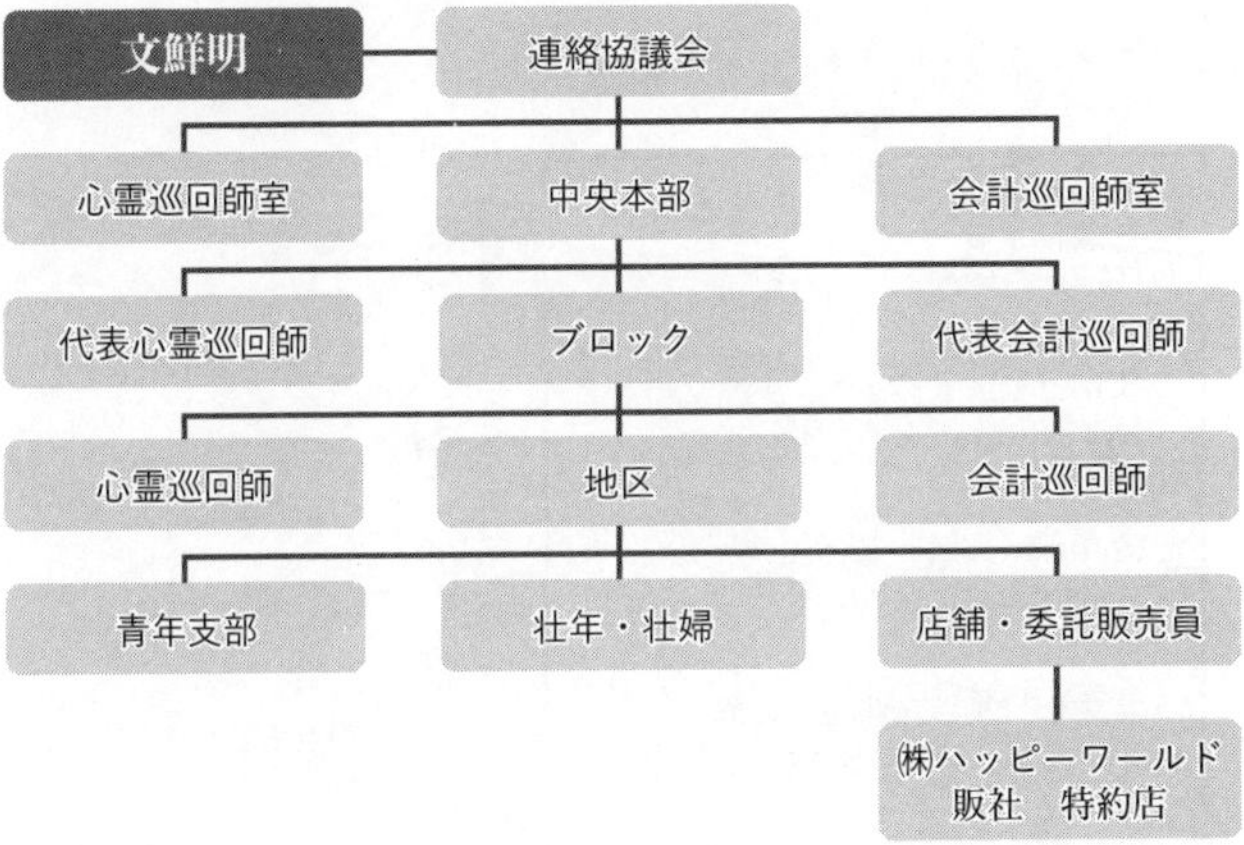

（出典：全国しあわせサークル連絡協議会に対する1991年提訴〔平成11年（ワ）第18400号〕損害賠償請求事件裁判資料〔乙第108号証〕、1999年和解〔最高裁〕、小柳定夫作成）

※「壮年・壮婦」とは既婚者の統一教会信徒。「会計巡回師」とは経理担当の中間管理職であり、地区から本部へ送金を担当。「心霊巡回師」とは信徒カウンセリング担当の中間管理職であり、信徒の行動を管理。「地区」の上位が「ブロック」であり、本部長、会計巡回師は男性、心霊巡回師は女性。

参信者の松本道子を除けば、学生あがりで社会経験もなく統一教会に入信した者たちであり、役職の肩書きに応じた社会経験や知恵がなかった。そのために、文鮮明の命令にはもちろん、韓国の古参幹部に対しても意見をいうようなことはできなかった。古田元男は商才に長け、文鮮明の信任が厚いということで日本の統一教会に影響力を行使した人物である。こうして日本の統一教会は経済事業組織と教会組織の複合体という奇妙な組織構造に転換されていくことになる。

　統一教会では伝道部門が教会の役割であり、信徒への布教・教化

3-2　地区組織図（1989年７月ごろの鹿児島地区）

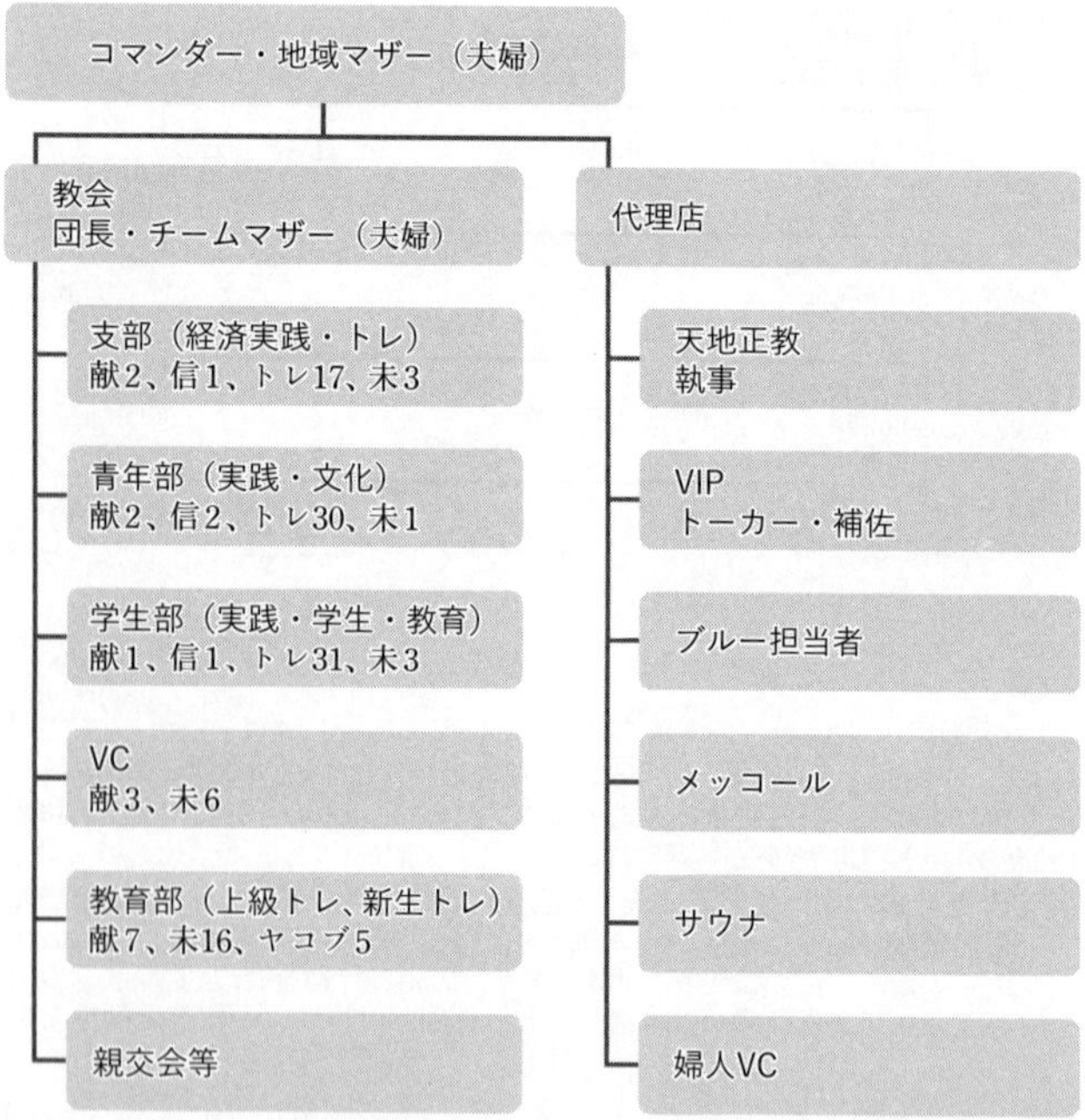

（出典：1991年提訴〔平成11年（ワ）第18400号〕損害賠償請求事件裁判資料〔甲第87号証〕、1999年和解〔最高裁〕、重富輝美）

※「天地正教」は統一教会の仏教教団部門で中高年者向けの組織。「VIP」とは高額の献金が期待できる篤志家の主婦・高齢者を接遇する部門。「トーカー」とは姓名判断・家系図診断の霊能者役の信徒。「ブルー担当者」とは宝飾・絵画・着物等の展示即売会要員。「メッコール」「サウナ」は訪問販売部門の商品。

※「献」＝献身者、「信」＝本部教会員、「トレ」＝セミナー修了後のトレーニング生、「未」＝トレーニングの前の段階の青年男女、「ヤコブ」＝統一教会信者を父母に持つ子供。略称の後の数値は人数。

※地区組織の構造は全国的に画一化されているが、時期や地域ごとに少しずつ差異がある。この例は1989年当時の鹿児島地区のもので、「コマンダー」という組織の長と、彼の妻であり、同時に組織メンバーの心情的なフォローを行う「マザー」が教会と代理店の二つの系列組織を束ねている。

に責任を持って研修などを行う。その後、研修を終えて統一教会信徒となった会員を管理し、様々な事業部門に配属するのがコマンダーの役割である（3－2）。その職掌は指令者であり、徹底した中央集権の事業部門体制となっている。3－1の図では青年信徒、既婚者信徒、店舗部門を束ねる地区で、中央から派遣された会計担当と心霊（カウンセリング）担当の巡回師が地区の伝道・集金状況をチェックし、中央に事業内容を報告する体制となっている。いわば、複数の事業部門を地区単位にまとめ、各地区の経理・運営状況を監査役がチェックして回るという日本の中央行政や大会社の経営方法と変わらないものとなっている。

なお、二〇一六年ごろに地区教会からは販社部門が分離され、3－3のように変化している。理由の一つは、第五章で詳しく述べるが、一九九〇年代後半から霊感商法の違法性が判例として定着したために、統一教会が一般市民を信者にしてから統一教会グッズを信者に渡し、多額の献金を要請するやり方に変更したためである。もう一つは、二〇〇九年に有限会社新世の社長・幹部・販売員五名の計七人が、特定商取引法違反（威迫・困惑）の疑いで警視庁公安部に逮捕されたことだ。東京地裁において社長と取締役には執行猶予付きの懲役と罰金、会社にも八〇〇万円の罰金が科され、被告が控訴しなかったので確定した。裁判所は販社と統一教会との関係も認定し、当時の教団としての徳野英治会長は、コンプライアンス遵守の表明をして引責辞任した（が、二〇一二年再び会長に就任した）。

3-3　世界平和統一家庭連合長野教会組織図（2016年３月）

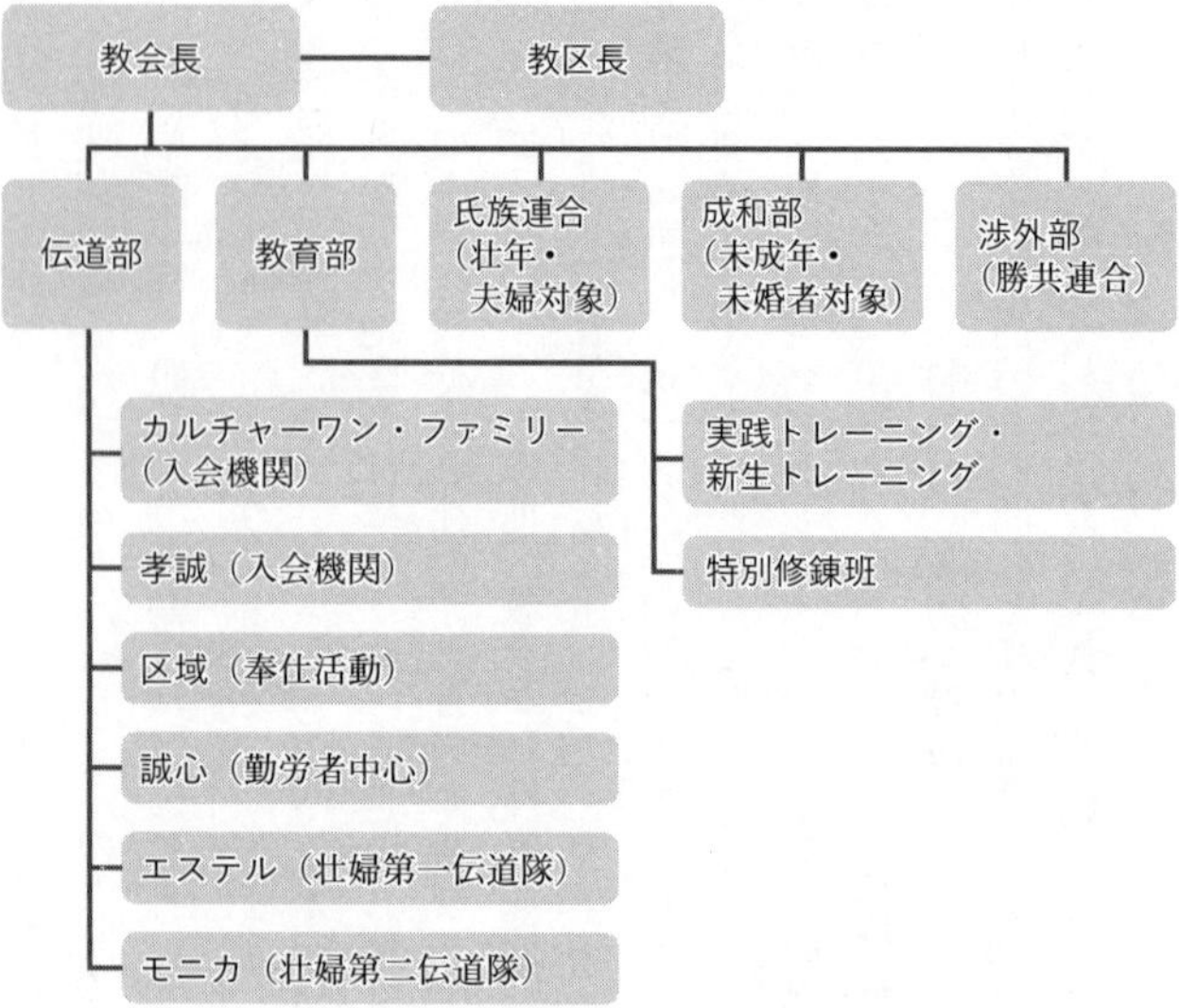

（出典：霊感商法対策弁護士連絡会提供資料）

資金調達の総額

それでは、統一教会全体でどのくらいの資金調達力があるのか。二〇〇八年に熊本教区において総務を担当していた教会員が脱会し、自身のパソコンに入っていた地区・教区・教域ごとの売上金額や目標配分金額などが記載された集計表を裁判において公開した。彼が南九州の第一一地区（当時、熊本・大分・宮崎・鹿児島・沖縄の各県）と熊本教区で行っていた業務は、本部から割り振られた献金目標を教区・教域の教会ごとに再度割り振り、教会単位から集められたお金を本部の教会長名義宛て（たとえば、〇〇銀行小山田秀生）に送金するか、現金（二〇〇〇年に五

○○○万円をリュックに入れて）で本部に持参することであったという。
３－４の表は売上金額の一覧だが、二〇〇七年五月一日の表は地区ごとに売上の実額を記しており、新文明という献金目標の期間では目標金額に対する達成率として記載されている。一日の売上が二二億円ということであるが、毎日コンスタントにこの金額の売上を立てられるわ

3-4　統一教会全国の売上金額

2007年５月１日			新文明		
順位	地区	達成率（%）	順位	地区	達成率（%）
1	第９	522.50	1	第１	31.53
2	第14	431.60	2	第２	29.17
3	第15	429.28	3	第９	29.10
4	第７	425.20	4	第14	24.70
5	第16	366.17	5	第７	23.55
6	第１	359.38	6	第15	23.48
7	第６	317.14	7	第10	20.20
8	第５	308.85	8	第16	18.44
9	第10	293.14	9	第４	18.05
10	第３	257.28	10	第３	17.26
11	第２	221.48	11	第６	16.58
12	第12	212.63	12	第２	15.95
13	第８	183.00	13	第８	14.88
14	第４	159.13	14	第12	13.29
15	第13	87.55	15	第13	9.63
16	第11	84.36	16	第11	6.89
平均		285.99	平均		20.49
目標5000万円に対する達成率。 平均達成率＝285.99%×5000万円×16地区 全国の総売上＝22億8792万円			2007/4/20～6/14に設定された送金目標に対する達成率。最下段の全国平均を見ると、２割程度の達成。		

けではないにしても、年間数千億円の売上になり、諸経費などを引いても年間一〇〇〇億円程度の収益を上げていたのではないかと推察される。

それでもなお、いくつかの疑問は残る。各地区・教区・教域の諸教会においてまったく内部留保せずにそのまま本部に献金していたのか、日本本部はそのまま韓国本部に送金していたのか。この点は資料がないので何とも言えないが、一九九〇年代以降、韓国の幹部が日本の地区長や教区長といった役職者として多数来日しており、注目に値する。すなわち、幹部たちは日本の資金調達活動を直接引き締めるために文鮮明に送り込まれてきたともいえるが、一九九七年のアジア金融危機以降、韓国の統一教会系企業で食えなくなった幹部たちが進んで日本に稼ぎに来た可能性もある。筆者が視聴した録画資料では、韓国の幹部が日本の教会員に対して、全財産を自らはき出すだけではなく、はき出す人を連れてこいと檄を飛ばす場面もあった。日本の統一教会員の立ち位置がよく示されている例である。

献金の実態

ここで、霊感商品の販売に加えて信者たちがなした献金についても見ていこう。

信者に対する献金の要請は、統一教会の摂理・イベント（文鮮明の命令による事業計画は全て神の計画とされる）に合わせて随時なされ、因縁清算献金などは個々の信者の資産に合わせて適宜金額が設定され、納付させていた。

全国霊感商法対策弁護士連絡会の推定によれば、二〇一八年時点で約三〇〇億円相当の献金目標額が設定され、うち一八〇億円が日本法人、残りの一二〇億円を韓国の本部に送ることになっていたという。この時点で、日本の統一教会の正規職員数は約一一〇〇人、うち本部職員は一四〇人ほどだという。正規職員は祝福を受けた家庭持ちと考えると、一般労働者の平均賃金三〇六万円（厚生労働省、賃金構造基本統計調査二〇一八年）および事業所負担の社会保険料約五〇万円相当を付加した約三五〇万円で約三八億五〇〇〇万円にしかならない。このほか年額八四万程度支払う三〇〇〇人から四〇〇〇人相当の献身者がいるという話もあるので、ここで三三億六〇〇〇万円の人件費が見込まれる（弁連通信一八〇：八-九）。本来は最低賃金を支払うべきであり、正規職員並に支払えば、約一四〇億円となり、正規職員と合わせても日本の目標金額内に収まる。いずれにしても、韓国送金分の目標金額を合わせて三〇〇億円を調達するには、統一教会の信者が約八万人日本に在住し、子供や学生、献身者や正規職員を除いて半数の四万人で負担するとなると、年間一人あたり七五万円の献金が必要である。

この献金所要額は、寺院の檀家としての護持会費年間約一万円や、キリスト教会信徒の年間献金額と比べても桁が違う。全員が等しく出せる金額ではないし、統一教会は常に被害者からの損害賠償請求訴訟や返金対応に追われているために、実際の献金額の歩留まりも高くないと考えれば、各種献金で見てきたような献金要請を信者に対して常時行い、それに応じられた人たちの高額献金によって運営していかざるをえない。

名目	額（万円）	統一教会で摂理とされていた時期
聖地回復	140	
天聖経	430	2002～2006年
天一国創建	330	2003年
祈願書代	1枚1万円 60	2004年～2020年
平和王国	300	2004年9月 ～2005年1月
天正宮入館証	100	2005年1月～4月
南北統一のため	14	2005年6月
本殿聖地奉献同参路程	140 320	1999年6月、 2005年11月
天一国入籍義務	140	2006年10月～
摂理プログラム成就のため	40	2007年11月
緊急激戦（選挙戦）後方支援路程	30	2008年1月21日まで
第2の天正宮建設	180	2008年11月
天福宮建設献金	140	2008年12月
善霊堂献金	180	2007年5月
母国功臣摂理献金	80	2007年5月
メシア生誕祝献金	70	2007年2月
平和経・真の父母経	280	2013年10月
ピースパレス（アメリカの研修施設建設）	140	2014年11月
メシア金婚式献金	50	2010年4月
圓母平愛母の国献金	383	2014年11月
解産献金	90	2007年12月
愛国愛天献金	金額任意 300万円ほか	常時
因縁清算献金	金額任意 739万円ほか	常時

（出典：全国霊感商法対策弁護士連絡会弁連通信掲載の判例から集約）

3-5　1990年から2010年代までの献金一覧

名目	額（万円）	統一教会で摂理とされていた時期
祝福義務	140	定期的
救国（済州島修練会参加）	110	1994、95、98年
精誠	160	1998年から
総生蓄献納解怨祭	210	1998年から
氏族総生蓄	210	2001～05年
聖本（訓読教本）	3000	1998年から
つばさ（文鮮明の自家用機）	30	1999年９月
解怨献金	１代から７代まで70万円、夫・妻の父母の４家系分280万円	1995年以降
先祖祝福（解怨献金をすませたあとに出すもの）	140×2	
天運石	250 160 140 100	1999年、2002年
沖縄勝利献金	100	2001年２月
神の国建設・ハワイ摂理献金	100	2001年４月
ウルグアイ勝利献金	210	2001年５月
文顯進様三女死亡献金	220	2001年８月
ワシントン・タイムズ救援献金	100	2001年８月
サタン分別献金	40	2001年10月
大使館献金	72	2001年12月
お父様の入国献金	92	2004年４月
護摩木献金	21	2004年８月
ヘリコプター工場献金	40	2004年９月
本殿聖地献金	40	2004年11月
再祝福（天宙平和統一祝福家庭王即位式のあと全祝福家庭に）	60	2003年
天一国聖酒式感謝	140	2003年８月

以上、日本の統一教会を組織と収益の構造的な側面から見てきたわけだが、日本の組織構造は課された資金調達に特化された使命を果たすための独特のものであったことが了解されよう。そのような組織を維持してきた日本の統一教会幹部や一般信者の信仰、メンタリティーはどのようなものだったのか。なぜ、ここまでの資金的収奪に我慢してきたのだろうか。統一教会員はこのことを誰も理不尽とは考えなかったのか。統一教会員の心理や行動規範が回心や教化過程においてどのように変化してきたのかを見ていかないことには、この問いには答えられない。

Ⅲ 勧誘・教化の過程と回心のメカニズム

信者数の増加と階層化

一九六〇年～一九七〇年代に原理研究会や地区の初期教会に入信した学生たちは、一九八〇～九〇年代に伝道部門における教会長クラス、経済・各種事業部門における管理職となって、統一教会専従の道を歩んだ。そして、合同結婚式（一九七〇年は七七七組、一九八二年は六〇〇〇組）に参加して家庭を持つと、資金調達の使命に加えて自分たちの生計を維持するべく統一教会全体の収益向上を図る必要に迫られたのである。それには宗教組織を急激に成長させて教団としてのパイを拡大し、自分たちの取り分を確保するしかない。

ところが、統一教会は一九八〇年代までに次のような教団成長の隘路を抱えてしまった。まず、日本が高度経済成長によって豊かになり、社会体制や経済の仕組みそのものを変革せずとも快適な消費生活を送れ、皆がさらに豊かになれる、夢が実現できると思い込める経済大国になったことである。一九八〇年代になると共産主義国家や国内左派勢力による国家的危機という切迫感も薄れ、黙示録的な地上天国実現の夢も色あせた。同時代の人々の願望に見合った宗教運動に転換しなくては、新左翼のセクト同様に活動家だけの組織になったことだろう。大きな社会問題が見えにくい時代において豊かさの中の心の貧しさや人間関係の希薄化に悩む人々に働きかけるには、統一原理ではあまりにものものしく、時代がかっていた。そこで大幅な教説の換骨奪胎が行われ、人々のニーズにも合わせた実践的信仰を創造したのである。それは日本の統一教会独自の勧誘・教化システムとして確立されたが、資金調達のための霊感商法を同時に実践するという課題のために特異な信者養成プログラムにならざるをえなかった。

物売りや霊感商法は確かに原価の数倍から数十倍の利ざやを稼ぐ商売として効率がよい。しかし、地上天国実現の使命感に燃えた幹部層であれば何もかも飲み込んで活動に邁進するとしても、学生や一般市民が喜んでやる類いの活動ではない。霊感商法は外聞も悪ければ、違法で非倫理的な行為である。こうした活動を信仰でやり抜く信者を養成することが統一教会における布教・教化の目標となったのである。そのために極めて効率的なシステムが考案されていった。一言でいえば、短期間の集中トレーニングで意識や生活態度を変容させる自己啓発セミナー型の教化だった。実際、一九八〇年代には企業が幹部養成としてセミナーを利用し、一九九〇年代は心理変容や癒しを目的としたセミナーも活況を呈した。それまで手作りで行われてきた講義・合宿・実践訓練の規格化・標準化が図られ、それは宗教における緩やかな自己変容よりも企業のような目的組織型の行動変容モデルに近い部分があったのである。

一九八二年、統一教会の教学部門において、倉原克直による教義学習用ビデオを用いた信仰への導入システム、教育体制が確立した。その後、チャート式学習こそ『原理講論』理解の近道ということになり、参考書で統一原理が学ばれるようになった。同時代の教育においてもチャート式参考書は受験業界の売れ筋だった。

結果的に、一つの行動目標に向かって活動し続ける信者を促成し、教団成長に利用するという意味では目的に適った布教・教化戦略となった。幹部層は四十代の働き盛りであり、この先二十年以上幹部のままであり続けるならば、一部の幹部候補を除いて大多数の新しく布教された信者は平信徒のままで教団に貢献していくことが望まれる。自学自習を行う主体的な信仰者よりも、教祖のカリスマや教団組織の指揮系統を疑わない忠実な信仰者が信者のモデルとなった。

幹部層内でも、文鮮明一家や韓国人幹部と自身や子供たちの合同結婚によって縁戚関係を結び、巨額の献金で利権を買う一部の特権階層が生まれつつあった時代である。原理研究会や地区教会だけを見れば、皆が兄弟姉妹の宗教共同体のように思えるが、組織全体としては厳然たる階層化が生じていた。

アンケートと姓名判断

ここからは典型例を通じて、一般信者の獲得・教化の過程を示す。統一教会による布教は、黒板講義や路傍伝道の時代から路上や戸別訪問によるアンケート調査に移行し、一九八〇年末からは姓名判断や運勢鑑定が主となった。

アンケートそれ自体にさしたる意味はなく、一通り答えるとその人の関心の所在が把握できるようになっており、連絡先などの個人情報を聞き出すか、「近くで自己啓発的な内容のセミナーを行っているので来ませんか」と誘い、時間がない相手には次のアポイントを取るまで粘る。自分たちが統一教会ということは一切語らない。

姓名判断であっても、話しかける口実作りという点では同じである。「占いの勉強をしているものですが、無料で手相や姓名判断をさせてもらっています」と清楚な若い女性が声がけする。手相・姓名判断によって健康、家族、仕事、将来の運勢など一通りの吉凶について説明した後、「自分はまだ占いの見習いですが、よく当たる大変すばらしい先生を知っているので、ぜひ○○さんにも観てもらいたいです」と熱心に勧誘する。これは、家系図診断を行う鑑定所でビデオ学習に誘うことが目的である。

一九八〇年代中期から一九九〇年代初頭にかけては、姓名判断を戸別訪問で行い、開運の印鑑を購入させ、次第に高麗大理石壺や多宝塔といった高額商品の展示即売会場へ動員する導入

3-6　姓名判断の鑑定例（櫻井義秀の場合）

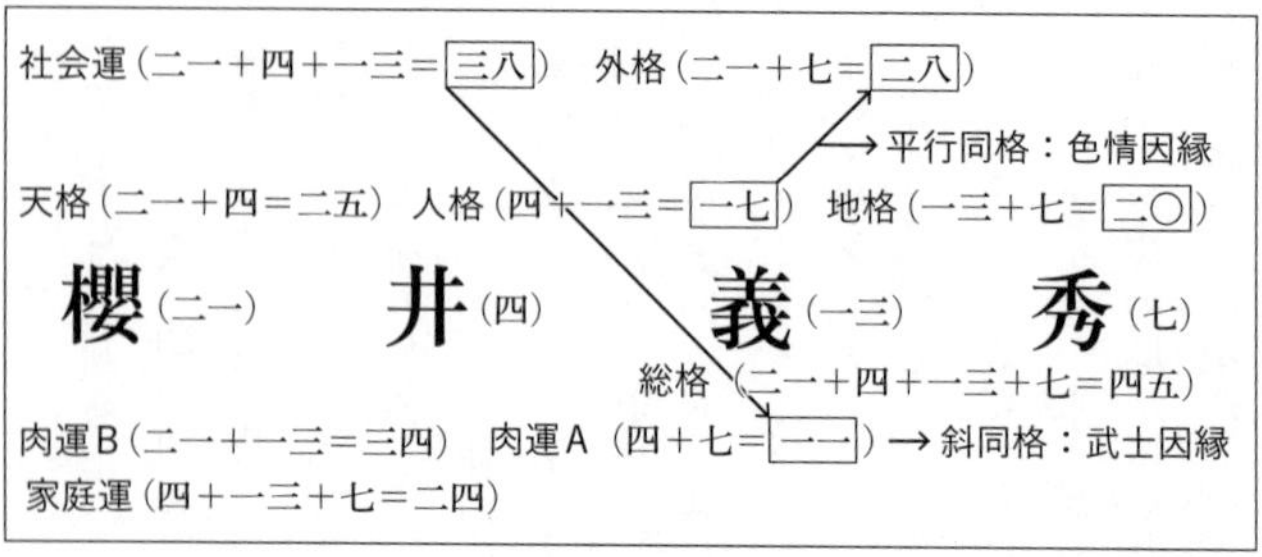

が多かった。このやり方が霊感商法として社会問題化すると、霊石の販売ではなく、霊石をただであげてその代わり献金を要求するというやり方に転換していくことになる。そのためには不幸の因縁話や霊感を信じ込ませる必要が生じ、ますます手の込んだ勧誘技法が開発されていった。

統一教会が姓名判断に用いる方法は、桑野式姓名判断に準じている。統一教会で用いられたマニュアルを用いて、筆者自身の姓名判断を元信者にしてもらったのが3-6である。

天格（姓の字画の合計）は家系と晩年の運勢、人格（姓の後の文字と名の最初の文字の画数を合計）は三六～五五歳の運勢、地格（名の画数の合計）は一～三五歳の運勢を示すとされる。外格（姓の最初の文字と名の最後の文字の画数を合計）は病気の運勢、総格（全ての字画の合計）は一生の幸不幸、内運A（姓の後の文字と名の後の文字の画数を合計）は愛情、内運B（姓の最初の文字と名の最初の文字の画数を合計）は宗教性、つまり本人の幸福度、社会運、家庭運を示す。なぜ、所定の字画を足すとこの種の運勢を表すことになるか桑野式姓名判断法含め統一教会の「鑑定秘訣集」には一切説明がない。

筆者の場合、画数では大吉なし、吉一一、二四、二五、四五、半吉一七、三四、三八、凶二〇、大凶二八となる。筆者の人生は三五歳までの運勢は悪いが（二〇画で凶）、中年（一七画で半吉）から晩年（二五画で吉）にかけて持ち直すらしい。外格（統一教会では背後霊を意味）が大凶なので、大病を患う可能性がある。このような大凶の画数が出た場合に、統一教会の鑑定士は「再出発の必要がある数」であり、筆者は「転換期にいる」と言われることになる。その言い方はマニュアルにもある（3-7）。

3-7　転換期トーク

> ○○さんて、運勢の変わり目に入っているんだよね。きっと転換期なのよ。転換期っていろいろなことを考えたり、悩んだりするんだって――。この時にいかに努力するかによって、自分を生かすこともだめにしてしまうこともあるんですって。努力次第でとっても運勢がよくなることもあるんですって。先生に的確なアドバイスをしてもらえたらいいネ!!
>
> （出典：裁判資料〔甲B第一一五号証〕、マニュアル三二頁）

筆者の場合は、桑野式姓名判断だけでも転換期トークの対象者となるため、これ以上の鑑定は不要だが、だめ押しが必要ならば、次の因縁トークを足すこともできる。

統一教会のマニュアルには同格法(数字上の引き合いから因縁がわかる)という考え方がある。桑野式にはない因縁(武士因縁、色情因縁、事故運、扶養運、水子縁、家系衰運、子薄運、肉体障害など)が統一教会の鑑定秘訣集に出てくる。筆者の場合、社会運(三八：三十八＝一一というフレキシブルな計算をなす)と内運A一一が同数で斜同格とされる。これを線で結ぶと、名前がけさがけに切れられたようになる。これこそ「武士因縁」とされる。この意味は、身体にメスが入る、精神的板挟みに出合うということらしい。人格(一七：一＋七＝八)と外格(二八)は一の位が八で同じ。これを平行同格という。これは「色情因縁」であり、浮気・乱費をするとされる。要するに、筆者は心身共に不健全な状況に陥らざるをえない。

ずいぶんとひどい運勢を持った名前ではないか。もっとも、同姓同名(完全な同画数)の人間が、生まれた時代や家庭環境、経済的背景をこえて同じ運勢を持つと考えるのは、筆者が専門とする社会学ではナンセンスの極みである。

ところで、この鑑定は統一教会の教義である統一原理とは直接的な関係がない。なぜ教義的な必然性のない話を信仰への導入で使うのか。それは、姓名判断に信憑性あり(即座にウソと断定する人は少ないだろう)とする日本人の心性にすっと入り、本人や家族の事情を把握するのにうってつけの方法だからである。中高年の人たちにとって、統一教会が一貫して教えていることは先祖の恨みや祟り、霊の障りであり、家族の系譜関係に基づく因縁である。さらに、姓名判断という占いは筮竹や算木を用いた易や四柱推命よりも単純であり、画数を計算して数ごとの吉凶をあてはめれば、素人占い師でも十分に務まる。

さて、姓名判断は青年層の勧誘ではビデオセンターへ接続されるが、中高年層ではそのまま高麗大理石壺その他の霊感商品を展示した霊場などへ接続される。そこでの因縁トークや霊能師の話しぶりを最初に見てから、ビデオセンターの説明に移ろう。

霊場と霊能師

統一教会の霊能師に霊能はない。信徒として深い霊的体験を持つ者もいるが、日本で活動している青年信者にシャーマン的素質や操霊の能力などを持つ者はいない。彼らは上司により、いかにも霊能師役がはまりそうな信者として各部門から選抜され、霊能師としての口上を『販売マニュアル』という小冊子で学習し、ゲスト（一般市民で勧誘されたばかりの人を指す）を説得できるよう訓練された。この冊子は「印鑑を売るな！　開運という商品を売れ！」のスローガンで締めくくられている。

ここでは姓名判断によって悪い運勢と診断され、その運勢を変えるために三宝印と称する印鑑を勧められて買ってしまった段階から始めたい。ゲストは「魂体（実印）、財体（銀行印）、霊体（認印）が必要です。用途別に使うことによって○○さんの運勢が彫り込まれており、三本揃って百パーセントの開運があるのです」というマニュアルのトーク例に嵌まったと考えてほしい。その後、再訪した訪問販売員の信者に「古い印鑑は浄めなければいけない。浄める儀式があります」と促され、霊場という貸し会議室に連れていかれる。古印供養は誘い出しのきっかけであって、それ自体はどうでもよいものだ。狙いは家系図を利用して霊能トークが効くツボをおさえることにある。

訪問販売員は勧誘の際に「お祈りする時に家系図が必要です」と家族関係のことを詳しく聞き出し、「今一番気になっていることは何ですか」と当人や家族に関わる悩み事をメモしたものを霊能師役に事前に知らせておく。霊能師はゲストの情報を頭に入れたうえであたかも霊能により知り得たようにゲストに話す。ゲストにとって霊能師は初対面の人間なので、事前に仕入れた情報を小出しに話されるだけでもすばらしい霊感と感心する。

販売員は「先生は代々神仏に仕えてこられた徳の高いご家系の中にお生まれになり、ご幼少のころより修業を積まれ、過去、現在、未来を見通す霊力をお持ちです。これまで多くの方を幸福な道へ導いてこられました」と型通りほめちぎる。サクラ役の信者が「私は先生に鑑定していただいて、とても家の中がよくなりました」と自分の体験を語って盛り立てる。こうして舞台が整ったところで霊能師は重々しく語り出すのである。

「あなたが生まれた○月○日までにはいろいろな先祖がいましたね。先祖にもいい先祖、悪い先祖がいました。背後をたどっていくと、何万人、それ以上の先祖がいました。それを背負っているんです……。いい先祖がいた時は幸せなことがありました。でも、悪い先祖が影響した時は不幸なことが起こりました」「でも、ここからは大転換期。これからは幸か不幸かは自分がどうするかで決まります。今日この日に決まるんですよ」。

そして、姓名判断の結果や家系図診断の結果をたどりながら、先祖たちが苦しんでいることを感情たっぷりに説明し、通常の先祖供養では先祖を救うことはできず、先祖を解放しなければいけないと力説する。この話を何度も繰り返しながら、ゲストから「わかりました。では、どうしたらいいんでしょう」というセリフが出てくるのをひたすら待つ。そのうえで、「この霊石を家庭に置くことが霊界解放につながる」「使命のある人にしかできない。できる人しかここには来られないんですよ」という遠回りな話をしておいて、「あなたは出家しないといけない。しかし、家庭があるからできないでしょう。在家出家という道があります」と落とす。「在家出家とは何ですか。どうしたらいいんでしょう」というゲストのセリフが出てくるのを待って、別室で特別祈禱するからと下がる。ゲストは不安なまま残されるのである。

ところが、別室では霊能師と霊場責任者が、このゲストなら何十万なら出しそうだとか、いや資産からして何百万円まで引き出せるはずだ、などと協議しているのである。三〇〇万円で落とすという方針が決まったら、霊能師は八〇〇、五〇〇、三〇〇の数字を紙に書いてゲストに選んでもらい、それは万円単位であることを示す。当然、ゲストはそんな金はない、無理だと言うので、「最低でも先祖が救われるのに、こんな機会を得られてありがたくないのでしょうか」といった言辞を数時間でも繰り返すのである。時には、サクラである信者にゲストの先祖霊が乗り移って語り出すといった演出も加わることがあったという。もっとも、金がないから自分で出家しますという人にも道は残されている。次の段階のビデオ学習に進んで信者になればよいのである。根負けしてお金を出してしまった人は、洗いざらい出すまで同じパターンで何度も霊場に足を運ばせられることになる。お金を使い尽くせば、同じくビデオ学習となり、霊感グッズを買うか献金すれば終わりでは決してない。

霊能師役の元信者の述懐から明らかになったことは、彼女たちはラインの流れ作業に従事しているだけでゲストが出した金の行き先は知らないし、そのような詮索をする精神的余裕もないまま、栄養剤を飲みつつ一日数名のゲスト相手に霊能トークを語り続ける。最後はメシヤがすべていいようにはからってくれるから、目の前のゲストが泣き叫ぼうと一切の感情移入をしない。なにより、自分はメシヤに選ばれてこうしているだけなので「あくまでも通過点、無の境地みたいな」心境だったという。

では、自分を無にして役割や責任だけを全うする信仰は、どのようにして形成されたのだろうか。勧誘された学生や霊感商法で物品を購入させられた中高年の女性たちが信者となる過程に再度戻ってみよう。

ビデオセンター

青年・学生たちは勧誘された後にビデオセンターに連れていかれる。貸しビルのフロアか賃貸マンションの一室であり、ビデオ教材を視聴できる複数のブース、会話ができるティーコーナー、スタッフ室、祈禱室から構成される。センターには、タワー長と呼ばれるアドバイス役、新規ゲスト担当の新規トーカー、主任（責任者）とスタッフが控える。
勧誘された若者にはまずお茶を出して、大学や職場の軽い話をしながらビデオ学習へ動機づけていく。勧誘した者は「霊の親」と呼ばれ、被勧誘者の脇に控えて、新規トーカーの話にあいづちをうつ。彼・彼女たちはトークマニュアルで接遇を学習している（3－8）。

3－8　新規前線トーク・マニュアル

まずは相手の話をよく聞いて、知ってあげ、認めてあげることが大事です。賛美も美辞麗句ではなく、相手の喜ぶことを言ってあげましょう。……ゲストの前に自分はまぶしい魅力的な存在になるように、表情笑顔、相手の話を聞く姿勢、誠意、さわやかさ等、気をつけて、身体全体で話すことも必要かと思います。

（出典：札幌地裁判決文、三四七頁）

勧められるものはビデオ視聴である。受講料の五万円は後払いでもよいとされる。金額は合理的に算定されているわけではなく、一〇分の一の手付金でよければお得感を与えられる。そして、一〇〇〇円でもお金を払わせることで受講を継続しようという気にさせられる。
ビデオの中身は、霊界や地獄の場面が出てくる洋画や、倉原克直講師の統一原理講義である。

この種のビデオで感動する人はほとんどいないし、意味もわからない。しかし、「すべてわからなくともゆっくり学んでいけばよい、いずれわかるので最後まで見ましょう」といって、後へ後へと評価を引き延ばす。そして、ビデオ視聴後に主任との話し合いや霊の親と交流を持たせることで、ともかくここは自分の居場所だと被勧誘者に感じてもらえばいいのである。下にも置かない態度に、誘われた者は悪い気がしない。受講も後半になると、次のステップとして二日間の合宿セミナーへの参加が勧められる。数週間の受講期間中に様々な話をスタッフとするので、被勧誘者の志向性や経歴などの個人情報は蓄えられ、カード化されて次のプロセスを担当する者へ渡される。担当者はその情報を頭に入れながら、当人の性格や境遇を考慮して学習を進めるのである。

参加者はセミナーにおいてビデオ学習で明かされなかったことやわからなかったことが十分に説明されると期待を持たせられる。しかし、その内容は第二章で述べた統一原理の講義が主であり、内容的に新しいことはない。ビデオの個別学習では得られなかった集団での学習効果を与えることが主催側の目的である。

班ごとに統一教会員のスタッフが班長として配属され、数名の班員の受講に関わる一切の雑務を担う。会場外との連絡は厳禁であり、班長は班員に常に目を配り、班員同士が無駄話をしないよう注意している。二日間のセミナーとはいえ、前日に開講式があるので前日、一日目の宿泊を伴う。六時起床、洗面、運動の後朝食、午前と午後約四時間ずつの講義があり、三〇代くらいの青年が確信に満ちて大声で情感たっぷりに堂々と講義をする様に圧倒される。講義の合間の食事、レクリエーションがアクセントとなり、最後まで飽きずに終えることができるかもしれないが、講義内容をその場で理解できる人は稀だろう。しかも、メシヤ論をやりながら、いま再臨のメシヤはどうなっているのか語られないままに終わり、この先さらにライフトレーニングに進むかどうかの決断のみ迫られる。わけがわからなくて混乱しているところで、受講生を最初に導いた信者（街頭の勧誘者や訪問販売員、もしくは友人・知人となるが、霊の親と言われる）との感動の対面である。講師は閉講式において、実は受講者の理解が進むように祈っていてくれた霊の親が迎えに来ているのだと明かす。セミナー会場の後ろに幕が引かれており、講師の言葉の後で突然幕が開けられ、霊の親が霊の子（被勧誘者）の名前を呼びながら駆け寄る。感動が演出される。そして、元の支部に戻り、「お帰りなさい、ツーデーズセミナー修了おめでとう」という横断幕が掲げられたパーティー会場に迎え入れられるのである。口々に良かったねと祝福を言われ、受講者は事態を飲み込めないまま、学習を継続するかどうかの決意表明を促される。ノリノリの雰囲気でイエスと答えてしまうのである。

ライフトレーニング

学習継続者は、一ヶ月（短い場合は二週間）のライフトレーニングというコースに進む。受講料は三万五〇〇〇円。トレーニング専用のセンター（アパート一棟借り）には、ツーデーズセミナーの進行役が主任に、班長役のものがそのまま班長として移動し、この後のフォーデーズセミナーへの準備をするべく統一教会員の基本的なライフスタイルの訓練を行う。具体的には、学校帰りや仕事帰りに二三時ごろまで講義や話し合いが続く。

それまで聖書や歴史の同時代性の講義を通して原罪を持った人間は復帰されなければならないと繰り返し説明されてはいるが、誰がメシヤであるのかは明かされないままだった。「実際のメシヤは自分自身が思い描いているメシヤ像とは違うことが多い。どんな人だったとしても、メシヤとして受け入れられる心構えを持っていなければならない」と主任と班長は口をすっぱくして言い、最後にこの人がメシヤですと文鮮明の写真を披瀝する。信者たちはメシヤを証せた喜びと感動で喜色満面なのだが、受講生たちは戸惑いを隠せない。素朴に「この韓国人のオジサンが、どうしてメシヤなの」と思わない者はいないだろう。

そこで主任は間髪容れず、信じがたさを強みにする。「メシヤがこの世に現れた時に、この人がメシヤだと証すことがどれほど難しく、またそれを信じる人がどれほど少ないか」というのである。意外であればあるほど、信じがたければ信じがたいほど、そのこと自体が人間の罪深さや摂理の失敗の歴史を物語っており、「私もメシヤをなかなか信じることができなかった」といった主任や班長の証しが繰り返され、最終的な事柄はすべてフォーデーズでわかりますと太鼓判を押される。

四泊五日のフォーデーズ・セミナーは外界から隔離された研修施設（郊外のユースホステル

などを貸切）において地区の本部から練達の講師陣で実施され、文鮮明の生涯、統一教会を取り巻く国際情勢や反対運動を学習し、受講生に統一教会の信徒として献身生活を決意させることが目的とされる。三日目のハイライトが主の路程という講義である。

主の路程

イエスはメシヤであることが認められなかったばかりか、惨めで無念な死を遂げたことを講師は泣き出さんばかりの無念さをもって語る。イエスが重い十字架を背負ってゴルゴダの丘へ向かって歩く様、手足を十字架に打ち付けられ徐々に失血し意識を失っていく様、絶命の寸前に神に自己を委ねる最期の思いをイエスになり代わって講師は切々と語る。神はこの情景を見て血の涙を流さんばかりに嘆き悲しんだ。何度も何度も人間を救おうとしてきた神の摂理が人間の不信仰によりそのたびに打ち砕かれ、それにもかかわらず人間を愛してきた神様の心情はいかばかりなものかと。

二時間あまりもこの種の話を聞かされれば、女性の受講生は大半が泣き出してしまう。あまりに臨場感のある説明のために受講生たちは自分がイエスを十字架につけたという気になる。感情が盛り上がってきたところで、聖歌、祈禱がなされ、講師は退席する。やがてセミナー室の明かりが消され、しばらくすると、ろうそくをもった班長たちが入場して受講生の前か横に一列に並ぶ。白っぽい服装で、厳粛な雰囲気を炎に照らし出されたスタッフの顔が演出する。

おもむろに「お父様の詩」という文鮮明のメッセージが荘重に朗読される。

3-9 お父様の詩

おまえは一人で生まれてきて　一人で生きているのではなく
私があるからお前があり　お前があるから私があるのだよ。
お前の罪は人類の罪だ　お前が勝たなければ
お前よりもっと苦しんでいる人達はどうするのかね
お前には責任があるのだよ
私もお前なら勝てると思ったからこそ　信じているからこそ
今までお前を導いてきたんだよ
――（略）――
暗闇のなかをお前は一人で歩いてきたのではなく
いつも私がそばにいたのを　お前はどれだけ知っていたのか
ごらん　木々のひどりの中に　小川のせせらぎの中に
私の愛が聞こえるだろう
私はこんなにお前を愛しているのだよ　さあ信じてごらん
お前の中の私を愛してごらん

お前が立ち上がるまで　お前が勝利者となるまで
私はいつもそばにいてお前をみているよ
私はお前の親だから　お前を離すことはできないのだよ
戦って勝利して私を喜ばせておくれ
私の信じた娘は私の愛した娘はこんなにも成長しましたと
神の前にサタンの前に誇ることのできるお前であっておくれ
罪が少なくて勝利するのが簡単だったものより
罪が多くて勝利するのが困難だったものが勝利してくれた方が
私にとってどれほど大きな希望となることだろうか
この娘は本当に罪深かったけれども
今ではこんなに成長しましたと私に言わせておくれ
お前と二人で天のお父様の前に報告に行ける日を
私の唯一の楽しみにしているよ
がんばるんだよ
(略)

(出典：郷路征記『統一協会マインド・コントロールのすべて』教育史料出版会、一五八－一六二頁)

二、三分の短い詩だが、イエスの悲しい生涯を聞いた後の受講生たちは、人間の罪深さと神の慈愛に感じ入り、それが抽象的な神学ではなく、具体的な親子の情愛にも似た神と人との関係だったことを聞かされる。朗読が終わると、進行係は静かに、神に対して祈禱することを促す。

統一教会では、韓国でよく見られる通声祈禱（黙禱ではなく、口に出して祈る）を行う。静かに始められた祈りの文言は次第に激しくなり、スタッフたちの神に詫びる心情と神に対して子として統一教会の道をどんなことがあっても邁進する決意が凜々しく語られる。受講生は数名の選抜されたスタッフの熱禱に促されるように、自分たちも祈り始める。隣の人の祈りも当然聞こえるわけで、自分の祈りを耳で確認するためには大声で祈らざるをえない。感極まって泣き出す者、震える声で神に許しを請う者、意志の力を示すべく机を拳で叩き、床を足で踏みならす者、ありとあらゆる音響がこだまする中で受講生たちの感情は抑制が完全に外された状態になる。

しかし、一人冷静な者がいる。進行役だ。集団による感応状態とでもいうべき情動のほとばしりを確認し、そこから漏れ落ちる受講生がいないことを確認した後に、おもむろに祈禱の時間が終了することを告げ、黙禱に移らせる。涙と鼻水でくしゃくしゃになった顔をティッシュで拭く受講生たちの顔を眺めて、進行役は歴史的な時に立つ統一教会と新規の受講生たちの責任の重大さを再度強調するのである。

ところで、どうしてお父様である文鮮明の所感が神の心情となり、神の願いが文鮮明の願いとされ、それを聞いた自分たちが統一教会の使命を人類の使命として全うする決意をしなければならないのか。その説明はない。論理的にはつながっていなくとも、神の心情として語られた内容が激しい情動と共に記憶され、次にスタッフから献身の決意を促されるに至って、神の心情に沿った生き方をするのかしないのか、潔く自分に与えられた運命・使命を全うするのかしないのか、二者択一の生き方を自身の問題として真剣に考えることになる。連日連夜の班長面接によって唯一この道しかないと何度も繰り返される。もう後戻りできない。

新生トレーニング

フォーデーズセミナーで献身を宣誓した受講生は、すぐに新生トレーニングに入ることになる。宣誓に至らず、また献身者に向かない（批判的意見の持ち主など）者は、またフォーデーズからの出直しとなる。ライフトレーニングでは通いだったが、新生トレーニングでは施設に住み込む。受講料は三万円だが、後に述べる霊感商品の展示会で何十倍ものの商品を買うか、献金を要求されることになる。

朝六時に起床し、洗面後体操、掃除、朝礼拝で出発を誓い、三々五々出勤する。午後七時から二時間の講義を受け、今日の一日の出来事と心境を班長に相談し、就寝は一二時を過ぎる。授業後や仕事帰りの講義と面接でへとへとになった受講生に対して、徹底したスケジュール管理と共同生活を通して信仰の生活化が図られる。主要な信仰規律は三つにまとめられる。

一つは、アダム・エバの教訓。人間の堕落は不倫とされるので、男女は文鮮明＝神が許可する祝福まで禁欲を守ることが最重要の規律となる。若い男女数十名が同じ屋根の下で一ヶ月の共同生活をしても、互いに好意を抱くことすら許されない。心身両面から性を統制することによって、受講生の訓育が進む。

二つ目は、カインとアベルの教訓。二人はアダムとエバの子供だったが、兄である農耕者カインの供え物よりも弟の牧畜者アベルの供え物を神は喜ばれた。嫉妬したカインはアベルを殺したために、あなたは呪われて地上の放浪者になるだろうという神の言葉を得た。統一教会は、神に喜ばれたアベルと、彼に従うべきだったカインとの関係を組織上の階梯と捉える。カインの末裔である人間にとって、アベルへの絶対服従こそ摂理の中でなすべきこととされる。そのような理屈に従って、統一教会では組織の上司をアベル、部下をカインと呼ぶ。

三つ目は、イサク献祭の教訓。一〇〇歳のアブラハムと九〇歳のサラとの間に生まれた子がイサクで、神は彼と契約を立てるとまで言った。しかし、神はイサクを燔祭に献《ささ》げるようアブラハムにいい、アブラハムはイサクに手をかけようとした時、神はアブラハムが神を恐れる者であることを知ったといった。ここから、最も大切なもの、我が子すら神のものであり、神にお返しすることが信仰、義とされるという。この世のものはすべて神のものであり、神は万物を主管される方であることを強調する。心情解放展と呼ばれるこの過程で最大のイベントでは、イサク献祭同様に自分にとってかけがいのないものを献げることが求められる。具体的には、受講生がこれまでの人生における異性関係を告白して罪を悔い改めること、現在交際中の人は別れること、個人の貯金などを統一教会に献金することである。

このように性と社会関係、秘密と所有物への権利を教団側に完全に委譲させることを信仰の要として植え付け、実践させることがこの段階で目指されていることである。もはや、自らが自身の主体的な意思決定者でもなければ、性や財産への権利すら持たないものとなってしまった者たちに、さらなる信仰の目的や実践を教え込むことは容易なはずである。

新生トレーニング修了生は、引き続き実践トレーニングと呼ばれる数ヶ月間の住み込み研修に移る。新生トレーニングにおける学習は、信仰生活の規律を自分の生活に摘要する段階に留まる。献げものはあくまで自分のものだ。ところが、実践トレーニングにおいては統一教会と一般社会との関係において、一般社会の側から献げものをどのように獲得していくのかという対外的活動が主になる。

実践トレーニングと伝道

実践トレーニングでは、統一教会員のなすべき信仰実践として公式七年路程が講義される。統一教会で祝福に与る条件は、統一教会の伝道活動に三年六ヶ月、資金調達活動に三年六ヶ月、合わせて七年間従事することである。これ以外に堕落人間から脱却する道はないのだが、神の摂理に反対する日本基督教団の牧師や共産主義者たちが統一教会の活動を妨害し、信者を強引に棄教させるという驚くべき迫害が統一教会に加えられているとされ、反対牧師への対策という特別講義も組まれている。今後、家族に統一教会に通っていることが知られ、脱会の話し合いに持ち込まれた際に、いかにその場を切り抜けるか、牧師の説得を無視して信仰を維持するかが教え込まれる。

まず、伝道から説明していこう。前述のように二つのやり方がある。①家族や友人を展示会やビデオセンターに誘う。②路上でアンケート調査や手相見と称してビデオセンターに誘う。統一教会信者にとって、伝道とは自分が勧誘されてきた経路を新しい人たちにたどらせることにほかならない。伝道の仕方は講師がまず伝道の心構えを講義し、受講生たちは班長たちと共に街頭に出る。当然のことながら、座学で原理講義を習っただけの受講生が人に統一教会の何たるかを伝えられるわけがない。統一教会が受講生たちに求めていることは、路上や訪問で人を呼び止めたり、玄関のドアを開けさせたりして被伝道者をビデオセンターにつなぐことである。

統一教会の伝道方法は非常にシステム化されているために、各教会員が自分で伝道した人を最後まで育成することはない。このために受講生に対して人を呼び止めるだけの役を与えることが可能になる。彼らも呼び止めた後どうするかは班長の判断に任せればよいと言われる。アベルの命令を神の意志として従うことが信仰だとアドバイスすることで人を誘う心理的負担を軽くすると共に、自ら判断しないことを信仰として強化するのである。

統一教会の伝道勝利一〇則の五番目に次のような文章がある。「街頭ではゲストのメッタ打ちに耐えよ。この精神的な打撃を神と共に耐えられるか、耐えられないかが、勝利への道か、敗北への道かの重大な岐路である。そして、常に新規伝道を忘れるな。新規伝道を怠る成約聖徒の行き先は、敗北と転落と侮辱と堕落しかない」。

ゲストとは通行人のことで、ほとんどの人はキャッチセールスと同様に見られるアンケートや姓名判断に立ち止まることはない。一〇〇人に声をかけても立ち止まる人は一〇名、話を聞くことができる人は二、三名いるかどうか。ビデオセンターまで連れていける人は一名いるかいないかだろう。日中ならまだしも、深夜にまで及ぶ声かけに足を止めるほうがおかしい。なぜ、これほど非効率的な勧誘を統一教会は三、四〇年にもわたって続けてきたのか。ここに統一教会独自の信仰強化のメカニズムが隠されている。

それは一つにはショック療法であり、市民の怪訝な目や蔑む目にさらすことで、今までの自分を支えてきたプライドや人間関係を切り捨てさせ、もうこちら側の人間になってしまったと覚悟させる。もう一つは苦難の共有で、あなたの屈辱は神の屈辱、悔しさは神の悔しさ、神様は六〇〇〇年間もこの辛さに耐えてきたのだから、あなたも耐えてがんばってほしいと「悲しみの神」が統一教会信徒の口を通して語りかける。受講生たちには伝道の心得として、事前に、あるいは精神的打撃を受けた時に先に述べた「お父様の詩」と共に繰り返される。ここで受講生たちは神や統一教会が歩んできた苦難の路程を同じように体験したのだと言われる。

統一教会にとって、この伝道方法は信仰育成と同時に信徒のスクリーニングをも兼ねている。どのみちお荷物になる信者はいらない。実のところ、このやり方は統一教会独自の方法というよりも、教勢を急速に拡大する新宗教が採用する典型的なやり方でもある。教義や宗教活動の本旨を十分理解したうえで宗教実践に移行するのが伝統宗教であれば、新宗教では未熟であっても人に教え活動することで実践的信仰が会得できることを重視する。それは、信者の教化と教勢拡大を一挙に成し遂げる方法として極めて効果的なやり方でもある。

問題は、何人伝道できたかが信仰の証しとされるために、説得の技法や実績主義に偏りがちなことである。統一教会は布教・教化を完全にマニュアル化、システム化し、実績主義の信仰者を短期養成することを布教戦略とした。この帰結は、短中期的には信者と信者がもたらす財による教団の成長に寄与するが、長期的に見れば、信者個人の信仰的成長がないがしろにされてしまうし、正体を隠しての勧誘活動によって倫理観も失われる。このやり方を通じて、一握りではあっても「血と汗と涙の決死的なすさまじい行動」を志す信徒の養成に成功したことは事実であるにしても、良いやり方とは到底言えない。

マイクロ隊での限界突破

伝道に加えて、もう一つ信徒養成の方法を紹介しよう。マイクロ体験である。

統一教会の資金調達活動には、①定着経済と呼ばれる企業経営、②霊感商法と批判される訪問販売、③マイクロ部隊による訪問販売の三種類がある。①は祝福を受けた統一教会幹部、②は壮婦信者や祝福前の青年信者がやることが多く、③が実践トレーニングの仕上げや青年信者による短期・長期の資金調達活動に用いられる。原価数百円の珍味や茶・コーヒー、ハンカチなどを数倍の値段で信者の熱意だけで売る、いわゆる押し売りである。

マイクロはマイクロバスの略称だが、実際はタウンエース・クラスの一〇人乗りバンを改造した車に六、七名の信徒を乗せて訪問販売部隊として全国を行脚する。後部座席三列分の椅子を倒してそのうえにカーペットを貼ったベニヤ板を敷き、フラットな空間を作る。昼間はそこに座って移動し、夜間は寝袋を使って鰯の缶詰よろしく頭と足を互い違いにして寝る。マイクロ部隊の行程は一回につき短ければ一ヶ月、長いものは二、三ヶ月に及ぶ。

部隊の隊長は男性でドライバーでもある。隊の行動計画を立案し、販売地域の策定や、商品在庫管理、隊員の実績管理、食事準備などの一切を行う重責を果たす。隊長は本部に売上実績の報告と一緒に商品の発注も行い、適当な時期に訪問地域で商品の小包（郵便局の場合は局留め）を受け取る段取りとなる。隊員が日中訪問販売をしている時は二時間おきに商品販売実績について報告を受けることになっているので、その都度、適切な指導やアドバイスを行って全体の実績をともかくあげようとする。

マイクロ隊は公園や駅の近くで野営する。早朝、こわばった身体を伸ばし、公衆トイレで手早く洗面を済ませて隊長が用意した食事を済ませるか、車で移動しながら朝食を摂る。一人ひとり、任地と呼ばれる活動地域で地図を渡されて降ろされる。隊員たちは商品を入れたザックを背負うか二つの手提げを手に持って、一軒一軒回る。

訪問販売で最も多かったのが珍味販売だが、スーパーで買ったら数百円のものを二〇〇〇円くらいで売ろうとするから普通のやり方では売れない。ところが、隊員たちは一日数万円単位で売る。かつては土下座トークといって、買ってくれるまで土下座をしてでも粘るというやり方があった。しかし、押し売り行為が問題化されて以来、警察を呼ばれてしまうのでこの方式は採用していない。あるいは、玄関を開けたとたんに「アルプスの少女ハイジ」の主題歌を歌い、踊りながら入っていき、家人があっけにとられているうちにトークを行うという方法もあったらしいが、これもそれほどの効果が見込めるとは思えない。本筋のやり方は、伝道同様にできるだけ多数の家を回り、脈があれば長めのトークをし、まったく買う気のない家はすぐ出るということを一日中繰り返すことと元信者から聞いている。一〇軒回れば一軒は話を聞いてくれるし、そこで家の人と感情的な交流ができれば、売れる可能性がある。

痛む足を引きずりながら、買ってくれる家を求めてただひたすら回る隊員たちだが、疲労困憊している身に世間の冷たさ、暖かさはよけい身にしみる。玄関口のインターホン越しに「いいです」と言われるだけならダメかで済むが、家人から面と向かって「要らない」「そんなもの売れるわけがないだろ、バカじゃない」「ホントは何やってんの」と立て続けに言われれば心も痛む。そういう時にようやく同情して買ってくれる家にたどりつくと、ホッとする。神様が導いてくれたのかという気にもなる。「この世のものを神に返す（万物復帰）ために自分が必死で走っているけれども、多くの人はわかってくれない。神様の心情もこのようなものだったんだ」と、悲しみの神に寄り添う体験をここでする信者は少なくない。

ところで、このマイクロ隊の稼ぎはいかほどのもので、統一教会の資金調達活動にどの程度貢献しているのだろうか。隊員一日あたりの売上を四万円（粗利が三万円）だとすると、一月に隊員が稼ぐ金は三万円かける二五日で七五万円。三分の一を隊員に還元しても五〇万円が残る。一台六名の隊員で一〇台が同時に稼働したとして、五〇万円かける六名で三〇〇万円、これが一〇台で三〇〇〇万円、一年では三億六千万円になる。当初、このビジネスモデルは統一教会の主要な資金調達活動として利用され、原理研究会のような大学生組織においても手っ取り早い稼ぎ方として重宝された。しかし、姓名判断・家系図診断による物品販売や献金要請などのほうがはるかに効率よく、一つの地域で月に億単位の資金を稼ぎ出している。それにもかかわらずマイクロ体験が統一教会において伝説的に語り継がれるのは、限界突破の精神を体現するからだ。以下の文章は、朝の出発式の際に隊員たちが大声で唱和するものである。

3-10　完全投入の誓い

「完全投入」（先生＝文鮮明）

同じ戦うなら目標を立ててやるんだ。
神と〝中心〟の前に必ず成し遂げる事を誓ってやれ。
やれなければ死んでしまうという真剣勝負の心が必要、冒険的、挑戦的生活が必要。
一心不乱に祈れ！
気狂い（きちがい《ママ》）の如くやってみよ！
そうしたら先生が〝啓示〟して教えてくれる。
〝霊界〟が先生を証しようと準備している。
み旨のため死んだ覚悟でとび込め！
そうすれば生きる。
ふらふらしていると本当に死ぬ。
先生はみ旨の為、いつも無理している。
ある時はたまらない程体の調子の悪い時がある。
しかし疲れて死んだとしてもそれはみ旨だ。
だから死んでもっともだと思う。
ありったけの力を尽くせ！
力が完全に尽き果てた時、神の前に完全にマイナスとなって再び生きてしまう。
それが原理だ。
だから絶対的信仰を持ってやれば、あとの責任は神が持つ。
故に自己の限界に挑戦せよ!!（一回目）

（隊によって、最後の自己の限界に挑戦せよを三度繰り返す）
自己の限界に挑戦せよ!!（二回目）
自己の限界に挑戦せよ!!（三回目）

（出典：川崎経子『統一教会の素顔』教文館、八五頁）

一人の隊員が叫んでその後に他の皆が叫ぶ。最後に、一人ひとりが今日は何万円出しますと目標を叫ぶ。そして、神と文鮮明夫妻、中心（隊長）に挨拶して終わる。朝から晩まで一〇時間以上も休まず物売りに走り回っても目標金額に達しないことが少なくない。就寝前の報告会では、信仰が足りないがゆえに実績が出ないと反省の弁を皆の前で述べなくてはならない。隊全体の売上が思わしくない時は、遅い夕食後、面識のあるバーをはじめ、夜の繁華街での物売りを夜中まで追加する。

体力に恵まれた健康な若者であっても、数ヶ月の窮屈な雑魚寝、移動による腰への振動、歩き、走ることから来る足腰の筋肉疲労、低栄養な食事、夏でも二日に一度、冬では数日に一度の銭湯といった不潔さ、何よりも常に精神的に追い込まれた状態で息が抜けない環境に、多くの信者が心身の健康を害することになる。このような、実践トレーニングの総仕上げとしての訪問販売法が、二〇年来続けられている。

統一教会の実践信仰

数ヶ月間の実践トレーニングが済んだ受講生は、統一教会の地域支部、ビデオセンターなど伝道と資金調達に必要な部門に配属される。勧誘に応じてビデオ学習、合宿研修、通いや住み込みでのトレーニングを経て約一年間で、自分たちを誘ってくれた信者と同程度の教説理解、信仰水準に達し、何よりも組織にとって必要な人材となるのである。

統一教会信徒の実践信仰の特徴をまとめれば、次の三点に集約される。一つは、マゾヒスティックな信仰であること。街頭での声がけや押し売りの訪問販売で心身共に費消させられたあげくに、見知らぬ人からつれなくあしらわれ、トレーニングでは売上実績という「否定」の数値を徹底して追及される。叩かれれば叩かれるほど、「悲しみの神」を実感し、「否定され続けた六〇〇〇年の歴史」を追体験して信仰の真正性を確信する。

二つ目の特徴は、体験主義的な信仰だということである。数値で信仰の度合いが示されるために、信徒の心情は安定することがない。不安を解消し、自分を慰め、この状況に意味を与えてくれる教説を希求するような状況を常に作り出すのが、伝道でありマイクロだ。いわばマッチポンプのような信仰強化の循環がある。導かれる人や売上があれば神の恵みであり、なくても神が与えてくれた試練となる。

三つ目に、逃げ場のない信仰であるということ。神、真の父母と称される文鮮明夫妻にすべての心情や行動を見通されているという心理状態におかれ、教団幹部や隊長などの上司に常にスケジュールと情報が管理されている。途中で離脱すれば、使命を知りながら逃げた者として、報いは現世の一族郎党はおろか、霊界の先祖たちすべてに及ぶと言われている。責任感の強い者は投げ出すことができないのである。

こうした、乾いた布からさらに水滴を絞り出すような信仰生活になぜ耐えているのだろうか。単なる責任感や霊界の恐怖だけではない。救いの仕上げとしての祝福という秘儀を受けることが約束されていることを忘れてはならない。統一教会員であることの特権がなくては、誰しも虐げられるだけの信仰には耐えきれないだろう（第四章）。本章の最後に、青年信者とは異なる教化を受け、献金を求められ続ける中高年女性信者の例と、献金集めのロジックを紹介する。

Ⅳ　主婦・高齢者と先祖解怨

霊石愛好会から天地正教へ

霊感商法が一九八〇年代後半から社会問題化し、一九八七年に全国霊感商法対策弁護士連絡会が設立されて全国で損害賠償請求訴訟が始まり、また、一九九〇年代に入って特定商取引法によって取り締まられるようになると、統一教会は資金調達の方法を抜本的に変えざるをえなくなった。霊的効能をうたった商品販売から、信者にして献金を要請するやり方への方針転換である。しかし、そのためには、ただ単に献金をお願いしているだけでは色よい返事は得られない。先祖供養や因縁の清算というレトリックを使うにしても、実のところ、統一教会本体には元々ここに関わる教義も儀礼もなかったのである。

ないのであれば、作ればいいではないか。こう考えたところに統一教会幹部たちの融通無碍さ、宗教的信念へのこだわりのなさがうかがえる。「因縁」「祟り」「障り」を口にすれば怪しい宗教と評判が立つが、気にせず民俗的宗教心に立脚して自在に宗教的教説や儀礼をブリコラージュ的に組み合わせる。キリスト教の教義や世界観・他界観にこだわることなく、信者たちが霊感商法に従事できたのは、結局のところ、文鮮明というメシヤ崇拝以外に宗教的信念体系を持たなかったからである。

ともあれ、統一教会は二段構えで日本の中高年の主婦層を信者に仕立てて献金を取得するため、宗教体系を一九八〇年代後半から一九九〇年代にかけて人工的に作り上げた。第一段が、仏教に見せかけた教団の創設であり、第二段が、韓国の統一教会本部に直接日本人信者を送り込み、献金させる先祖解怨という儀礼と修練会の開始である。

第一が、「天地正教」という教団の形成である。一九七〇年代から日本の統一教会は韓国物産を日本に輸入させ販売する事業を手がけてきたが、高麗人参や大理石壺などの特産品販売だけでは同業他社との競合もあり利が薄かった。そこで壺や多宝塔を「霊石」として販売することを試みるようになる。

帯広市で霊能による占いや治病などを行い、「天運教」という祈禱師の信奉者団体を率いていた川瀬カヨという女性の子供たちが統一教会に入信し、この壺を持ってきた。カヨは母親として引き受け、自分の顧客にも壺を勧めた。統一教会発行の『中和新聞』一九七八年二月一五日付において、川瀬カヨ（北海道第二地区）は個人伝道優秀者、全国二位として表彰されている。この間、天運教の信者が多数離脱した。その理由は、霊能者としての「川瀬先生」の力が失われたからではなく、「信者に壺の購入を勧める、例祭の後、統一教会の講演に出席を勧める、韓国へのツアーを勧める、教団の経営に外部者が介入してきた等」の事情があったからである。筆者が調査した同信者宅には大理石壺三体があり、それぞれ数十万円で購入していた。

一九八七年三月一六日、天運教創立三〇周年記念祝賀会が開催され、信者代表が「天運教をさらに大きく全国へ発展させていきたい」と力説したという。一〇月一日の役員会で宗教法人の申請が決定され、一一月二六日に北海道知事より認証を受け、直ちに登記し、一九八八年一月、宗教法人天地正教に名称変更する。

カヨは天地正教の教主になったが、天地正教は設立一年にして全国に二七支部・道場を持つ全国規模の教団に成長する。これは霊石愛好会という団体が一九八八年に天地正教支部・道場に名称を変更したためだ。霊石愛好会は、霊感商品の販売業者たちが「自粛宣言」（統一教会の事業部門であるハッピー・ワールド社が通産省や国民生活センターに提出した「誤解を招く商品の販売を禁止する旨を関連業者に徹底させる」という文書）を出してから組織された任意団体であり、活動としては「霊石に感謝する集い」を各地で開催し、内部の道場で壺・多宝塔などの頒布を行う。ただし、購入代金として多額の金を受け取るのではなく、献金の形にしていた。

全国霊感商法対策弁護士連絡会が天地正教の登記簿を調べたところ、一九九六年時点では本山、事務所含めて一四二ヶ所に道場を有しており、二〇二二年時点においても十勝清水町の剣山麓の山林に浄火祈願祭を執行した施設や事務所などを有している。

川瀬カヨの死後、教母として二代目を継いだのは三女の新谷静江だったが、彼女は他の兄弟と異なり、統一教会の信徒ではなかった。母親が教主にまつりあげられたために教主一家として母親を助けてきたが、母親亡き後は統一教会から送り込まれた幹部たちに教団運営を牛耳られた。新谷と一部の天地正教の幹部・信徒たちは天地正教を一つの教団として自律的に運営しようとしたのだが、教説・教団施設や各地の道場・信徒に至るまでほとんどすべての資源を提供した統一教会側が、彼らの自由に任せるわけがなかった。一九九八年、新谷静江は教主の座から更迭され、一九九九年に統一教会から送り込まれた新会長である松波孝幸（のち原理研究会会長）が天地正教は統一教会と和合するという宣言を出し、事実上、天地正教の宗教法人としての活動は停止した。もはや天地正教が統一教会と一体であることは隠しようもなくなり、問題視した地元町議に反対運動を起こされ、仏教系新宗教という偽装を続けて中高年信者を獲得することができなくなったからである。

新谷静江（その後、海命寺住職新谷蓮花と称する）は一九九九年に「冨士の会」という宗教団体を一部の信徒と立ち上げ、日韓佛教福祉協会の柿沼洗心なる人物を顧問に迎えて先祖祭祀中心の宗教活動を始めたが、ほどなく頓挫した。母親のような霊能はなく、教説創唱の能力も組織運営の手腕もない二代目が教団を創始するには厳しすぎる環境であった。新谷静江が二〇一四年に死亡した後も、新谷弘征が住職として真言宗系の祈禱寺院を継承している。

天地正教への転換が空振り気味だったのに対して、韓国本部が行った資金調達の方法は巧妙かつ徹底していた。日本の各教会から婦人信者を関連会社の世一観光が団体ツアーで清平修錬苑に送り込み、修練会への参加費と先祖の恨みを解くという名目で多額の献金を納めさせるのである。

清平修錬苑

統一教会は、一九九五年以降、韓国の清平修錬苑での「清平聖地役事」を始め、日本人の信徒には特別祈禱修練会に参加することを再三再四勧めている。

清平修錬苑とは風光明媚な山峡である京畿道加平郡の張洛山に位置する統一教「清平聖地」に立つ修練会施設である。ここには、教主文鮮明を記念・顕彰する「天正宮」があり、二〇〇六年六月一三日、文鮮明が天宙の王に即位する戴冠式と入宮式が行われた。統一教会至高の聖地である。ここには、天宙清平修錬苑、清心国際中高等学校、清心神学大学院、清心幼稚園、保育園、清心病院・漢方病院、チョンアキャンプ（青少年修錬苑）、清心ビレッジ（シルバータウン）、チョンア住宅（職員宿舎）などがある。天宙清平修錬院は、天城（チョンソン）旺臨宮殿、正心苑、親和官、清水湯（風呂場）、清心塔からなる。大修練会が開催される天城旺臨宮殿は、八六〇〇坪の敷地に地下二階、地上三階、約五七〇〇坪の建物であり、一度に八〇〇〇人を収容する大聖殿と一六〇〇人が食事できる大型食堂があるとされる。

ここで行われる修練会は、統一教会信者向けの四〇日間修練会や、短期の各種修練会（婦人二一日修練会、夫八日修練会）であり、そこでは様々な儀礼が行われる。修練会のスケジュールを表として3-11に示しておこう。セミナーや修練会に慣れている統一教会信者とはいえ、文鮮明や韓鶴子の母親（太母様）による夜中までの説教や役事、粗食・シャワー・雑魚寝で長期間過ごす清平修練会は体力的にきついものと思われる。しかも、そこで加えられる霊界の精神的プレッシャーは相当なものである。以降では、筆者が聞き取りを行った元信者が参加した「先祖解怨式」「役事」、および聞き取りした「病気癒し」について解説することにする。

先祖解怨式

統一教会の教えによれば、人間は死後「霊人体」となって霊界に行く。原罪をもったまま霊人体となった祖先は地獄で永遠の苦しみを受けているのだが、地上にいる子孫の善行により功徳が祖先に転送され、祖先は安らぐのだという。ところが、このことを知らずに功徳を送らなかった人は死後、霊界で祖先の霊たちに責められる（統一教会の用語では「讒訴《ざんそ》」されるという）。

この教えの前半部分は、祖先崇拝と混淆した東アジアの仏教や東南アジアの上座仏教に見られる廻向《えこう》の観念である。しかし、後半部分は統一教会独自の論理だ。文鮮明は、一九九九年より、「新しい成約時代に天国に入籍するためには必ず一代から七代までの先祖から一二〇代まで解怨しなければならない」という発想のもと、一九九九年二〜八月まで、直系七代の先祖解怨式を挙行した。

もちろん、タダではない。一家族につき、父方・母方のそれぞれにつき、さらに父方・母方の家系、計四家系の先祖解怨が必要であり、それには一家系につき日本では七〇万円、計二八〇万円、韓国人については一家系につき五万ウォン（約五〇〇〇円）程度の献金が必要とされた。さかのぼること八代目以上の先祖についても七代ごとに解怨するのだが、献金額は日本の場合、三万円に軽減される。理論上、一二〇代目までの解怨を行うと、初回を含めれば計一七回やって余りの一二〇代目を残すことになる。初回に二八〇万円、四家系で一二万円を一七回で二〇四万円の費用がかかることになる。近年は、「真の父母様が先祖解怨式を二一〇代までしなさいと言いました。『家族』たちが二一〇代まで行うと、二一〇代以後は霊界の真の子女様を中心とした絶対神霊たちがアダムとエバまで神様の血統に繋がれるように準備しておいています」（大母様、二〇〇六年二月第七六一次特別修練会）とされる。

一二〇代さかのぼるというのは、一世代三〇年として三六〇〇年前であり、日本においては縄文末期、弥生初期に相当する時代である。さらに、一二〇代さかのぼることで、先祖の数は

時　間	内　　　容	備　　考
これ以降は、日本の２泊３日修の食口を対象にしたスケジュールです		
12:00－13:00	昼食 入浴（9:30～18:00）	〈入浴の案内〉 入浴感謝献金 中学生以上　4000ウォン（500円） 小学生　2000ウォン（300円） ＊40修練生は半額の感謝献金をして下さい
14:00－15:00	**２泊３日修練生にまとめ及び案内**〔場所：小聖殿〕 帰国案内、書籍販売、他	
午後		
15:00－18:00	奉仕、自我省察、病院他見学	〈CS･KW 伝授〉 日曜日帰る方 場所：日本事務局 日付：日曜　午前中 月曜日帰る方 場所：小聖殿（後ろ側） 日付：日曜　18:30 受付は土曜日　日本事務局
18:00－19:00	夕食	
19:15－20:40	**役事**	
20:40－21:00	情心苑で祈禱	
22:00－22:15	情心苑祈禱会	
22:20－4:30	就寝	
［３日目］３月19日（月）　午前		
帰国	バス出発予定　4:30～	**帰国前に、地下２階受付所前に掲示してある解怨内容の確認を!!**
6:00－7:30	朝食	朝の役事に参加できる修練生は、40修生と一緒に役事に参加してください。
＊役事は霊の分立と共に悪や堕落性を分立し、なお身体を健康にしてくれる貴重な時間です。		

（統一教会元信者の方による情報提供をもとに、著者作成）

※21日、40日の修練会について、詳細は櫻井義秀・中西尋子『統一教会　日本宣教の戦略と韓日祝福』北海道大学出版会も参照のこと

3-11　清平特別修練会時間表

第820回　清平特別修練会時間表
（２泊３日修練生、一般・婦人40日修）

（スケジュールや場所は変更する場合があります）

時　間	内　容	備　考
［１日目］３月17日（土）午後		
18:40－19:00	開会式	〈受付〉14時00分～ 〈夕食〉17時30分～ 〈修練会場〉大聖殿 〈服装〉 白いＴシャツ or 白いトレーナー 〈通訳の案内〉 日本語：93.5MHz
19:00－19:50	**講義（Ⅰ）**	
20:00－21:00	**役事**	
21:00－21:30	情心苑で祈禱・休憩	
21:30－21:50	映像上映	
21:50－22:40	**大母様のみ言**	
22:40－22:50	情心苑に移動（情心苑感謝献金準備）	
22:50－23:10	情心苑祈禱会	
23:10－4:30	就寝	
［２日目］３月18日（日）午前		
4:30－5:00	起床／洗面	〈荷物置き場・地下２階〉 男性：②番ロッカー 女性：③、④番ロッカー 〈宿所の案内〉 男性：地下２階 女性：大聖殿
5:00－6:00	**敬拝式／訓読会／お知らせ**	
6:00－7:40	朝食及び聖地祈禱	
7:40－8:50	**役事及び先祖解怨式**	
9:00－9:40	先祖祝福式準備	
10:00－11:30	**先祖祝福式** 〔場所：大聖殿〕	
祝福式終わり次第	**記念写真（２日修）、建築献金完納者写真**	建築献金完納者 大母様との記念写真 受付は、土曜日地下２階
9:30－11:30	祝福式に参加されない40修生は9:30－11:30まで訓読会をします。	
韓国の食口の１泊２日修練会は、ここまでです		

二の一二〇乗となるはずだが、三〇乗までで総数は一〇億七三七四万一八二四人となり、このような計算の無意味さに思い至る。ちなみに二〇二〇年、真の父母様（韓鶴子）は、二一〇代まで先祖解怨を完了した場合、四三〇代までの先祖解怨を一括で申請できる恩恵を与えると信者に話している。

さて、解怨を受けた先祖は、霊界にある文興進《ムンフンジン》様が主管する修練所に行き、一〇〇日間の修練を受けるという。興進は文鮮明の長男で交通事故死したが、その後、昇華し（統一教会用語で霊界へ行くこと）、天総官（霊界総司令官）となったといわれる。先祖解怨献金を納めない信者の先祖は「興進様の修練所」に行くことを待ち続ける。「興進様の修練所」では、先祖たちは統一教会の信者同様に一通りの統一原理と神の摂理を一〇〇日間にわたって学習することになっている。修練会を終えた先祖たちは、清平に戻って統一教会の救済儀礼である祝福を受け（「先祖祝福式」）、再び「興進様の修練所」に行って、「四〇日間真の家庭修錬会」を受けて、再々度、清平に戻り、子孫と対面することになるのだ。先祖が霊界から呼び出され、清平に行くたびに子孫の信者たちは出迎えることになっている。

統一教会の世界観では、霊界と現実世界があり、相互に交信可能だし、霊人が地上人に影響力を行使することも可能であれば、地上の人間が霊人となった先祖を供養により慰撫することもできるという。信者はこの世において統一教会に入信して祝福を受け、真の家庭を築かなければ救済に預かれないし、統一教会の教えを受けずに亡くなった先祖たちは、死後において統一教会の研修と祝福を受けて真の家庭を築かなければならない。どちらの場合も、信者が統一教会にしかるべき金額の研修費を納入しなければことが進まないとされる。次項で述べるように、地獄にうごめく悪霊や恨みを抱いた祖霊は極めてパワフルな影響力を地上の人間に行使するとされるのだが、こと天国への門をたたくことに関してはまことに無力であり、信者のなけなしの献金を鶴首して待つ身の上である。

役事

役事《ヨクサ》とは統一教会の独自の用語であり、天使の助けをかりて体内から悪霊を追い出すという意味で最も一般的に使われている。しかし、より抽象的には、天界（霊界）と地上（現実世界）の間に交流を起こそうという儀礼である。天から役事が起きることもあれば、地上の儀式によって霊界に動きを作り出すこともある。天からの役事というのは、霊界における聖賢（孔子、釈迦、キリスト、ムハンマドなどの歴史宗教の創始者）、霊界総司令官の興進、大母様（文鮮明の現在の妻、韓鶴子の母親である洪順愛）、あるいは統一教会幹部で死去した者たちが霊界からメッセージを送り届けたり、彼らの比類ない権能によって霊人たちの処遇改善措置をとったりすることだ。清平においては、金孝南《キムヒョナム》という霊能者に大母様が再臨し、霊界のメッセージを伝え、先祖の霊を救い出すのは清平の役事しかないことを強調する。この女性は、講堂において、空中で何かを摑み外へ棄てる動作をしてみせ、信者に対して「O－157」のウィルスを外へ出したというような人物である。

信徒が記憶している金孝南の典型的な語り口は次のようなものだ。「日本人は、かつて韓国を侵略し、植民地にした。従軍慰安婦や強制連行で、韓国の人々、特に女性たちにたくさんの苦しみを与えた。その従軍慰安婦や強制連行された女性の霊が日本人女性に乗り移っている。だから、日本にいる悪霊は、他の国の悪霊よりも恐ろしい」「日本は霊的にとても恐ろしい状況にある。本来であれば、日本は悪霊のせいで滅びている運命にある。それが現在まで生き延びているのは、お父様（文鮮明）が必死になって霊界で戦っておられるからだ」。これは金孝南に限らず、韓国から日本の統一教会の教区（あるいはブロック）に派遣されている教区長もまた同じようなことを日本人の信者に対して語る。日本の統一教会が韓国に貢献しなければならないこと、堕落したエバ国家の使命として、統一教会全体の財政支援を完遂しなければならないことなどを再三再四述べるのだ。

このようなメッセージの後に、金孝南は講堂に参集した数千の信者に対して、聖歌を歌いながら互いに体を叩き合い、体の中に入り込んでいる悪霊を追い出すよう命じる。すし詰め状態で座っている前の人の背中をそれぞれ力一杯叩く。信徒も、「本気で叩かないと悪霊は出ていかない」と言われたために、前の人の背や肩を力一杯叩き続け、自身も後ろの人から叩かれた。興奮した（霊に憑かれた）若手の信者が壇上で踊り出したり、精神的に不安定な人が泣き叫んだりと、まさに悪霊が飛び交ってでもいるような情景が現出する。

よく従軍慰安婦の霊が女性信者に憑いたという。それを金孝南が除霊する。これがおよそ三時間続く。一般信者の身体にアザができるのはもちろんのこと、精根尽きた信者たちに対して、またもや金孝南の言葉が続く。

こうした役事の合間に、信者たちは文鮮明の説教を聞く僥倖を得ることもあった。文鮮明は日本語で語りかける部分もあるのだが、途中休憩を入れながら、夜中の二時三時まで数時間にわたって語り続け、信者はその言葉に感情を揺さぶられながら聞き続けるのだ。

病気治し

役事や研修の参加者の中には家族、あるいは本人の病気を治そうと来る者が少なくない。信徒の一人は、全身アトピーだらけの子供の写真が講堂にでかでかと張り出されていたことを記憶している。写真を順に見ていくとアトピーだらけの体が徐々に綺麗になっていき、最後には完治してしまうという流れになっていた。「これを見て、ああ、がんばって真面目に修練会に参加すれば、悪霊を追い払えるのだなあと思いこんだ」という（天宙清平修錬苑『真の愛の奇跡』成和出版社）。ここに通い続ける信者は、大なり小なり同じような思いを抱いている。

悪霊を祓う、追い出すことで病気が本当に治るかどうか、本書ではあえて追及しないが、清平を訪れても治らない病気があることは事実として確認している。そうした不治の状態に陥った信者がどのような処遇を受けたのかについても、明記しておく必要があるだろう。以下の事例は、筆者が実際に元信徒にインタビューして確認したものだ。

この人は一九七〇年に生まれた女性だが、二一歳で入信し、四年後の一九九五年に三六万組合同結婚式に参加して渡韓し家庭をもった。半年前より腰痛、足の腫れ、しびれなどの症状があり、日本で「一心病院」という統一教会系病院で診察を受け、統一教会員である整形外科医に清平での役事を勧められていた。渡韓後の一九九六年に清平修錬苑（当時は祈禱院）に何度も通い、また長期滞在して役事に参加したが、足が腫れて歩行困難になるばかりで一向に回復せず、同年一一月に帰国して名城病院にて緊急手術し、一命を取り留めた。名城病院での診断名は脊髄腫瘍だった。

この女性は清平の修練会に計三〇回ほど参加し、のべ一〇〇日は滞在したという稀有な経験をすることになった。渡韓後、韓国の教会に所属したが、その時には足の状態が悪く、結婚相手（主体者という）の家族や教会関係者に清平での祈禱を勧められ、治るまでいなさいと強く勧められた。逆に言えば、外国人として通常の治療を受ければあまりにも治療費がかさむので、嫁を祈禱院に厄介払いしたという側面もありえる。事実、祈禱院で病状が悪化している間、結婚相手、その家族、および韓国教会関係者から、当人は一切のケアを受けていない。

祈禱室で、金孝南に「あんたの先祖が韓国人を痛めつけているから、足にビッシリ悪霊がついている」といわれ、足や腰を叩かれた後、金孝南に命じられた男性信者二名が足や腰を四、五〇分ほども叩き続けた。耐えがたい痛みに涙が出た。翌日、足が一・五倍ほどに腫れてしまい、ズボンをはくのも難儀した。そのほか、祈禱や敬礼などの条件を行うなどして回復を願っていたが治らないので、「ここでは治らないから、帰りなさい」と言われた。

最初のころ、「ここでしか治らない。悪霊が取れなければ、たとえ手術をしても邪魔される」と言われていたから、長期間滞在し、役事のたびに一〜三万円の献金を出していたのだが、最終的には放置された。合同結婚した韓国の夫は連絡もよこさず、周囲の信者も離れていった。「歩けなくて、自分にはもう何もないから絶望して、死のうかなあと思って、その人（清平で自殺した信者）と同じように死んでいい霊界に上げてもらおうかなって思って。でも、足が悪いから湖に飛び込めない。ただ、その場を耐えていた。うーん。絶望するしかなかった」と語る。結局、半身不随の状態になったという連絡を彼女が日本で所属していた統一教会支部にするしかなくなり、彼女は車イスに乗せられて帰国させられた。支部では一ヶ月間、教会に彼女をおいたが、結局、実家に帰した。実家の両親は娘を名城病院に緊急入院させた。

悪霊を叩いて出すという所作は、シャーマニズムにおける憑き物祓いの儀礼に酷似する。日本においても、心身に異常を来した人物に祈禱師や霊能師が狐憑き、悪霊憑きと診断を下し、儀礼的に叩くという行為はあった。儀礼である以上、叩くには限度がある。ところが、例外的な事件が発生することがある。統一教会に関係がある事例ではないが、一九九五年に福島県須賀川市の女性祈禱師宅で信者六名の死体が発見され、筋肉を壊死させるほど太鼓のバチで信者を殴打し続けたことが明らかになった。事件の首謀者とされる祈禱師には、二〇〇八年最高裁で死刑が確定した。この祈禱師に命じられて信者を叩き続けた信者もまた被害者というべきであり、祈禱中の異常な状況の中で悟性が働かなくなったものと思われる。

清平祈禱院ではここまでは至らなかったものの、疾病治療を遅らせることで信者の病気を悪化させるなどの問題を抱えていたことは確かだ。祈禱を受けて叩かれた信者の相談事例は、病気治し（アトピーから癌まで）だけではなく、合同結婚を受けたものの離婚の危機を迎えた信者のメンタルヘルスにも及んでいた。先の脊髄腫瘍を患った元信者が見聞した限りでは、これらの例以外にも、日本の統一教会活動（伝道や経済活動）に疲弊し、精神的に参った信者が派遣されてきたが、治療のための献金が完納できないために、自分には食べる資格がないといって食事も取らず、鬱の状態が悪化したまま帰国した例もあるという。

以上、清平における修練会の様子や、そこに参加した信者たちの諸問題を述べてきた。筆者がインタビューを行った高齢の元信徒は、二〇〇一年に四回、二〇〇二年にも四回の修練会に参加し、役事を受けている。彼女の思考の枠組みが、清平修練会に参加する信者同様、霊界における先祖の苦しみ、悪霊の障り、役事による霊界への働きかけ、そのための献金、信仰生活という具合に固定化され、そこから逃れることは困難だったろうと推測される。清平での生活は、滞在期間中を通して儀礼に参加しているも同然であり、その儀礼においては悪霊や霊界の働きが極めてビジュアルな形で統一教会によって現出され、それを信じ切る数千名の集団的感応が正常な思考を停止させた。そして、統一教会における実践的な信仰心のみが残る。それは、霊界への恐怖に動機づけられ、教団本部の指示に従うことだった。

篤志家狙いと高額献金

清平修練会に参加可能な年齢は六〇代くらいまでがいいところである。それ以上の年齢だと、二一日間や四〇日間の修練会は体力的に無理である。短期日の修練会の旅程であったとしても、七〇代には負荷が高すぎる。しかしながら、統一教会には高年齢の信者が少なくない。むしろ、その年代の信者を開拓している節さえある。

私が東京高裁に意見書を提出した事件を紹介しよう。提訴時七〇代の女性は、一九九一年から二〇〇四年まで信者であった間に数億円の献金をさせられた。統一教会相手に計五億四七〇〇万円の損害賠償を求めた訴訟を起こし、二〇〇八年二月二二日には最高裁が東京高裁の判決を支持、請求金額の二億七六二〇万円分について、統一教会の違法な勧誘および献金強要行為を認めた(第五章で再述)。

この女性は首都近郊の農家に嫁ぎ、公園整備により農地が買い上げになったために資産家となった。裁判当時も農業を営んでいた。夫は一九九〇年に五一歳で他界し、それ以後三人の子供を育てながら旧家を守ってきた人だった。一九九一年四月に統一教会員の訪問を受け二時間ほど手相で運勢をみてもらい、問われるままに先祖や夫が若くして亡くなっていることなどを話したところ鑑定を勧められ、「家系は衰退しつつある。長男に男の子が生まれたのは奇跡に近い」などと言われ、三代の間に寿命をほぼ一〇年ずつ縮めていることなども指摘された。翌月、その鑑定士に「財には因縁が付いているから聖塩で清めなければならない、預金はいくらあるか」と尋ねられ、一〇〇〇万円くらいはあると答えた。「家系衰退の原因は、多くの財産に問題がある。人の恨みがあるかもしれない。先祖の徳がある間は守られているが、それがなくなってきたのであなたが穴埋めのために徳を積まなければならない」と言われた。一〇〇〇万円の借用を申し込まれ、返事をしない間は何度も財の因縁の話が繰り返されたので約束をしてしまい、借用書を受け取ったうえでお金を貸すことにしたのだが、それから長く数十回の献金要請が続くことになった。

女性は、当時を回想して「教えのうえでは正しいこと、しなければならないこと、家のためにするべきこととわかっていても、このまま続けていると、家のお金はなくなって、自分はこじきみたいな身の上になると不安でした。でも、それも一時のことで、死んだら霊界で夫や先祖に感謝されると言われました。そのため私は子供や親族の皆に内緒で献金し続けていました。だからいずれこのことが子供たちにバレると間違いなく親子げんかになると思いました。そうなると私は家族から完全に孤立してしまい、お金がなくなっているうえに、一人きりになってしまうことが予想できました。自分はそんなさびしさ、貧しさに耐えられるだろうかととても不安でした。しかし、そんな不安や心配は、サタンがさせていること、邪心であって、克服するべきことと教えられました。そうかもしれない。でも不安でした。誰にも相談できないことも辛かったです。正しいことをしているはずだけど大丈夫かしら。一体私の老後はどうなるの？——そんな心配が続いて本当に苦しみました」と私に述懐した。

結局、子供たちが実家に残る霊感商品を見つけ、母親に問いただしたところ統一教会との関係を明かしたので、一年近くの時間をかけて子供たちで親を説得し、最後にはだまされていたことに気づいてもらったのである。この女性の信仰心を持続させた要因は二つあり、一つは霊界への恐怖と自分が先祖を祀らなければ先祖と子孫もろとも地獄に行くという切迫感であった。これを促したのは統一教会の普段の礼拝・説教であり、各種修練会の説教、儀礼的場面におけるメッセージであった。もう一つは、統一教会信者たちによる励ましや人間的ふれあいであった。これは確かに女性にとって新鮮な出会いであり、人間交際の喜びでもあった。しかしながらそれは、統一教会がこの女性を篤志家として信者の一端に加えておくために十数年の間、献身的に作り上げたものであり、資産家でなければ、信者たちは一三年も特別待遇で接することはなかったろう。

献金できる中高年女性はＶＩＰ待遇で下にも置かぬもてなしを受けるが、もう献金することができなくなった女性たちは夫のカードを無断借用して借金させられるか、献金できる篤志家を探し、もてなす側に回らなければいけなくなる。私はそうなった被害者の話を何度も聞いてきた。統一教会が宗教団体として寄付・献金を受けるにあたって他の宗教団体と大いに異なる点がある。

①数十万円から数百万円の献金をしてもらいながら、領収書・受取書相当の文書を発行していないこと。このことが裁判において献金の有無や献金額の確定に多大な困難をもたらした。弁護士たちは被害者の預貯金の出金記録から生活費を除いた不自然でまとまった金額の出金記録によって献金の実態を明らかにし、統一教会側に返還を請求したのである。

②被害者自身が献金に関わる記録をつけることを禁じ、メモ用紙などの焼却すら命じている。前記の被害者は密かに日記をつけていたために献金被害の推定が可能となった。裁判では統一教会側が被害者のほうに献金の事実を証明するように要求してきた。

③裁判官は高齢者の曖昧な記憶を難じることに加え、統一教会による献金要請に被害者がその都度抵抗する意思や言動を示すことなく応じていることから、献金は自発的意思によるものであって強要されたものではないという統一教会側の言い分を認めた例も少なくない。

この章を閉じるにあたって、統一教会の献金問題についての新たな動向を述べておきたい。

一つは、念書の作成である。家庭連合に対して行った献金について、訴訟によって請求する意思のない旨を念書で書かせ、公証人役場において公証人の面前で署名捺印し、教会の総務担当者を経て家庭連合の会長あてに提出させていたという事実がある（平成二八年（ワ）第二一三五五号損害賠償請求事件）。

もう一つは、遺贈狙いである。被害者に一面識もない近藤徳茂総務局副局長あてに全財産を遺贈させる旨の公正証書を作成していた高齢女性がいたというケースがあった。親族からの相談により弁護士が事実関係を確認したところ、独居で子供がいないこの女性は二〇〇六年に入信し、五〇〇〇万円ほど献金した上に、二〇一七年に「委任契約および任意後見契約並びに死後委任契約」を内容とする公正証書を作成していた。その中身はこの女性の自宅や借家などの不動産の権利証、保険証券、預貯金などを総務局の所在地にある別の行政書士事務所が預かることになっていた（弁連通信年報２０２０：22－24）。その後、弁護士は統一教会と交渉し、女性の体調が悪いこともあって一六〇〇万円の返金で合意した。こうした手法が、計画的・組織的に用いられているのが近年の傾向である。

以上見てきたように、日本ではおよそ半世紀にわたって、統一教会による組織的な資金調達活動が行われてきた。それは、一つには文鮮明や韓国人幹部たちが日本の信者に与えた使命であり、もう一つには、教団丸抱えの信者、および信者同士が合同結婚式を通じて形成した「祝福家庭」の生活を支える手段であった。

「祝福」は、統一教会において信者に与えられる最大の恩恵とされている。次章では、祝福という恵みの光と影、とくに韓国にわたった日本人女性が直面した現実に焦点を当てよう。

第四章　祝福と贖罪――韓国の日本人女性信者

I　祝福

祝福と合同結婚

統一教会の信者にとって、祝福こそ信仰生活における最大の秘蹟である。全信者が家族と聖婚を遂げ、祝福家庭を築くことを目標にしている。青年信者は祝福を目指して苦しい献身者の道を歩んでおり、既婚者や中高年婦人には既成祝福（後述）という道が示されている。

今一度、統一教会の教義を確認していこう。統一教会の教典『原理講論』によれば、神の戒めを破り、サタンと姦淫を犯したエバがアダムと結ばれて、サタンの悪の血統が人類に受け継がれたとされる。それが原罪であり、神はイエスを遣わして人類を救おうとした。

サタンの血統が性関係によって人類に紛れ込んだことが「堕落」の意味とされる以上、教義上の必然として、この血統を転換するために「神との性関係」を媒介とした救済が用意されねばならない。女性が神の花嫁となって霊的に堕落から復帰され、次いで、復帰された女性によって男性が肉的堕落から復帰されるという論理になる。教義の核心は「血統転換」である。現実には、神は再臨主として人間の形をとるから、女性は再臨主と肉的にも交わることになる。それが文鮮明であり、彼は「メシヤ」として人間の妻を娶り、人類の血統を転換する。こうした内容に関して、『原理講論』は具体的なことは何も語っていない。韓国からメシヤが現れると述べるだけである。

この特異な堕落の解釈を行った人物は文鮮明が初めてというわけではなく、韓国のキリスト教に他にも異端的教義理解をなした人たちがいた。文鮮明が初期の信徒たちと「血統転換」をどのようにやったのかは伝え聞くところでしかない。「血統転換」を霊的・象徴的な儀礼と捉えるか、肉的・実体的なものと捉えるかをめぐって、統一教会と分派組織では意見を違えているし、創設期の幹部も口をつぐんでいる。ただし、文鮮明の七男・文亨進は、メシヤが聖婚をなす条件として「六人のマリア」を迎えたことも含めて実際にあったことであり、原理的にそうせざるをえないのだから何ら恥ずべきことではないと述べている。ここまでは第一章で述べた通りである。

いずれにせよ、統一教会の最終的救済は「祝福」である。文鮮明が韓鶴子と聖婚を遂げた一九六〇年以降、弟子たちも「祝福」を受けることになった。合同結婚が執り行われ、三家庭、三三家庭、七二家庭、一二四家庭、四三〇家庭と拡大していった。日本の久保木修己初代会長は四三〇組で既成祝福（すでに結婚している人が祝福を受けること。夫婦揃っていても片方だけでも可能）を受けた。一九七〇年の七七七組の合同結婚式には、日本から二三五組が参加した。一九七五年の一八〇〇組の合同結婚式には、一〇代会長の大塚克己前会長が参加している。一九七〇年代までに合同結婚式に参加した古参信者は、統一教会内で相応の役職についたと考えられる。

一九八〇年代に合同結婚式に参加した層は、日本の統一教会系列の組織や企業に属して生活している者や、出生地に戻っている者などが半ばしている。一九九〇年代には合同結婚式が頻繁に挙行された。そのカップル数は一九九二年の三万組あたりまでが実数に近く、その後の三六万組以降は数字あわせの観がある。四〇〇〇万組の合同結婚式を挙行と大々的に宣伝した一九九五年から一九九七年にかけては、真の家庭運動を名乗る団体が趣旨賛同書への署名と、聖酒（コーヒーメイトのようなものに赤い液体を入れたものを手渡す）を飲ませることをやり、それを祝福数へカウントするという行為が行われていた。

祝福を受けるには祝福献金一四〇万円を教団に納める必要がある。これは日本人信徒の標準額であり、韓国人信徒や他国の信徒には別の献金額が定められている。一九九〇年代後半には既成祝福も含めて、信徒の祝福参加条件が緩和された。伝道や万物復帰の七年にわたる公式路程が短縮される恵みが信徒に与えられたのだとも言われる。大勢の若い信徒たちが合同結婚式

1995年8月25日	36万組	韓国	ソウル、蚕室オリンピックメインスタジアム
1997年11月29日	4000万組	アメリカ	ワシントンD.C.、ロバート・ケネディスタジアム
1998年6月13日	3億6000万組（1次）	アメリカ	ニューヨーク、マジソンスクウェアガーデン
1999年2月7日	3億6000万組（2次）	韓国	ソウル、蚕室オリンピックメインスタジアム
2000年2月13日	4億組（1次）	韓国	ソウル、蚕室オリンピックメインスタジアム
2001年1月27日	4億組（2次）	アメリカ	ニューヨーク、国連本部および各国会場
2002年2月16日	4億組（3次）	韓国	ソウル、フェンシング競技場
2003年7月13日	4億組（4次）	韓国	天安、柳寛順烈士宣揚記念館
2004年7月26日	4億組（5次）	韓国	天安、柳寛順烈士宣揚記念館
2005年8月1日	4億組（6次）	韓国	天安、柳寛順烈士宣揚記念館
2007年2月22日	521組	韓国	天宙清平修錬苑 ＊平和世界実現のための太平聖代平和交叉・交体祝福結婚式
2009年11月16日	190組	韓国	天宙清平修錬苑 ＊真の父母様二世祝福式
2012年3月24日	2027組		＊天地人真の父母勝利解放完成開門時代祝福式
2013年2月27日	1万2000組		＊天地人真の父母天宙祝福式

（統一教会公式HP「祝福の歴史」その他を参照の上、著者作成）

※2014年以降は毎年数百組程度の合同結婚式を挙行（既成祝福・霊界祝福含む）

4-1　合同結婚式の歴史

1960年４月16日	３組	韓国	青坡洞、前本部教会
1961年５月15日	33組	韓国	青坡洞、前本部教会
1962年６月４日	72組	韓国	青坡洞、前本部教会
1963年７月24日	124組	韓国	ソウル、市民会館
1968年２月22日	430組	韓国	ソウル、市民会館
1969年２月28日 ３月28日 ５月１日	43組	アメリカ 西ドイツ 日本	
1970年10月21日	777組	韓国	ソウル、奨忠体育館
1975年２月８日	1800組	韓国	ソウル、奨忠体育館
1977年２月21日	74組	アメリカ	ニューヨーク、ニューヨーカーホテル
1978年５月21日	118組	イギリス	ロンドンにて
1982年７月１日	2075組	アメリカ	ニューヨーク、マジソンスクエアガーデン
1982年10月14日	6000組	韓国	ソウル、蚕室室内体育館
1986年４月12日	36組	韓国	リトルエンジェルス芸術会館
1988年10月30日	6500組	韓国	龍仁、一和研修院（一和龍仁工場）
1989年１月11日	72組	韓国	リトルエンジェルス芸術会館
1989年１月12日	1275組	韓国	龍仁、一和研修院（一和龍仁工場）
1992年４月10日	1267（既成）組	韓国	ソウル、蚕室オリンピックメインスタジアム
1992年８月25日	３万組	韓国	ソウル、蚕室オリンピックメインスタジアム

に参加し、彼らは一四〇万円を献金として統一教会に納める。これが統一教会の組織維持に貢献しないわけはない。

具体的な配偶者の選択だが、初期には文鮮明自ら集めた青年男女をその場で指名し、後に参加者が増えてからは教会本部が配偶者のカップリングを決定していた。これは神の意志とされ、参加者に選択の余地はほとんど残されていない。もちろん、相手を紹介されても辞退することは可能だが、どのような相手でも受けることが信仰的であるといわれる。このような「聖なる結婚」は、青年信者への性の統制そのものにも思えるが、禁欲と解放の落差が大きいほど彼・彼女たちにとって魅力的なものに映るのだろう。そこでは、救済と結婚の一切を供与し、指導する教会の存在は非常に大きい。信仰によって家族を形成したのであるから、個人として信仰を持つ、あるいは個人として信仰をやめるという選択が極めて困難になる。中高年信者の場合は、既成祝福と称して、現在の夫婦、あるいは死別した配偶者と霊的に再び結婚する道が用意されている。その誘引は「性の解放」というよりも、「天国に行く」「霊界での幸せ」といった観念的なものである。

統一教会の世界的拡大

ところで、合同結婚式の歴史を年表で見てもらうと、一九六九年にアメリカ、西ドイツ、日本で四三組、一九七七年にアメリカで七七組、一九七八年にロンドンで一一八組、一九八二年にニューヨークのマジソンスクエアガーデンで二〇七五組の祝福があげられたことがわかる。一九六五年から統一教会は本格的なアメリカ宣教を始め、一九七〇年代にはヨーロッパにも教線を拡張している。

この時期の統一教会の活動は、アメリカやヨーロッパの宗教社会学者たちの調査から知ることができる。当時、欧米では東洋系のヨーガ、チベット密教、スピリチュアリズムなどのカルト団体や、心理療法や自己啓発セミナーなどを行うＨＰＭ（Human Potential Movement：人間性開発運動）が、カウンター・カルチャー運動とも相まって大きなうねりとなっていた。伝統的なキリスト教会に飽き足らない若者たちがエソテリック（秘教的）な団体に惹かれ、体験的入信が相次いだのである。

韓国から来てまだ日の浅い統一教会の信者たちが、若者が移動に使う長距離バスや列車のターミナルなどで布教活動を行い、セミナーや大規模集会に若者を誘う姿は目立った。そして、ヒッピー同然の若者が、統一教会に入信すると突然身ぎれいな服装をして礼儀正しくなり、街角の清掃を行い、親や年長者に丁寧な口のききかたをするようになることに親世代は驚いた。しかし、文鮮明という韓国人を再臨のキリストと崇めていると知るや、親たちは子供たちが洗脳されていると怒り、統一教会を非難した。そこで、ロドニー・スタークやウィリアム・ベインブリッジといった学者たちが統一教会信者にインタビューを行い、洗脳されているのか、自発的に入信したのかを新宗教における入信・回心のメカニズムとして研究しはじめたのである。

宗教社会学がアメリカで盛んになった理由の一つは、一九六〇年代の新宗教、ニューエイジのブームがあったからであり、そこでは統一教会も一役買った。

文鮮明の活動が政治的にも注目されたのが、一九七二年のウォーターゲート事件だった。それは、ワシントンの民主党本部ビル（ウォーターゲート・ビル）のオフィスに盗聴器を仕掛けた人物がCIA工作員かつニクソン大統領再選委員会の関係者であると判明し、つながりを問われたニクソンが一九七四年に大統領の任期途中で辞任した事件である。文鮮明は一九七三年に訪米し、「ニューヨークタイムズ」に「許せ　愛せ　団結せよ」との意見広告を出し、世界の共産主義化を防げるのはニクソン率いるアメリカしかないと述べた。アメリカの共和党や保守政治家とのパイプを形成しようとしたわけだが、一九七六年のコリアゲート事件によって警戒されることになった。

コリアゲート事件として発覚したのは、大韓民国中央情報部（KCIA）が実業家・朴東宣を通じて下院議員にロビイング活動を行い、在韓米軍の撤退計画を変更させようとしていたことである。このスキャンダルを調査するために設置されたフレイザー委員会は、統一教会が一九六一年にKCIA部長の金鍾泌の指示で「韓国政府機関」として再組織され、アメリカや日本で政治工作を行っていると報告書に記載した（朝日新聞一九七八年三月一七日付）。

アメリカほど派手な活動を行わなかったヨーロッパでは、特にイギリスで布教活動を行い、一千人規模の信者名簿を用いた調査がアイリーン・バーカーという研究者によって行われた。

布教された後に二泊三日程度のセミナーで離脱したグループと、複数年にわたって信者となっているグループ、および一般の若者グループを比較した結果、統一教会信者が洗脳されているとは言いがたく、人生に意味を求めている若者たちのうちで「自分では探すことができない」と感じていた若者が最後まで残り、真理に出会えたと感じていることを明らかにした。後に、この研究は統一教会研究の古典となり、欧米では統一教会信者の洗脳疑惑を払拭することになった。バーカーは統一教会をはじめ新宗教信者の人権を擁護する立場を終生崩さず、アメリカの新宗教研究者とともに宗教的寛容や信教の自由を主張してカルト批判陣営と対峙した。

これらの研究の詳細に本書で立ち入ることはしない。興味がある読者は、拙著『統一教会――日本宣教の戦略と韓日祝福』『カルト問題と公共性――裁判・メディア・宗教研究はどう論じたか』（いずれも北海道大学出版会）を参照されたい。ここではまず、一九六〇～七〇年代までに数千人の規模で欧米に信者がいたことを確認しておこう。そうした信者の一部が合同結婚式に参加したのである。

祝福と三日行事

話を祝福の諸行事に戻そう。祝福は次のような約束事に則って行われる。まず前半の三つを挙げる。

①写真マッチング：女性信者に対して写真が本部から送られてくる。信徒はお見合いのように複数の写真に写った男性から好みの男性を選ぶわけではない。送られてくる男性は一人であり、その祝福を受けるかどうかの選択権だけが信徒に与えられる。一般的に断る信徒はいない。神が選んだ相手を断ることはありえない。そうはいっても当然若い信徒には異性に対する好みはあろう。しかし、付き合っていた恋人とも別れて献身したほどの女性たちだから、それを乗り越えるくらいの信仰は獲得している。

②約婚式：アダムとエバが約婚期間中に堕落したので、復帰のために「約婚」をするという。約婚という婚約期間のようなものを設けているのは、後に述べるように、結婚式をした後すぐに一緒に住んで家庭を持つわけではないからだ。

③聖酒式：聖酒の中身だが、「父母の愛の象徴が入っている。それから血が入っていないといけない。それを飲むと、父母の愛と一体となり、血と一体となる」「この聖酒はいかに作られるかというと、陸海空を象徴し、全体を象徴しているものから作られた酒である。三種類の酒が入っている。それ以外に、すべての万物の象徴が入っている」（『祝福』一九七四冬号、一三八頁）。

聖酒式ではかつて、「聖酒式をする前に、先生が女たちに手を重ねるのは一体化の式である。霊的に一つになる。それを通し、先生の身を受けてから相対者と霊的肉的に一つとなる。だから、今までは女は娘の立場だったのだけれど、今は霊的には相対者の立場である」(『祝福』一九七四冬号、一三九頁)。娘の立場から相対者の立場へと変わることの意味は、女性信徒が文鮮明の花嫁になったということだ。これが統一教会でいう「血統転換」の中身であり、復帰されたアダムであるメシヤを霊的に迎えて一体化し、愛の因縁を元に返すという。

信者同士が意見交換を行うサイト上には、「私の家庭出発前の修練会では、「約婚期間三年半以上の間に文師(お父様)と一体となった夢を見た人?」と講師に尋ねられた時、手を上げた女性は、ほめられていました」という記述があった。一般信徒が祝福に対して抱くイメージは、文鮮明の霊的種を自分が宿し、原罪のない子を産むという観念だ。霊的にはメシヤと結ばれた身の上である以上、その後に実際どのような男性と結婚生活を送ろうと、ある意味関係がないとも言える。

続いては結婚式が執り行われる。

④結婚式:合同結婚式会場におけるセレモニーである。文鮮明夫妻を主礼として迎え入れ、聖水と祝禱を受けた後、新郎新婦で指輪の交換がなされ、万歳三唱のうちに終わる。マスメディアで報道されるのはこの場面だけだが、祝福の実質的な意味は、聖酒式と後に述べる三日行事にある。三日行事に行く前に結婚式の後、各宿舎に戻って行う「蕩減棒《とうげん》」の儀式がある。

⑤蕩減棒:アダムとエバが腰の部分で罪を犯したために、蕩減条件として蕩減棒と呼ばれる木

刀のようなもので、最初に男性が女性の腰を三回打ち、次いで女性が男性の腰を三回打つ。三回打つのは、「アダム時代、イエス時代、再臨時代」の恩讐を清算するためだとされる。その際、特に男性は女性に対して手加減してはならないとされ、手心を加えたと見られるや、やり直しを命じられるという。

こうして、結婚の儀式がすべて終わった後、聖酒を浸された「聖巾」と呼ばれるハンカチ状の白い布が二人に渡され、大切に保管するよう言われる。それは次に述べる三日行事で使用する。かびていても絶対に洗濯してはならないが、カビがひどい場合は交換してくれる。

⑥聖別期間：統一原理によれば、アダムからイエスの時代までは四〇〇〇年の歴史があり、神と縦的関係を復帰した期間を蕩減期間と考えている。その蕩減を象徴するべく、四〇日間を聖別期間として家庭を持つ前の準備を行うのが本来の決まりだ。しかし、祝福の相手はその場で初めてあった相手であることから、いろいろな問題が生じてくる可能性を考慮し、延長期間として三年間は信徒の生活をそれぞれ独身の状態で継続することが求められている。

韓国人男性と日本人女性の組み合わせの場合は、韓国人男性の霊的優位が認められ、これほどの期間をおかずに韓国で結婚生活に入ることもある。実際、結婚相談所として統一教会を活用している韓国人男性も少なくないので、三年も待たせるわけにはいかないという実質的な理由もあろう。いずれにせよ、結婚式後の聖別期間には、日本人女性は帰国してまた献身者としての生活を送るか、韓国に留まり、韓国教会の活動を手伝うことになる。

⑦三日行事：霊肉血統転換の儀式である。実際には、メシヤの相対者となった女性信徒が主体者である男性信徒と交わることだが、男性を天使長からアダムの立場に復帰することが教義上の意義となる。

この儀礼には、統一教会の教説・儀礼のエッセンスが凝縮されている。「三日行事に関する説明書」（一九九八・一・五　一部訂正）、「三日行事の失敗と七ヶ月聖別条件」（一九九八・一・五　一部訂正）および「霊肉会祝福家庭　3日行事の方法（二〇一五年六月）といった資料に基づいて解説を加えたい。

この行事の象徴的意味を解釈すれば次のようなものとなる。

(1)準備段階：聖酒（メシヤの血と父母の愛の象徴）に浸された聖巾で男性・女性とも体をぬぐって身を清めることになるが、メシヤの権威の下に二人が置かれたことを象徴する。この行為は三日間とも行われる。

⑵初日：女性は真の父母を背に男性から跪拝《きはい》を受け、男性に罪からの解放を祈願する。これはメシヤの霊肉を受けた女性が男性を救う権限を与えられていることを象徴する。そして、女性上位の体位で性的結合を果たす。その後、二人はメシヤに感謝する。

⑶二日目：初日と同様の行為を行う。

⑷三日目：女性は真の父である文鮮明側に座り、男性は真の母である韓鶴子側に座る。女性によって罪からの解放を受けた男性は対等の立場で敬礼しあい、男性は二人が夫婦になることを祈り、女性は妻として返礼の祈りをなす。そして、今度は男性上位の体位で性的結合を果たす。

統一原理で説かれた堕落の過程を逆にたどって、信徒は罪無きエバとアダムの地位につき、初めて神の実子、すなわち真の父母である文鮮明夫妻の子にふさわしいものになったとされる。こうして、統一教会の〈堕落－復帰〉を再現するシンボリズムが信徒たちに内面化される。

この儀式は、文鮮明の霊肉によって罪の解放を実現するという効果を信徒に経験させるために性を用いる。この儀式書が性的結合に至るプロセス（体位含めて）を念入りに規定し、例外は許されないこと、性器の挿入に至らなければ、儀礼の効能が現れないことなどを縷々述べているのはそのためだ。儀礼であれば、類似行為によって代替可能だが、三日行事においては性行為の実践がなければならない。

性の統制と理想家族

信徒たちは、献身生活中の数年間、極度に性的緊張や禁欲を強いられる。異性への感情の揺れは「アダム－エバ問題」と呼ばれ、原罪の根源として否定される。唯一、性愛の夢想が許されるのはメシヤが用意した祝福に関わるものだった。思春期・青年期の若い男女が共同生活を送りながら、相手への好意すら禁じられ、三〇歳近くまで身体的接触がまったく許されない環境に置かれる。性的衝動を抑圧すると同時に解放のチャネルを用意する祝福の儀礼は、若い信者たちの憧憬を非常に高める。性愛への衝動やエネルギーが堕落からの復帰という摂理的な性行為に転換される神秘もまた、魅惑的な秘儀と感じられるのかもしれない。

しかも驚くべきことに、この性行為は恋人や夫婦間の秘められた私的なそれではなく、真の父母が写真を通して監視しているところでなされる。「宗教的信念」というと聞こえはいいが、自分の意志や好みで最も親密な関係を構築することも許されず、メシヤとの霊肉結合や堕落からの復帰といったシンボリズムによって肉体的にも統制を受ける。体位を指定され、「挿入して射精することが原則だが、それが困難な場合、最低でも挿入しなければならない」とまで記され、途中の脱線行為や規定の回数を超えた場合には、教会本部から行為のやり直しを命じられるという。「生理等でやむをえず三日期間の間隔をあける時は必ず家庭部の承認を得ること」といった管理がなされるのである。

青年男女のみならず、配偶者と離死別したり未婚であったりした中高年の女性にも、霊肉祝福が求められる。三日行事では青年たちと同じ衣装を身につけ、上着を脱いで仰向けになったまま五分間布団に横たわり、その間、「具体的な行事を行うのは地上人の霊人体と霊人であるので地上人は静かに横になった状態でいればいいです」と指導される（「霊肉界祝福家庭　三日行事の方法〔本人用・付き添い用〕」）。霊界における性行為を想像しながら仰臥する孤独はいかばかりのものか。霊肉界家庭出発の修練会に参加後、三日行事をすることなく亡くなった信者には、子孫が代理で特別解怨しなければならないとされる。

このように性行為まで統制する教団は近代社会では稀と言わざるをえないが、歴史的に見れば、宗教が性を統制してきた例は枚挙に暇がない。人間にとって、性への欲求は根本的なものだ。人は性行為によらずに誕生することはないが、人間のみ（一部の霊長類も同様だが）他の動物とは異なって繁殖期はなく、社会制度が性的欲求をコントロールする。宗教制度は女性・男性のセクシャリティやジェンダーを規定し、安定的な家族の再生産を果たしてきた。

統一教会は祝福によって信者同士および教祖と信者との結合を聖化し、教団の組織的結合を最高度に強化した。簡単に言えば、信仰を捨てることは家族を否定することになり、自らの意志で統一教会に入信し祝福を受けた第一世代の信者はもとより、子供として生まれた第二世代の信者もまた、教団から離脱することが極めて困難になる。

このような教団内婚制は、信者人口が数万人規模で、かつ同一世代に属する青年男女が数千人に満たない場合、一般社会の結婚において見られるような、類似した階層や学歴、趣味やライフスタイルといった要素を加味したカップリングができなくなる。もとより同じ信仰を持つもの同士であれば、鋼の結束で同志婚となるかもしれないが、とはいえ夫婦の暮らしには相性がある。理想の祝福家庭としての幸せな暮らしは、必ずしも約束されたものではない。

文鮮明の家族は「神の家族」にほかならないが、韓鶴子との実子一四名中離婚者が六名、薬物中毒・心臓発作の病死者、事故死者、自殺者が一名ずつと「真の家庭」にも厳しい現実がある。教団幹部の子弟同士の組み合わせでもこうなのだから、無作為で組み合わせられた幹部や一般信者の夫婦関係には、家族形成に関する困難がさらに大きい。「理想家族」という理念や思い込みがある分、相手に対する要求水準は高く、家族内圧力も高い可能性がある。しかも、一九八二年以降の合同結婚式では「交叉祝福」と称する日韓のカップルが増え、言語や文化的差異を抱えたコミュニケーションと実生活の問題が出現し始めた。そして、一九九五年に三六万組の合同結婚を行い、祝福対象者を非信者にまで拡大したことによって、祝福家庭をめぐる深刻な問題が、とりわけ日韓・韓日の祝福カップルに生じることになった。

この問題を次の節で詳しく見ていこう。日本人女性信者約七〇〇〇人が渡韓し、祝福家庭を持った経緯と実態である。次節の記述は、拙著『統一教会――日本宣教の戦略と日韓祝福』（北海道大学出版会）の共著者である中西尋子氏の韓国調査によって祝福家庭の女性たちにインタビューした内容に基づいたものである。

II　韓日祝福と信仰生活

渡韓した日本人女性信者

国際合同結婚によって日本から渡韓した女性信者の数は約七〇〇〇人とされる。二〇〇六年にソウルで実施された「二一世紀世界平和の為の日本女性指導者セミナー」において、当時の小山田会長が講演で述べた実数である。今から約一六年前なので、当時二〇代後半の信者であっても現在は四〇代、早期に渡韓して中年期にあった信者は高年齢期に入ろうとしている。この間、日本に夫婦で移り住んだ祝福家庭や、離婚で子供を連れて戻ってきた女性もいる。新たな韓日祝福によって渡韓した女性もいるだろうから、現在の韓国在住の女性信者数にそれほどの増減はないかもしれない。

韓日祝福の多くは韓国人男性と日本人女性の組み合わせなので、日本人女性信者の数に見合うほどの韓国人の青年男性信者がいたのかということだが、一九九二年から韓国人男性には信者でない男性も含まれていた（『本郷人《ポニャンイン》』二〇〇三年八月号）。日本人で信者ではない青年男女が合同結婚式に参加しているという話はないので、なぜ韓国人男性のみが日本人女性信者と結婚しているのかという素朴な疑問が出てくる。日本人の青年信者には伝道活動の三年半と経済活動の三年半、計七年間の教団に対する献身生活が求められたのに、韓国人男性にはそれが必要とされない。

　こうした疑問に対しては、メシヤの生まれた韓国だからこそ、韓国に生まれた男性はそれだけで日本の献身者と同等かそれ以上に霊的なレベルが高いのだという説明がなされた。「交叉祝福は恵みだし、韓日祝福こそ韓国と日本の恩讐を解くための摂理なのだ」と、日本人女性信者に対して繰り返し説かれた。日本人女性信者の信仰心を抜きにして、会ったこともない韓国人男性未信者との結婚はありえない。

　しかし、最大の背景は韓国農村の結婚難である。日本でも農村男性の結婚難が一九八〇年代に顕著になり、フィリピン、タイ、スリランカ、韓国、中国、ロシアなどから結婚ブローカーを介した花嫁紹介や自治体主導の集団見合いツアーなどが行われ、話題になった。中山間地域では若年層が進学や就職で都市部に移動し、農家や旧家の跡取り息子が残された。三世代完全同居で農繁期には休みもなく、舅姑の世話が待っているような家には、同じ農家の母親たちですら娘を嫁がせなかったのである。しかし当然ながら、自分の息子には嫁が欲しい。嫁を得ないまま中高年となった息子を抱え、危機感を抱いた農村部の人々は跡継ぎを得るためにあらゆる手段を尽くした。国際結婚が増え、日本に外国人労働者やエンターティナーとして入国してきた女性と結婚する例も少なくなかった。

　当時、夫婦間の言語コミュニケーションやダブル（ハーフ）の子育ての難しさと豊かさ、急激に文化が多様化する農村社会の変貌などが議論された。しかし、是が非でもと国際結婚を望んだのは一世代で終わった。一九九〇年代以降、イエやムラのために国際結婚を決意したり、結婚を諦めたりするような男性がそもそもいなくなり、若者がいなくなった中山間地域では、取り残された老親たちの「限界集落」が多数出現した。

そんな日本にやや遅れて、韓国でも深刻な農村の嫁不足が生じていた。韓国でも農村と都市の経済格差や文化格差を背景とした若年世代の人口移動が起き、同時に高学歴化による晩婚率・未婚率の上昇が急激に進んだ。一九九〇年、一九九五年、二〇〇〇年における韓国全体の婚姻率を全羅南道と比較してみると、男性で最も婚姻率が高かった二五～二九歳男性で、全国平均の一〇六・一、九三・九、七〇・七に対して、全羅南道は一一七・六、一〇〇・九、六〇・八となっており、ともに減少しているが、農村部のほうがより減少幅が大きくなっていることがわかる。女性については、婚姻率の高かった二〇～二四歳の推移を見ると、全国平均の九二・一、七三・六、四四・八に対して、全羅南道は一二五・八、八三・四、五三・一と、さらに激しく減少している（韓国統計庁ＨＰ）。日本同様に韓国でも一九九〇年代から行政が積極的に独身男性のためにカップリングの場を用意するなど支援を行ったが、功を奏せず、ブローカーを介した外国人女性（中国の朝鮮族、漢族、モンゴル、フィリピン、タイ、ベトナム、ロシア）との結婚が、二〇〇一年の一万六件から二〇〇六年には三万二〇八件と急激に拡大したのである。ここに、統一教会の日本人女性信者が多数加わることになった。

4-2は、統一教会関連団体の「真の家庭実践運動」が教会において配布していたチラシである。独身の息子を持つ母親たちは、こうしたチラシを手にして現地の統一教会と関わるようになる。「ここでは「国際結婚をしませんか、日本人女性と結婚しませんか」で伝道している。男性はここにいても結婚できないし、（地元の）女性も残っていない」と中西が調査した郡部の日本人女性信者が語っている。

韓国統計庁が実施した二〇〇〇年と二〇〇五年の国勢調査をもとに中西が在韓日本人の人口

4-2 「真の家庭実践運動」の配布チラシ

純潔な結婚　真の結婚
非営利社会奉仕団体届：第1300号 ♡ 身体・心が健康な方 ♡ 職業が確かな相手 ♡ 理想と相性が合う相手 ※日本、タイ、モンゴル、フィリピン等国際結婚も可能。 （再婚希望者は男女とも60歳まで可） **理想的な配偶者と結んでさしあげます。** 真の家庭実践運動　○○○○委員会

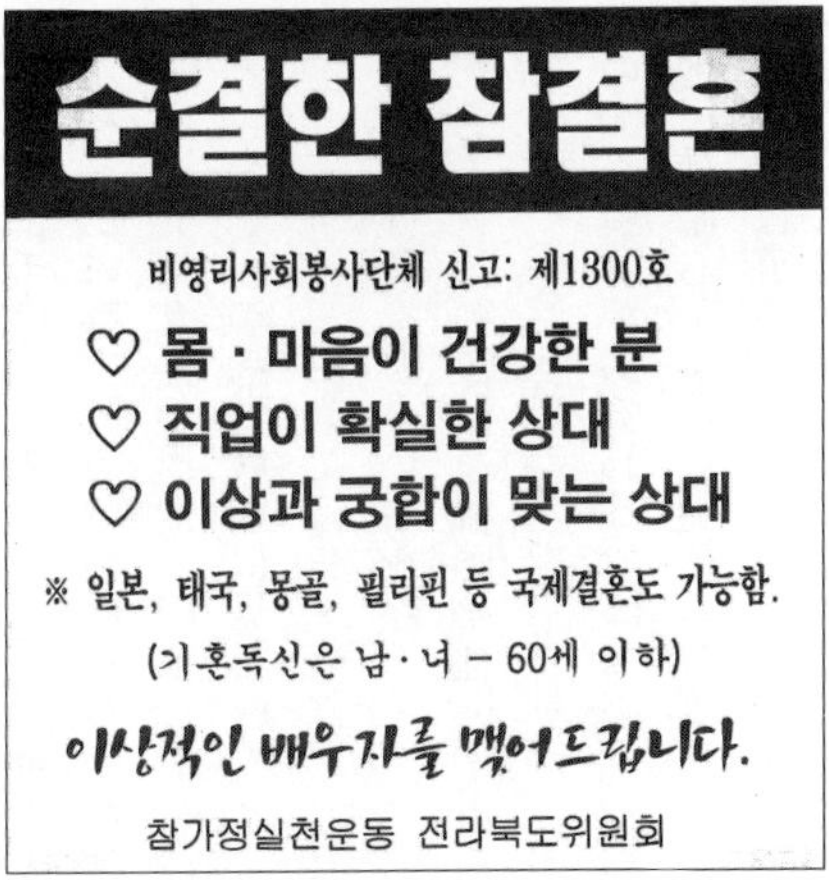
순결한 참결혼
비영리사회봉사단체 신고: 제1300호
♡ 몸 · 마음이 건강한 분
♡ 직업이 확실한 상대
♡ 이상과 궁합이 맞는 상대
※ 일본, 태국, 몽골, 필리핀 등 국제결혼도 가능함.
(기혼독신은 남·녀 – 60세 이하)
이상적인 배우자를 맺어드립니다.
참가정실천운동 전라북도위원회

動態を調べたところ、男女別在留外国人数では中国（漢族）、中国（朝鮮族）に次ぐ第三位で、男性よりも女性が多い。しかも、ソウルや釜山の都市圏のみ男性が多いが、郡部は総じて女性比率が高く、二〇〇〇年では全羅北道・南道共に女性が男性の約二〇倍、江原道が約一四倍、その他では二倍から四倍となっている。しかも、年齢階層別に見ていくと、二〇〇〇年で二五～二九歳の日本人女性は男性の二・一倍、三〇～三四歳では三・一倍、三五～三九歳で同じく二・八倍と顕著に高い。二〇歳前後で若干女性比率が高いのを除くと、二五～三九歳の世代以外ではむしろ男性比率のほうが高いのである。この数値を韓国の社会学者に示して意見を求めたところ、「大都市圏には日系企業があるために会社員男性の単身赴任や家族帯同などで男性が多いのだろうが、郡部に日本人女性の働く場所があるわけではない。年齢層から見て、居留者の大半は統一教会の女性が韓国人男性と結婚したものと見て差し支えない」との返答を得た。

二〇〇〇年では七六八六人、二〇〇五年では五六一三人の日本国籍を持つ女性が韓国にいた。在韓日本人女性信者約七〇〇〇人の中には、日本国籍を保持したままの人も韓国に帰化した人もいる。韓国は夫婦別姓なので、姓を変更する必要はない。永住権を取得後も国籍を変えない人がいるのは、日本のパスポートを持っているほうが帰国しやすいからだという。この帰国は日本の親元に一時帰省の場合もあれば、夫婦揃って日本に来て働くこともある。また、十数年韓国に暮らしていても、離婚が頭をよぎり、日本に戻る可能性を考えないわけにはいかないといった事情を抱えた人もいるようだった。ただし、韓国の国籍がないと夫の死後に遺産を継承する時に面倒になるので、老後のことを考えて韓国籍を取得したと話す信者もいた。

韓国に渡った女性信者

彼女たちの韓国での生活はどのようなものだったのか。日本での献身生活とどう違ったのか。中西が韓国で面接調査をした三八名の日本人女性信者のうちで、高卒者は三三パーセント、各種専門学校・看護学校卒が三七パーセント、大学・短大卒が二七パーセントだった。一九九〇年時点の大学・短大への進学率が約二五パーセントであることから、同世代とほぼ変わらない。家庭的な背景として両親が揃った核家族が六一パーセント、三世代家族が一八パーセントで、単親家庭だったものは一四パーセントなので、これも平均的な家族構成と言える。入信前の職業は、看護師が二一パーセントと顕著だが、これは統一教会側で看護師の女性を勤労青年の伝道対象として積極的に勧誘していた結果である。なぜ、この職業が好ましいかというと、ケア職であり、多忙でかつ所得が多く、友だち付き合いに時間を割けない人たちだからだという。つまり、未信者のうちは霊感商品を購入する資力があり、信者となってからは人の面倒見がよく、なお献身的に多忙な生活を送ることを苦にしない人たちだと狙いをつけられたのである。

彼女たちの入信の経緯は、統一教会に入信した当時の青年男女と同じだ。①街頭か個別訪問でアンケートや姓名判断などに回答し、②継続的な勧誘を受けてビデオセンターに行き、③合宿形式のセミナーに数回参加したのち、④一ヶ月単位で教団施設に泊まり込んで研修を受け、⑤そのうち約半数は仕事を継続しながら教会に通い続け、三分の一が二年以内に献身して離職、若干名が学校を終えてから献身する人で、⑥いずれも数年の後に祝福を受けている。

祝福は献身生活の仕上げであり、統一教会信者となったからには祝福を受けて無原罪の子を産み、祝福家庭からなる神の王国を建設しなくては信者としての人生を全うできない。彼女たちは所属教会の教会長や婦人部長に促されて必要書類（学歴・職歴、戸籍、資産状況、健康診断書、自己分析や結婚相手の希望〔日日、日韓、国際の三択〕）を提出し、担当部署による書類審査と文鮮明の名の下に「七代前までの先祖にさかのぼる相性診断」を行ってマッチングを受けた。

中西と筆者がインタビューした数十名を超す祝福家庭の現役信者と脱会信者は、口を揃えて教団から提示された相手を断ることは現実的にありえなかったと言う。「一番嫌いなタイプ、愛せないタイプ」になるから覚悟しなさいと指導者に言われたり、「韓国人男性は清い血統にあり、日本人とは霊的に雲泥の差である」などと言われたりしても、それを受け入れたのである。もちろん、女性信者たちにも男性についての好みはあっただろうが、それは私的な思いであるとして、天情、神の心と呼ばれるものを優先した。

韓国での信仰生活

韓国で実施された合同結婚式の後、すぐにカップルが家庭生活を始められるわけではないことはすでに述べた通りだ。元々は結婚後に「聖別」という別居期間が三年間設けられており、後に短縮されたが、最低でも数ヶ月は別居を余儀なくされた。その間、献身者は帰国して教団活動を継続し、後払いにしている祝福献金一四〇万円相当を稼ぐためのアルバイトを行う人たちもいた。

しばらくして彼女たちは渡韓し、夫の暮らす地元教会に住み込んで「任地生活」と呼ばれる教団活動を行う。初期の韓日祝福家庭では五年間の任地生活を経験した人もいた（その後、三年に短縮）。具体的には、韓国語や韓国の生活を学習することだが、教団の日刊紙である世界日報の配達員となったり、伝道したりすることもあったという。日本版の世界日報は一九七五年の創刊だが、韓国版の世界日報は一九八九年創刊である。一九八八年の六五〇〇組の合同結婚式で任地入りした日本人女性信者たちが、数名単位で全国の新聞販売店に住み込み、朝の配達から午後の購読者獲得活動まで担当したという。

任地生活中のトラブルも多かった。祝休日しか配偶者に会えないことへの苦情が韓国人男性側から出たり、任地生活中に妊娠し、日本に帰国して出産する女性信者たちもいたとされる。こうした人々は聖別期間の後で許される三日行事を経ないで夫婦関係を持ったということで堕落したとみなされ、人目を避けた生活を余儀なくされることもあったらしい。

聖別期間は、すでに結婚した間柄だが、兄弟姉妹の関係と心情、信頼関係を築くために設けられた期間とされる。そこでは、日本人女性信者たちは気持ちのはやる韓国人の夫たちをなだめすかして任地生活の終了まで我慢させていたという。教会で韓国語のできる人に通訳・翻訳をしてもらって電話したり、手紙を書いたりして連絡を取り合い、休みにはデートしたり、夫の実家で行事があれば台所仕事を手伝いに行ったりとまめに活動した。

任地生活の基本には信仰生活がある。中西は現地の教会に手書きの日本語で「一五カ条の戒め」なるものが張り出されていたのを見たという。そして、「任地修了証」を受け取ることで、ようやく夫との結婚生活が始まり、三日行事が行われる。

4-3　一五カ条の戒め

1　自分を捨てること
2　驕慢にならないこと
3　神様をまず考えること
4　真の父母様の家庭に孝行すること
5　原理講論を読むこと
6　不平不満を言わないこと
7　疑わないこと
8　祝福家庭は先輩家庭に仕え、後輩の家庭を愛すること

9　公金を恐れること
10　聖日礼拝を欠かさないこと
11　家庭礼拝を一週間に一度位は行うこと
12　自分を振り返る時間をもつこと
13　自分の家庭が誰に対しても模範となること
14　報告生活を熱心にすること
15　霊的な問題を解決すること

家庭生活を独立した家屋で始める夫婦もいれば、舅姑や夫の兄弟と同居の場合もあった。ここで生じたことは、一九八〇年代に日本で外国人花嫁たちが経験したこととほぼ同じである。言葉が通じないこと、生活慣習になじむまでに時間がかかること、さらに、夫および夫の家族や親族が統一教会の信者ではないことから、熱心すぎる日本人女性信者の信仰に理解を示してもらえないケースが多々あったようだ。簡単に言えば、日曜日の聖日礼拝と水曜日の礼拝（韓国の一般の教会では夕方からの祈禱会が多いが、統一教会の日本人女性信者が出席しやすいように午前中に実施）、月末の徹夜祈禱会（実際は午後一〇時から一二時、そして真の父母様への敬礼式）といった礼拝への参加に加えて、教会での雑多な仕事、さらに研修会や清平修練会への参加がある。これらの諸活動には、労力の提供にとどまらず、種々の献金を用意しなければいけない。

献金のリストは4-4に示した通りである。

4-4　献金の種別リスト

①八大名節

真の神の日	1月1日	（陽暦）
真の御父母様御聖誕日	1月6日	（陰暦）
真の父母の日	3月1日	（陰暦）
真の万物の日	5月1日	（陰暦）
七・一節	7月1日	（陽暦）
七・八節	7月7日	（陰暦）
世界統一国回天日	10月3日	（陽暦）
真の子女の日	10月1日	（陰暦）

②目的別

協会費・家庭会費

感謝・特別献金

③対象地域別

十一條（教会献金）

十一條（国内宣教献金）
十一條（世界宣教献金）

「八大名節」とは統一教会関連行事であり、十一條（条）は、収入の一〇分の一を捧げるという韓国のキリスト教における十・一献金に相当する。もっとも、中西が聞き取った大半の信者の言として一〇分の一献金ですら容易ではなく、言われるがままに献金していたらきりがないし、土台無理な話らしい。つまり、外で働く夫が妻に家計を任すケースが少ないからである。それは、日本人妻が種々の手続きを韓国語で十分に行えないために夫が管理せざるをえないということもあるが、そもそも専業主婦が財布を預かるというのは日本独自の慣行だからだ。日本では高度経済成長期に仕事で疲弊しきった夫に代わって家事・育児に責任を持つ妻が家計も担当するというパターンが生まれ、以後も長らく維持されてきた。そのため、日本においては主婦が統一教会の信者になった時、家族に無断で霊感商品を購入したり、過大な献金要請に応じたりという社会問題が生じた。

韓国では、夫の目を盗み借金までして献金したりすることはない。日本人妻に財布が預けられていないという現実的な理由に加えて、そもそも韓国はアダム国家なのである。エバ国家の日本では、韓国のために手段を選ばず資金調達を行うことが統一教会の本部や各教会、各家庭にまで求められているが、韓国では、当の統一教会本部が韓国信者家庭からの献金をあてにしていない。

この献金プレッシャーから逃れられたことで、日本人女性信者たちにある心理的変化が起きてくる。すなわち、日本の統一教会で経験してきた信仰生活は唯一の正しい信仰でもなければ、正しい教会生活のあり方でもないという気付きである。むしろ、韓国での生活のほうが日本よりも正しいというのだから、日本の統一教会をさめた目で見る余裕も生まれてきた。そして浮かび上がってきたのが、ジェンダー不平等の問題である。

Ⅲ 祝福家庭の実態とジェンダー不平等

祝福家庭の経済生活

韓日祝福家庭において一番問題になるのは、経済生活である。中西は、韓日祝福は基本的に日本人女性にとって下降婚だとしている。世間的なレベルで考えれば、これは日本人女性信者が暮らす地域の韓国のアジュマ(おばさん)たちがあけすけに言うように、「なんで大学を出たような日本のあんたたちが、こんな田舎の、長らく嫁さんをもらえなかったような男のところへ来たんだ」ということになる。

日本や韓国に限らず、世界中で結婚は同類婚(ほぼ同じ学歴・社会階層や生活様式、嗜好性を保持する男女）が基本であるが、学歴や階層が一つ上のランクの相手と結婚する上昇婚という現象もある。東アジアで一九八〇年代以降進行してきた国際結婚も、階層的な上昇を目指して女性が途上国から先進国に嫁いでくるのが一般的だったと言える。この逆をいくということは、経済的な困難に直面する可能性が必然的に高くなる。

韓国の統一教会では、『本郷人』という在韓日本人信者を対象としたタブロイド判新聞を毎月発行している。「本郷互助会――今月の援助対象者」という欄があり、困難な状況にある信者の様子と援助内容が掲載されている。中西による「本郷互助会――今月の援助対象者」の分析（『本郷人』二〇〇四年四月号〜二〇〇六年七月号）によると、二〇〇三年に発足した在韓日本人の祝福家庭すべてを会員としたこの互助会の主な活動は、病気、事故、災害、詐欺などに遭い、緊急支援を要する家庭に対して、食糧や見舞金・貸与金を提供することである。経済的に脆弱な家庭が一定数存在することは想像に難くない。それはかなりの程度、夫の不安定な職種や稼得力、あるいは生活態度に起因している。

祝福家庭の家庭生活

次に、韓日祝福家庭の女性信者が直面したのは夫婦生活である。これは相性の問題もさることながら、女性信者たちが原理講論では「サタンと性的な不倫関係を結んだエバの堕落性本性」を徹底して教え込まれ、教会生活においては男女の恋愛・接触が厳禁の生活を数年来続けてきたことが影響していると中西は指摘している。彼女たちは、「夫から求められてもついていけない葛藤がある」と語る。

実際、先に挙げた在日祝福家庭のための機関誌である『本郷人』では、夫婦生活に関するアドバイス記事で夫婦生活を奨励している。しかも、「男女が一つになってこそ神が臨在」「生殖器には宇宙が一致する」「夫婦生活を芸術化するための準備」「スピーカーで近所に愛の声を聞かせる」といった「愛の御言葉」が説かれ、「性的に満足できないとストレスに」「昼は上品に、夜はセクシーに」との国際家庭支援センター相談チーム長の談話が掲載されている。

ここまで指導せずともよいのではないかと常識的には思うが、これは性的欲求を充足させたい男性側からの不満や、子宝を待ち望む舅姑などに配慮した措置なのだろう。無原罪の子を産むことは摂理的な意義があるので、夫婦生活についても私的な好き嫌いの感情は問題にしてはならないとされる。

女性信者からしてみれば、海を渡りはるばる訪れた地で、韓国人男性にのみ性的自由が与えられ、日本人女性は従順に男性の欲求に合わせなければいけないというのでは、男性と女性、韓国人と日本人という二重の従属関係に押しつぶされる心持ちだろう。「男性は愛情の証しというが、実際は欲求のはけ口。夫婦だって強姦はありえる。（統一教会の）堕落論は男性側の一方的な論理になっている。女性の側にたっていない」という証言もある。

ところが、教団側はあくまで女性信者に忍耐を強いる。「皆さんは、夫に対して不平不満、いろいろなことを思っているかもしれませんが、韓国人の夫の価値、貴さを考えてみた時に、私たちが韓国に対して間違った過去を悔いる方法は、韓国国民に対して奉仕をし、愛を尽くすことであるし、家庭においては夫を韓国自体だと思って受け入れ、感謝しながら、喜ばせていくことです」（『本郷女性講座』一六七－一六八頁）。

さらにメシヤは、困難にもめげることなく、韓国人の妻として立派に子育てを全うせよと繰り返し指導する。「君たちは、永遠に一心不乱に歩みなさい。韓国の地において、エバ国家としてアダムを堕落させたその蕩滅のために、韓国民族、一家庭、一家庭にその影響を及ぼし、天の方に引っ張られていくように、子女を屈服させて、伝統的家庭使命を完了しなければなりません」（『本郷人』二〇〇三年九月号）。

しかしながら、あまりにも厳しい条件の中、どんなに叱咤激励されようが、限界を超えられない女性たちもいる。

耐える女性信者

二〇一二年八月二一日、江原道春川在住の日本人女性信者（五二歳）が韓国人の夫（当時五一歳）の首を絞めて殺害するという事件が起こった。事件当初、この日本人女性は一九九五年に「ある宗教団体の斡旋で」国際結婚したと報じられただけだったが、すぐ後に統一教会信者であることが明らかになった。一〇年ほど前から夫に腎不全の症状が表れ、人工透析に月七〇万ウォン（約五万五〇〇〇円）ほどかかるようになった。しかし夫は酒ばかり飲み、暴れることが多かったという。日本人女性は警察で「これ以上の治療費に耐えられず、自分も生きていくのが苦しくて殺した」と供述したという（中央日報二〇一二年八月二一日付）。

『週刊文春』の続報によれば、彼女は一九九五年に三六万組の合同結婚式に参加し、一七年間韓国で暮らしていた。子供はおらず、結婚当初から夫は無職で、毎月の基礎生活受給費は約五〇万ウォン（約四万円）であった。そのお金と、彼女が食堂や家政婦の仕事など一日一二時間働いて得る五〇万ウォンほどの給与で暮らしていた。

彼女は統一教会に何度も相談して窮状を訴えたが、十分な支援を受けることができず、数ヶ月前から教会には出てこなくなったという。事件後に統一教会が選任した弁護士の要請で精神鑑定を受け、軽度の適応障害と診断されたが、本人は治療を望まず、殺人罪で起訴された。二〇一三年一月二九日に判決が下され、彼女の適応障害と長期持続性のうつ反応に起因する心身微弱（耗弱）状態で犯行に及んだとして情状酌量されたものの、検察の求刑七年を上回る懲役九年を言い渡されている。

裁判所は、困難な状況から脱出するために離婚などを含め、様々な選択肢があるにもかかわらず、一人で夫を看護することに疑念を抱き、殺害することを計画・実行した罪質は重いとし、夫の父親が彼女に厳しい処罰を望んでいることも考慮したという。確かに、殺人は許されない行為だが、夫を一〇年以上看護してきた事実と、行政や親族、教会から支援を受けられなかったという情状が十分に汲まれているとは言いがたい。おそらく、彼女には離婚するという発想がなかったのだろう。家族や友人・知人との日常生活よりも摂理的な使命に生きることを選び、三六万組の合同結婚式で韓日祝福を得た彼女は、夫との生活のみが生きる支えだった。しかしながら、彼女の孤独な歩みに理解と共感を示し、支えていくような仕組みが韓国の統一教会にはなかったのである。

彼女はいったん控訴したものの翌日に取り下げ、刑が確定した。記者の談によれば、法廷では四名の信者が傍聴するだけで、幹部や家族の姿はなかったという。

祝福されない「祝福」

二〇一〇年と二〇一一年、二回にわたって中西と筆者はソウルを訪れ、在韓日本人女性信者約一〇名を対象に、丸二日ずつグループインタビューを行った。現在、多くの統一教会現役信者や元信者が、自身の信仰や教団についての思いや見解をブログで公開している。私たちもそういう縁を通して、中西が二〇〇〇年代に調査した在韓日本人女性信者とは違うタイプの信者たちに接することができた。ここでは彼女たちによる在韓日本人女性信者の現状分析を紹介することにしたい。なお、複数名の発言なのだが、個人が特定されないように入信年、祝福年、渡韓年、居住地域などは明記しない。一九八〇年代半ばから九〇年代初めに入信し、六五〇〇〇組、三万組、三六万組の祝福を受け九〇年代中盤までに渡韓、長い人で二〇年近く祝福家庭の生活を送ってきた。

統一教会の合同結婚によって渡韓した女性たちは約七〇〇〇人と言われているが、①現在も堅固な信仰を維持している女性、②統一教会の地域教会には所属しているが信仰は失った女性、③統一教会と縁を切って家族生活を送る女性の三タイプに分かれる。中西が二〇〇〇年代に調査対象として話を聞いたのは①の女性たちであり、今回の調査で接触できたのは②と③の類型に属する女性たちである。統一教会にとっては把握しづらく、扱いにくい信者・元信者といえよう。

次章で安倍元首相銃撃事件とその後の報道や政治動向についてふれるが、二〇二二年七月八日以降、統一教会についてメディアによる批判的報道が相次いだ。それに対して、韓国の統一教会は八月一八日に日本人女性信者をソウルに動員して光化門で抗議活動を行った。その動員数は約三〇〇〇人と報じられている（朝日新聞二〇二二年一〇月二四日付）。韓国は釜山からソウルに行くのも高速バスで約四時間、全土からほぼ半日で集まることができるので、この三〇〇〇人が全国規模で動員をかけて集められる信者の総数と考えれば、①の信仰熱心な女性信者たちは在韓女性信者の半数程度だろう。記事では、一九九二年の三万組の一人で、日本人女性信者と結婚し、「献金に血眼になる教団の体質」に嫌気がさして数年前に脱会し、妻とも離婚したという男性信者の言が紹介されている。「愛情が芽生え、幸せに暮らしている日韓のカップルは二割くらいで、八割の家庭に愛情はないだろう。ひたすら信仰の一環として我慢しているのではないか」という。

このような状況下で、我慢の限界とも言うべき事例を先に見てきたが、なぜこうなるのかについては、日韓における結婚慣習の違いが大きいと思われる。当事者女性たちの言を借りつつ、簡単に解説を加えておこう。

日韓の結婚慣習の違い

日本と韓国において婚外子（非嫡出子）の出生割合は、二〇一九年時点で日本が約二・三パーセント、韓国が一・九パーセントであり、ＯＥＣＤ諸国の婚外子が約二五パーセントから七〇パーセントまでの範囲にあるのと対照的である。児童手当などに嫡出と非嫡出の区別を設けず、手厚い社会保障によって少子化対策を進めるヨーロッパ諸国と異なり、日本と韓国は少子化に悩んでいるものの婚外子を認める意識も政策も進まず、依然として、結婚に対して法律的にも家族制度的にも格別の意義を与えている。

日本の結婚慣習では、結納という婚約成立を証する贈り物を新郎家が新婦家に渡す。かつては結納品や結納の作法とかにうるさかったものだが、現在は結婚指輪と新郎の給与二、三ヶ月分の結納金、および両家の会食が普通とされる。とはいえ、結納なしに結婚式だけやるカップルもいれば、それもなしに婚姻届だけ出して生活し始めるカップルも珍しくない。

韓国では、혼수（婚需／ホンス）という、新婦側が新郎家に渡す結納品（贈り物と金）があり、

新郎側は新婚夫婦が住む家を用意するのが普通とされる。若夫婦がアパートメント（日本のマンションに相当するのが韓国ではアパートメント）を賃貸する場合は、전세（傳貰／チョンセ）といって物件購入額の約七割を大家に預ける仕組みがあり、借主は賃貸料なしで住み続け、大家はこの金を運用して借主の退去時に修繕費分を引いて返金することになる。都会ではこのやり方で新居を探すことになるが、田舎では婚家にそのまま住むこともある。そうなると、新婦側のホンスだけが残ることになり、新郎側がホンスの一部をチョンセに充当する必要もないので相場は下がる。といってもゼロはありえない。このように結婚が結納文化を含めて伝統的な形で残っている韓国では、「手鍋提げても一緒になる」のは美談になりえず、両家が納得しないのである。

ところが、女性信者たちは、数年以上無給の献身生活を経て日本の家族や親戚、友人たちの制止を振り切って身一つで渡韓し、任地生活中は一四〇万円の祝福献金を返済するので精一杯だった。したがって、家電製品や家具、布団、一〇〇万円から二〇〇万円相当のホンスなど準備しようがない。「信じている間はわからないけど、一般の人から見たら日本人が韓国に連れて来られた人身売買。何の準備もなくて親の援助も何もなくて、体一つで来ているわけですよ。日本の親、親戚が反対しているから交流とかない。だから買い取られてきている。……だから女性の立場はいつまでも弱くって、実家の後押しもないし、お金もないし。だから奴隷です。ただ働き」。

婚家の側でも、「日韓祝福の相手は日本人だからお金を持ってくる、と夫側は期待している。お金がないと言っても先進国、日本人だから持ってくるはず」という思い込みがあり、身一つの落差に仰天して嫁に辛くあたったり、離婚されたりした女性もいるという。「（別の女性信者の）離婚調停に一緒についていったんですけど、彼女は私の前で夫ともう一人の男性にこんな感じで（身振りまじえ）連れられて行ったんですよ。彼女は嫌だから、今ここで祝福を壊したらいけないと思って抵抗して「私は絶対離婚しません、離婚しません」と言って裁判所で気絶した。でも、夫がその場に妻を置いたまま、家に帰ってしまったんです」。離婚された女性はその後教会に逃げ帰って、次の祝福まで教会で生活していたという。

インタビューの中では、このようなエピソードも挙がった。「うちの教会に通ってた姉妹がいたんですけど、その人（相手）は出稼ぎ労働者っぽい職業だったけど、女の子一人もうけて、それなりに生活してたんですけど、ある日、彼女がお酒を飲んでいるんですよ。それが「やってらんない」という感じで言うから、話を聞いたら、初婚だと思ってたら実は再婚者だったということで、それでものすごくショックを受けて、それだったら私の祝福は何だったのということで、子供もいるとか言ってたかな」。

祝福の相手について何も情報は伝えられないまま、受けるかどうかだけ選択を迫られたことについて、「だから結婚相談所でも何でもない。結婚相談所はお互いに情報をある程度ちゃんとあげて、お互い自由に相手の情報を見て選んで、結婚しているか結婚していないか、そういうのを見て確認する。でも、統一教会は情報を隠してやってるんだから「詐欺」だよね」「でも、宗教っていう隠れ蓑のもとに何も告発されないで刑事事件にも何にもできないで終わっちゃう」「そういう場合、韓国人同士だったら絶対に告発してると思う。裁判沙汰にして」「でも、日本人はできない。親も何もかも捨ててここまで来ているし、祝福だと思っているから、その結果こうだったということに対する後ろめたさっていうか、強い立場で訴えたりとかはしていけないから」。

統一教会はさすがにこのままでは問題が多すぎると思ったのか、二〇〇〇年代に入ると国際合同結婚式に参加する青年たちを減らし、マッチングにも慎重さと柔軟性を持たせるようになった。二世信者の結婚が増えた現在は、独自の「紹介システム」を通じて、全国で年間五〇〇人程度が結婚相手を見つけているという。結婚を希望する信者のマッチングサイトを教会の世話役や信者の親が利用して、一般の結婚相談所同様に利用する。無理に交叉祝福を勧めることはないというが、「韓国にお嫁に行った日本人女性のことで言えば、韓国人以上にがんばっていて、親に尽くした人を表彰する孝婦賞を受賞した人たちがたくさんいることも知ってもらいたいです」という証言に表れているように、韓日祝福の摂理的意義に変更はないようである。

信仰とジェンダー不平等

一九八八年の六五〇〇組の女性たちが苦闘している時に、「ウーマンメール」と呼ばれた連絡網ができた。「六五〇〇双の女性でIさんという人は、乳がんになったけど治療も受けられずに亡くなりました。（そういうこともあって）六五〇〇双が、後輩の女性信者コミュニティのためにウーマンメールを作ったんです。摂理、子女教育、御言葉などの項目を立てて自分で投稿もできて、約五〇〇〇人が登録していました。韓国の教会長はなんで必要なんだと言っていたけれど、夫が教会に行かないと妻にはコミュニティがなくなってしまうから」「（互助会もあったが）集まるお金も立ち上げられた時だから多くなくて、困っている家庭に全部あげてしまうか、あげたら他の困った人にあげられない、そういう討論がなされていて。五パーセントは本人の「蕩減」の部分があるんじゃないかと寄附に反対する人もいました。それで頭にきてわーっと書いたら居づらくなって抜けてしまいました」。

似た機能を持つ機関紙「タラッパン」（다락방：屋根裏部屋）というチラシのようなレターが、子供のできなかった女性たちで作られた。また、「チャンサラム（真の人）」というニュースレターも一九九二年から刊行された。これが本章で参照してきた『本郷人』の原型になったという。

六五〇〇組の女性たちが情報や指針を求めて右往左往しているのを見かねた韓国の統一教会は家庭局国際部を設置し、一九九七年から一二－一六頁のタブロイド判の機関紙『本郷人』の月一回刊行を開始し、祝福家庭に購読を義務づけた。二〇〇三年一月号から二〇〇九年七月号までを分析した中西は、おおよそ次のように知見をまとめている。

①紙面の約三分の二が、統一教会の摂理がいかに順調に成し遂げられているのかという情宣（情報宣伝）であり、女性信者たちの摂理の担い手としての意識を強化している。
②残りの半分が信者たちの証しであり、夫や親族への対応や子育てに苦労しつつも、本郷人の使命を全うしている模範的な信者像が語られている。
③残された一頁余りで本郷互助会による「今月の援助対象者」が掲載され、教団としての支援の手厚さを誇る一方で、意図せざる結果として「うちのほうがまだまし」という慰め、すなわち「下には下がある」という慰めを信者に与えている。

先ほども引用した箇所だが、『本郷人』が指針とした信仰強化の戦略は、次の一文に要約される。

「皆さんは、夫に対して不平不満、いろいろなことを思っているかもしれませんが、韓国人の夫の価値、貴さを考えてみた時に、私たちが韓国に対して間違った過去を悔いる方法は、韓国国民に対して奉仕をし、愛を尽くすことであるし、家庭においては夫を韓国自体だと思って受け入れ、感謝しながら、喜ばせていくことです」（『本郷女性講座』一六七 - 一六八頁）。

戦後の日本の新宗教は「下に下がれば夫や舅姑は折れる」という通俗道徳を説いて、家父長制の残滓が色濃い日本の戦後家族において教勢を拡大してきた。そうした価値観の下で、女性

4-5　本郷互助会による支援例

1	保証人になり、借金が1億ウォン以上。経営していた食堂をやめ、家も競売に出したが、売れない状態。夫が土木工事の日雇い、妻が日本で経済復帰した収入で暮らす。夫はストレスで十二指腸潰瘍で出血したが、仕事を続けている。	米40kg×6ヶ月支給
2	小さな工場を経営しているが、収入がほとんどない。借金が約5000万ウォンあり信用不良者となっている。妻の日本語教師のアルバイト20万ウォンで生活。	米20kg×6回（1年間）支給
3	夫が未婚の母になった義妹にクレジットカードを貸し、3000万ウォンを超える借金になり、信用不良者になった。毎月60万ウォンの返済があるが、夫の収入が不安定。	300万ウォン貸与
4	夫が失業し、やっと就職先がみつかるが、借金と家賃を払うと生活はぎりぎり。	290万ウォン貸与
5	義兄が夫の名義で携帯電話を買い、膨大な使用料金を払わずにいたため、夫が信用不良者になる。就職もできず、夫自身も借金をつくる。2番目の子がアトピーだが、薬を買うお金がない。	30万ウォン支給

たちは夫や舅姑に仕えてきたのである。しかしながら、二世代を経て三世代家族は一〇パーセントを割り込み、「下がる」「仕える」といった言葉は死語となった。それが、韓国の祝福家庭ではいまだに説かれている。しかも、その正当性は家父長制という伝統ではなく、日本が韓国に従属するという摂理に拠る。だからこそ、女性たちの使命は、時代がどんなに変化しようとも、日本人として韓国人に仕える以外にない。

「君たちは、永遠に一心不乱に歩みなさい。韓国の地において、エバ国家としてアダムを堕落させたその蕩減のために、韓国民族、一家庭、一家庭にその影響を及ぼし、天の方に引っ張られていくように、子女を屈服させて、伝統的家庭使命を完了しなければなりません」（『本郷人』二〇〇三年九月号）。ここでは、日本と韓国の関係が、ジェンダー的観念を媒介して僕《しもべ》と主人の関係に転換されていることに注意したい。つまり、日本の植民地支配に対する恩讐に報いるために日本女性の心と体を韓国人男性に捧げるという論理が、日本がエバで韓国がアダムという女と男の関係にたとえられて展開されている。家父長制的な理念に働きかけるジェンダーによって国家間関係が規定され、日本人女性が韓国人男性に仕えることまで正当化されてしまうのである。

幹部の祝福家庭

ここまで述べてきたように、祝福家庭においてどんな相手とめぐり合うかは運次第であり、スタートで生じた経済的・家庭的格差の解消は大変難しい。しかし幹部たちだけは、一定の枠内でマッチングの対象者を選ぶ権利を有する。

まずは韓国人幹部たちの資産規模を紹介しよう。その手がかりが示された選挙の話から始める。二〇〇八年四月九日の韓国総選挙に、平和統一家庭党は比例区に一三名、地方区に二四五名を立候補させ、全員が落選した。このことで「深い疑問」を感じた信者も少なくなかったようであり、ブログに「再臨のキリスト文鮮明教祖は全知全能に近い人と、当時まだ信じていて、ある程度の議席を取り次期大統領選に郭錠煥《カクジョンファン》氏が出馬し大統領に成り、南北統一が為されて行くだろうと思っていた」との書き込みも残っている。ともあれ、比例区で二議席配分された創造韓国党は六五万票、配分されなかった進歩新党は五〇万票余りだったことを考えると、一議席獲得に六〇万票は必要である。平和統一家庭党の集票能力は比例区で一八万八五七票であり、日本同様に政治家を直接輩出できるレベルにはない。

この選挙において立候補者は資産と納税額を申告し、その内容は新聞などで公表されている。比例区で第一位記載の郭錠煥（元統一教会会長、三男の岳父）の納税額は九億三六八二万ウォン（?）、四位の劉大行（元日本責任者）は五億二八四万ウォン（?）と数千万円の単位であった。平和統一家庭党の比例区立候補者のうちには一億円以上の資産家が一三人中七人もおり、選挙区では同二四五名中一三〇名であった（弁連通信一二三：一－一七）。もちろん、ソウル市内にアパートメントを所有すれば、それだけで五〇〇〇万円以上になるだろうから、それほどの資産家ではないにしても、統一教会の幹部や関係者たちが一般の祝福家庭とは縁遠い存在であることは理解できよう。

こうした幹部層の下に統一教会系企業で働く夫を持つ祝福家庭があり、ある程度ハイレベルな生活ができている。古参信者の二世か、一九八〇年代前後までに入信した韓国人男性の家庭である。こうした幹部層の祝福家庭と一般の祝福家庭の間には、大きな分断が見られる。

「六五〇〇双の企業体にいってる夫人たちっていうのは、すごくプライドが高い。どうしてそんなに高いの？　と思うほどだよね。「私は他の日本人とは違うわ」「選ばれたのよ」みたいな、選民思想がばちっと入っている」「（先祖の）功労が高いと思っているんですかね」「自分は、いろんな意味で「蕩減は晴れてる」みたいな。「だから、こういう安定した生活ができるんだ」みたいな」。

結局のところ、こうした格差は構造的なものであり、統一教会の組織的余禄に与れない祝福家庭が底辺に置かれ、そこに三万組と三六万組の日本人女性信者が大挙して参入することになった結果である。韓国において日本人女性信者たちが置かれている問題はここにある。献金のノルマがほとんどない韓国の幹部は大きな資産を蓄積することができるかもしれないが、ほとんどの祝福家庭はそうではなく、対立と不満が強まっている。

本章において話を聞くことができた女性たちの祝福家庭は、韓国における統一教会の階層で言えば中間層に位置づけられる。統一教会系企業で働く夫を持つ女性は一人だったが、他の女性の夫たちも勤勉に働いており、本人たちもアルバイトなどの仕事をして子供たちの学資を補塡している。夫方家族との関係も悪くはなく、そこそこ安定した基盤のもとで、統一教会のあり方についてじっくりと考える時間を持てた人たちともいえる。そして、インターネットを介した女性たちのつながりがコミュニケーションを加速し、信仰上の迷いを打ち明ける重要な機会を用意したのではないかと思われる。

さめた信仰

なぜ、どのようなきっかけで彼女たちの信仰はさめていったのだろうか。

筆者たちにとって印象的であったのは、韓国に渡ることで統一教会がよくわかったという彼女たちの語りである。家族を犠牲にしてでも信仰一筋に生きる道を尊いとする日本人の信仰と、家族の生活を第一にする韓国人の信仰のギャップ。それは第一義的には、本書で解説してきた統一教会の摂理観や、韓国本部の日本に対する資金調達・宣教戦略に基づくものである。しかしそれ以上に、家族に反対されたあげく、離婚・自己破産を余儀なくされるまで突き進む信仰＝自己犠牲を賞賛する日本の体質といったものの異常性が韓国に来て初めてありありと理解できたという。幹部教会員の夫でも、そのような姿勢は見られないというのである。

韓国人が統一教会でどういう信仰生活を送っているかに関して、女性たちは次のように語る。


「（統一教会は）日本ではカルト宗教だけど、韓国では異端だけどカルトじゃないんですよ」

「だって霊感商法、韓国でやってないし」

「うちのシオモニ（義母）は、日本のこと言っても韓国で自分の目で見て悪いことがない限りは、「何が悪い団体なの？」って」

「こんなに評価の違う宗教団体も珍しいんじゃないかな」

「韓国では統一教会を宗教として信仰する人はいないと思う」

「宗教じゃなくて事業体として利用するのは別（だから仕事としてやる）」


そういう割り切り方ができない日本人の統一教会信者はどういうことになるのか。

「何を話しても日本人だけバカみている、利用されている、に行き着くよね」

「韓国人は押しが強くて、それを日本人は真面目に受け取るんですね。だから、もっと押せばまだまだいけるだろうみたいな」

「(お金を) 持っていると思っている、みんな日本人は。持ってないと言っても出すんだから、持ってるのよと」

「韓国の信者は、日本がそこまで借金して献金しているなんて知らない」

「言っても「信じられない」という感じ」

「後先のことも考えずに献金してしまう日本人がバカだと。それで終わっちゃって」

「天聖経だってうちの姑、ただでもらってきてますしね。四三〇万円なんてねえ。そんな金額だったら韓国人みんなやめますもんね、統一教」


こうした客観的な状況に気づけたのは韓国に来て本場の統一教会の人間と組織を見たからだという。女性信者だけではない。男性信者も、「日本から世界日報の摂理で渡韓してきて新聞配達をしていた日本人男性がいたけれど、妻を養えるほど給料をもらえないから、もうさっさと見切りをつけて、まだ任期が終わってないうちに強引に日本に帰った。帰国しても、(日本本部から要請される) 献金摂理にはもう参加しないって言ってましたけど。いったん韓国に来て韓国の味をしめたから。（韓国は）献金摂理がないじゃないですか」。

こうして、献金摂理や清平修練会への参加を勧める教会から距離を取る信者が増えていく。日本であれば、信仰不足ということでさらなる韓国での研修に送り込まれ、霊的復興が期待されるのだが、すでに韓国の実態を知っているこのタイプの信者には通用しない。しかし、それで信仰がなくなるのかと言えば、そうとも限らないのだという。

「組織がおかしいと思っている人はかなりいるんだけど、文鮮明をおかしいと思っている人は、やっぱりまだまだ少ない」「統一教会の礼拝に行ってなくても、祝福を壊していても、日本に帰っていても、文鮮明をメシヤだと思っていたら現役」「でも、そういう人多いですよね。ひょっとして本当にメシヤだったらどうしようと」

実のところ、集まってもらった女性たちもメシヤの観念を振り切るのにはずいぶんと時間を要したようだ。なぜなら、統一教会の教義的核心は文鮮明が本当のメシヤであるかどうかにかかっているからである。血統転換の秘蹟と、文鮮明が神の血統を受け継いだという本人の言を信じ切れるかどうか。これがありえないと思えれば、統一教会の摂理や組織は、すべて文鮮明一族や韓国の幹部たちの私腹を肥やすための事業に過ぎなくなる。この点を理詰めで冷静に考える余裕が日本では与えられなかった。疑うことが悪で、迷いは摂理に邁進することで晴らすよう求められ、信者はそれに応じてきたのである。

「メシヤは、もう偶像化されていますよね、自分の中で。事実を信じているというよりも自分の中で絶対者というものが支配して、（文鮮明の）家庭だとか、人格だとかを見ようとしない部分があるんじゃないかなと」

「勧誘の段階でもう神格化しているわけじゃないですか、生きたメシヤに出会えると。先に下地ができあがっている状態で証されるから否定しにくいんだと思う」

「私の場合は組織がおかしいと思っていても、もし死んで霊界に行って文がメシヤだったらどうしようという部分でなかなか抜けられなかったんですけど」

「霊界っていう、私たちの知らないことを話し出すと「ああ、そうかもしれない」という気持ちになって、それが自分の怖いなと思っている部分にスパークして「そうなんだわ」と思い込んでしまっているから、それ以上考えないっていう思考になっているんじゃないかと思う」

こうした循環する思考回路をふっきれたわけは、自分だけがこういう迷いや思いを持っているのではないということに気づいたからだという。自分でブログを綴る、応答がある、そこから交流が広がる。仲間ができることで、今まで自分の主観でしかないとみなしてきたことが、共有できる事実だとわかったのである。

しかし、女性たちがそれに気づいた時には、十数年が過ぎていたという。「私の場合は真面目だから、投入して投入してがんばったら、他の人よりは早く答えが見えるんじゃないかって、一七年間がんばってきたんですけど」。

筆者にとって印象的だったのは、自分たちは韓国で生き続けるしかないし、そうするつもりだという女性信者たちの覚悟である。話をうかがった方の全員に子供がおり、子供は韓国人として育っている。子供たちは韓国語でものを考え、韓国で学歴を積み、仕事を得ていくだろう。もう時間を元に戻すことができないのであれば、この状況で生きていくしかない。信仰とは別の次元で、家族への強い愛情を持った一個の人間として生き抜く決意をした人たちの言葉だと、重く受けとめた。

第五章　統一教会の現在と未来――法的規制と新宗教

Ⅰ　統一教会による違法行為

宗教団体としての特異性

これまでの記述で統一教会による特異な資金調達活動と教団名を明かさない布教活動、および韓日祝福家庭の厳しい生活状況などを見てきた。統一教会には、ほかの日本の宗教団体と比べて極めてユニークな点が三つある。

一つは、国内の信者数が数万人規模の教団にしては、専従の数が多い。関連団体含めて数十人単位の幹部（会長・部長）、数百人単位の中間管理職（教会長や販社の社長）、そして数千人の献身者がいる。日本で最大の教団である創価学会では、公称八二一万世帯（実数は七〇〇〜八〇〇万人規模）の信者に対して職員が約三〜四〇〇〇人くらいであるから、統一教会の専従職員数の過剰さがわかる。この帰結として、信者の献金などだけで維持できる組織ではなくなり、教団組織の人件費を賄うために宗教活動以外の事業が必要になった。教祖一家や幹部家族、古参信者たちが食べていくための組織となった韓国の統一教会がコングロマリット化したのは、当然のなりゆきだった。その維持コストも負担する日本の統一教会は、身の丈にまったく見合わない資金調達活動を行わなければならず、一九八〇年代前後から霊感商法によって年間数百億円を集めざるをえなくなった。

二つ目に、同時期から資金調達活動自体が日本の統一教会の使命なのだと文鮮明によって繰り返し語られたこと、一九九〇年代以降における韓国人幹部の直轄統治によって、信者たちへの献金要請や清平修練会への参加指導が徹底されるようになったこと、および合同結婚式の裾野を拡大して祝福献金を広く集めるようになっていったことが挙げられる。日本の信者たちの位置づけは、さながら将棋の歩兵の趣を呈した。そうした状況下で、統一教会の名前やミッションの内容をそのまま明かしては誰も新規で入信してくれなくなってしまったため、青年向けにはアンケート調査からビデオセンター、中高年者には戸別訪問の運勢占い、霊感商品の販売、婦人講座その他のセミナーなど、正体を隠した勧誘方法とプログラム化された信者の教化方法が生み出されてきたのである。

三つ目は、信者たちの信仰の核心に置かれた「祝福」である。五〇年以上にわたって合同結婚式による信者同士の理想家庭の建設が進められ、その結果、閨閥《けいばつ》を含む親族関係で固められた幹部層と、信者同士の結婚で信仰と家族関係が重層化した堅固な教団構造ができあがった。統一教会の信仰を離れることは家族や親しい仲間との決別を意味し、反対に教団に留まる限り、家族と組織の強い行動規制を受け続ける。信教の自由といった生やさしい表現で統一教会信者の信仰はもはや語れないだろう。しかも、交叉祝福によって信者家族の複雑性が増し、韓日祝福に至っては韓国における信者獲得や嫁不足解消といった韓国側の事情が加味されたために、多くの日本人女性信者が困難な人生を歩むことを余儀なくされた。

以上の諸点から、統一教会は、宗教団体としては逸脱的なやり方でカネと人を集め、一般市民の「被害者」を生み出し、統一教会信者にすら信仰する安寧を十分与えきれない組織になってしまっていると結論づけられる。その一端として、二世信者から、両親が摂理や教団活動で不在がちで困っている、もしくは献金のために困窮しているという報告が複数挙げられている。また、二世信者に祝福のプレッシャーがかかり続けることも、問題視されている。こうした数々の特異性や社会問題性は、この四〇年間指摘され続けてきた。にもかかわらず、教団の宗教法人としての適格性を行政が検討したり、立法機関である議会において問題とされたりすることはこれまでなかった。それはなぜか。

「政治と宗教」の問題について指摘する前に、まずは遵法行為と違法行為の間にあるグレーゾーンで行われてきた統一教会の諸活動について、その問題点と共に言及しておきたい。

社会問題と違法行為のあいだ

いかに社会問題性の強い行為であっても、人々がまだ見たこともないようなやり方である場合、それが法的に処罰可能なものなのかどうか判断に迷うことがある。宗教の領域であればなおさら、社会常識に収まらない行為であっても批判はしにくく、グレーゾーンが大きくなりがちだろう。

霊感商法について言えば、霊能による災因の診断と霊能による除災招福の儀礼は、宗教行為としてありふれたものである。原価数千円の高麗大理石壺が霊能ありということで数十倍の価格で売られたとしても、売り手と買い手の間に宗教的付加価値についての合意があれば問題があるとは言えない。骨董・古美術品なども、名工の作という極め書きや箱書き一つで価格が数百倍になる。なければただの古道具である。こうした宗教的品物や美術品などはオークションの対象にもなるので、価値が市場で保証されているともいえるが、狭い領域の愛好者しか愛でないとなれば市場価値は低く設定され、多くの人が評価するものであれば資産価値が出てくる。それでも重要な点は、宗教的価値や審美的価値は「強制されるものではない」ということだ。

高額の印鑑や大理石壺、宝飾品などは、質屋に持ち込めばすぐ原価バレしてしまう。開運や家族問題の好転、病状の回復などがなければ、おかしさにも気づくだろう。一九八〇年代に霊感商法の被害者から相談を受けた弁護士たちは、信者であればいざ知らず、非信者が短期日というよりも数時間のうちにどうしてそれほどの価値を認めるに至ったのかと不審に思い、誤信させられたのではないかと詳細に調べた。すでに第三章で述べたように、統一教会ではマニュアルにしたがって訪問販売員が手相・姓名判断、家系図診断などを行って対象者の家族情報を熟知し、霊能師役が不安を煽って〝溺れる者は藁をもつかむ〟心境に追い込んでいた。商品を販売するにあたって購入者を畏怖困惑させて正常な判断能力を奪うというやり方が意図的に組織的になされていたことが明らかにされ、霊感商法は不法行為であるという判例が積み重ねられた。全国霊感商法対策弁護士連絡会が一九八七年に三〇〇名余りの弁護士で結成されてから数年のうちに、霊感商法というグレーゾーンは黒に変えられたのである。

そして一般市民のみならず、統一教会の元信者たちも、自分たちが霊感商法の被害者であることに気づいた。当初、元信者たちは霊感商法にも関与していたことから、自分たちも被害者であると言い出せなかった。むしろ、自己の加害者性を強く意識し、人目を逃れるように生きざるをえなかった。そうした彼・彼女たちに堂々と胸を張って生き直すことを勧めたのが、札幌の弁護士である郷路征記《ごうろまさき》であり、彼が命名した「青春を返せ訴訟」だった。

信教の自由侵害

一九八七年に提訴が開始された「青春を返せ訴訟」は、「違法伝道訴訟」とも呼ばれる。伝道行為が違法に行われたのであれば、信仰生活として行ったことも欺罔《ぎもう》された結果であり、信者であっても教団に霊感商品の購入や献金について被害を請求できるとの論理が組み立てられた。この「違法伝道訴訟」の法理は、当初、宗教者や宗教研究者には今ひとつ理解できないものであった。筆者も例外ではない。地上天国の実現や霊的救いなどといった宗教的観念に対して、そもそも世俗的な意味での客観性や保障などを求めることに無理があるし、信者とはそこを信仰で乗り越えた人たちなのではないか、宗教的人生に悔いありと言っても、損害賠償という発想はなじまないのではないかと最初は考えていた。

裁判の資料にあたり、原告、弁護士、関係者に会い、原告・被告の証人尋問などを傍聴する中で、筆者は自らが一般的な宗教の枠組みにとらわれすぎていたことを理解した。最大の問題は、元信者たちが統一教会の信仰を自発的に選択したという前提が成り立たないことである。

この点も第三章で見てきたように、教団は正体を隠した勧誘行為によって対象者に近づき、信者を促成栽培する教化のプログラムを組んでいる。これらは個人の信仰心をじっくり育てるようなものではなく、セミナーや研修、および実践活動の中で統一原理の真理性と教えの正しさのみが強調され、摂理のために人生をかける覚悟があるかどうかが常に問われ、決断を迫られる。躊躇すれば意気地がない、利己的である、人生に真剣に取り組んでいないといった道徳的断罪がなされるために、真面目で人のいい青年ほど最後まで残っていくことになる。中高年の女性でも、先祖や配偶者を亡くした人、子供たちのことを心配する人に対して、種々の実践や献金を断る暇も与えず、決断を迫ったのである。ここでも愛情深い人ほど残ってしまう。人は事実かそうではないかについての真偽の判断や、嗜好性や関心の有無については自由に考えられるが、道徳的な正しさを迫られた時、自分の不十分な知識や感覚でそれは違う、やりたくない、自分には関係ないとは言いづらい。結局、「はい」と言わされてしまうのだ。

筆者がこれまで話を聞いてきた元信者たちは、脱会後、家族・友人をはじめ、他人を巻き込んだ違法な経済活動や、正体を隠して一般市民に勧誘をしてきたことに深い罪責感を持っていた。自分を免責しようなどとは決して思っていない。過ちを犯した自分に落ち込み、立ち直るために煩悶している。しかし、この自己責任に関わる部分と、ここまで自分を追い込んでなおも新たな人々を勧誘・教化し続ける教団を放置できないと奮起して、教団の責任を問うことは別である。民事訴訟上、個人の損害賠償という形でしか社会的告発はできない。裁判では自分の名前と過去の行為を公表し、霊感商法の加害者として社会的制裁をも覚悟しながら、勇気を振り絞って提訴したのである。しかしながら、統一教会側は、それがあたかも自己免責と単なる損害賠償請求のような印象づけをはかり、「自分で選択した責任は自分で負うべし」という世間的な常識に依拠しながら、裁判において元信者たちの自己責任を主張した。

二〇〇一年六月二九日、札幌地裁は、元信者二〇名が提訴した「青春を返せ訴訟」に原告勝訴の判決を言い渡した（5－1：訴訟一〇番）。提訴から一四年、六九回の公判によって事件の実態が明らかにされた。ここでは勧誘・教化に関する判示の要点のみ記載する。

①勧誘などの方法が、長年の組織的勧誘などの経験に基づいた手法で、組織的・体系的・目的

的に行われている。

②被告の統一教会は加入を勧誘する際、当初はこの点を厳に秘している。原告はみな女性だが、彼女たちにここが統一教会であることを告げられたのは各種セミナーの中盤以降、継続の意志がかなり固まったころである。彼女たちは統一教会の名前で勧誘されていれば、ビデオセンターやセミナーには行かなかったと語る。

③勧誘の際、統一教会が教義上からも根拠があるとは考えられないような害悪を告知するなどして、欺罔威迫する方法を用いている。つまり、元信者の弱み（個人的悩み、家族の病気、将来への不安など）につけ込み、宗教教義とは直接関連のない不安を煽り立て（絶家の恐れ、霊界話、祟りなど）、宗教的救いを願う心情をかきたてる過程で行われたという判断が示された。

④統一教会の勧誘行為の目的は「外形的客観的に観察して直截に表現すれば、原告等の財産の収奪と無償の労役の享受及び原告等と同種の被害者となるべき協《ママ》会員の再生産という不当な目的にあった」とされた。判決では、元信者が自発的にやったのか、強要されたかという個別の事実判定よりも、これらの組織的勧誘・教化の目的および手段の違法性を認めた。

被告である統一教会側は、統一教会の伝道が違法行為であるならば、原告たちも同様に違法行為を行ったものであるから、教会に損害賠償を求めるのはおかしいと主張したが、それに対しても、原告たちは「協会員に欺罔等された結果、情《ママ》を知らないまま上記のような行為に及んだのである」という判断を下し、損害賠償の請求権はあるとした。この判決文に、原告の一人は「ようやく自分の人生が社会に認められたような気がする」と語った。

札幌高等裁判所は、二〇〇三年三月一四日に原審を支持し、被告側の控訴を棄却し、最高裁判所は同年一〇月一〇日に上告を棄却した。これによって判決は確定した。郷路弁護士は、「青春を返せ」訴訟の土台の上に、「信仰の自由侵害回復訴訟」を起こし、二〇〇四年一月八日に一次、同年六月二五日に二次の提訴をした。後者の原告は六三名（四〇名が元信者、二三名が元信者の親族・関係者）である。二〇一二年三月二九日に札幌地裁で原告勝訴の判決が出て、二〇一三年一〇月三一日に札幌高裁でも原審が維持された。

「信仰の自由侵害回復」のネーミングの狙いは、原告に青年以外の方が含まれると示すこと、そして統一教会による人権侵害の中身をより直截的に表現することだという。統一教会によって違法に勧誘・教化される過程において、元信者たちが購入したすべての物品、すべての献金、信者である期間に信仰の自由を侵害されたことへの慰謝料などを統一教会に求めた総括的な訴訟である。

郷路によれば、この二つの訴訟を通して、信教の自由に関する三つの重要な考え方が提示されたという。

一つは、「統一教会が信教の自由に基づいて伝道・教化活動を行うとしても、対象者の信教の自由を妨げてはならない。すなわち、当該宗教に帰依するか否かを選択する際、この信教の自由を侵害する方法による伝道・教化活動は許されない」（二〇〇一年　札幌地裁判決文　一三二－一三三頁）。

二つ目は、「信仰の選択は単なる商品の購入やサービスの享受とは異なり人生の一大事に関わることなのだから、内心の自由に関わる重大な意思決定に不当な影響力は行使されてはならず、そのような影響力の行使は自らの生き方を主体的に追求し決定する自由を妨げるものである」（二〇〇一年　札幌地裁判決文　五〇一頁）。

三つ目は、「信仰による教団指導者への忠誠はあくまで自由な意思決定によるものであり、信仰を得るかどうかは情緒的な決定であるから、健全な情緒形成が可能な状態でなされる自由な意思決定でなければならない」（郷路征記『統一協会の何が問題か』花伝社、九〇頁）。

二〇〇〇年以降、統一教会による信教の自由の侵害は複数の民事訴訟で認められてきた。こうして、統一教会による正体隠しの伝道手法はグレーゾーンではなく、「信教の自由の侵害」という不法行為、すなわち黒の領域にあることが明確になった。

ただし、一つだけ留保事項を述べておきたい。統一教会による信教の自由の侵害は、第三章および本章のここまでの記述が該当するような、一九八〇年代以降に信者となった人たちに言えることである。祝福家庭で言えば、おおよそ一九八八年の六五〇〇組の合同結婚式以降の人たちであり、韓国で暮らす日本人女性信者の大半が相当する。現在の統一教会の体制で見るならば、教会と関連団体の中間管理職、および平信徒である。逆に言えば、幹部層は主体的に選択したものとみなしてよいだろう。祝福家庭で産まれた子供たちは、選択の自由や機会を得ていない子供たちすべてが該当すると考えられる。

民事訴訟の困難

5－1は、統一教会の法的責任が認められた民事訴訟の一覧である。民事事件の件数三〇件というのは、数百ある事件の一部でしかない。記載のある判例は成功例である。裁判の一つひとつに弁護士たちによる膨大な調査の手間暇と原告たちの折れない気持ちが注ぎ込まれており、それなしには判決まで持ち込めなかった。霊感商法や献金の被害者であっても、みながみな訴訟を望むわけではなく、実名を出して争うことに躊躇する人や、高齢者の場合、残された時間を考慮して妥当な金額の和解で我慢する人もいる。なによりも、身近に相談できる機関や頼りになる弁護士がいない状況で諦めてしまう人が大半だった。

特に献金被害においては、統一教会が受取書や領収書を発行せず、さらに信者がメモなどを残すことを禁じていたために、献金の事実を記録として確定することに大変な困難が伴った。筆者が関わった事件では、統一教会相手に計五億四七〇〇万円の損害賠償が求められた。筆者は弁護団から意見書の作成を求められ、四〇〇字詰め原稿用紙換算で二〇〇枚もの意見書を東京高裁に提出した。裁判の結果は、二〇〇八年二月二二日、最高裁が原告の上告を退けて東京高裁の判決を支持するものであった。東京高裁では、統一教会の違法な勧誘および献金強要行

不法行為内容	認容額
献金勧誘	女性２人 3760万円
献金等勧誘	女性 2540万円
献金等勧誘	女性２人 820万円
	女性 715万円
献金勧誘・物品販売	女性３人 812万8000円
物品販売	女性２人 590万円
物品販売	女性 9000万円＋約70％の遅延損害金
入信勧誘と献金	献金70万円と修練会参加費及び慰謝料
借入の手口	女性 5000万円
伝道の手口	元信者20名に合計2000万円余
献金勧誘・物品販売	主婦ら10名に合計１億9800万円
伝道の手口、合同結婚式勧誘	元信者３名 920万円
献金勧誘・物品販売	主婦ら15名に6000万円
伝道の手口	元信者７名に1538万8000円
伝道の手口	元信者９名に2222万8632円
伝道の手口	元信者35名に8704万4147円
伝道の手口	元信者３名 715万円
献金勧誘・物品販売	女性 7963万7500円
献金勧誘・物品販売	女性 ２億7620万円
献金勧誘・物品販売	女性 4901万3736円
献金勧誘・物品販売	女性 2190万円
献金勧誘・物品販売	女性 9567万4100円／高裁 １億5131万235円
献金勧誘・物品販売	女性 １億1000万円／高裁 385万円追加容認
献金勧誘・物品販売	女性 3300万円／高裁 7100万円
献金勧誘	女性 8160万円／高裁 ３億9000万円
伝道・献金勧誘・物品販売	元信者・家族 ２億9000万円／高裁 原審維持
献金	女性 請求棄却／高裁 請求棄却 時効
伝道・物品販売	元信者３名 3800万円／高裁 原審維持
献金	元夫 妻による献金 3430万円／高裁 3790万円
献金・物品・国賠	女性 1020万円／高裁 1164万円 国賠は棄却
今後返金しない合意書	女性 203万円の合意書は無効 被害実額認める
献金	３人に3901万円、4326万円、3357万円と損害遅延金

（全国霊感商法対策弁護士連絡会 HP「霊感商法の被害」を参照の上、筆者作成）

5-1　統一教会の責任を認めた物品・献金等損害賠償訴訟

事件	地裁	高裁	最高裁
1	福岡 1994年5月27日	福岡 1996年2月19日	1997年9月18日
2	東京 1997年10月24日	東京 1998年9月22日	1999年3月11日
3	奈良 1997年4月16日	大阪 1999年6月29日	2000年1月21日
4	高松 1996年12月3日	高松（和解）	
5	仙台 1999年3月23日	仙台 2001年1月16日	2001年6月8日
6	福岡 1999年12月16日	福岡 2001年3月29日	2001年10月16日
7	東京 2000年4月24日	東京 2000年10月30日	2002年10月25日
8	岡山 請求棄却	広島 2000年9月14日	2001年2月9日
9	甲府 2001年6月22日	東京（和解）	
10	札幌 2001年6月29日	札幌 2003年3月14日	2003年10月10日
11	大阪 2001年11月30日	大阪（和解）	
12	東京 2002年8月21日	東京 2003年8月28日	2004年2月26日
13	京都 2002年10月25日	大阪（和解）	
14	新潟 2002年10月28日	東京 2004年5月13日	2004年11月12日
	新潟 2004年2月27日	東京 2006年1月31日	2006年6月8日
	新潟 2005年4月25日	東京 2006年10月31日	2007年3月23日
15	神戸 請求棄却	大阪 2003年5月21日	2003年10月10日
16	大阪 2003年6月26日	大阪（和解）	
17	東京 2006年10月3日	東京 2007年7月12日	2008年2月22日
18	東京 2007年5月29日	東京（和解）	
19	東京 2008年1月15日	東京 2008年9月10日	
20	東京 2009年12月24日	東京 2010年8月4日	
21	福岡 2010年3月11日	福岡 2011年1月21日	
22	東京 2010年12月15日	東京 2011年11月16日	
23	福岡 2011年2月28日	福岡 2012年3月16日	
24	札幌 2012年3月29日	札幌 2013年10月31日	
25	東京 2013年11月27日	東京 2015年3月26日	
26	札幌 2014年3月24日	札幌 2015年10月16日	
27	東京 2016年1月13日	東京 2016年6月28日	
28	東京 2017年2月6日	東京 2017年12月26日	
29	東京 2020年2月28日	東京 2020年12月3日	2021年9月28日
30	東京 2021年3月26日	東京 2022年4月27日	

為について、請求金額のうち二億七六二〇万円分に対して認められた（5－1：訴訟番号一七）。

認容額が半分となった理由は二つある。一つは、原告となった七〇代女性にこれだけの献金や借入の要請をしていた統一教会が、金銭の授受を示す受取書や借用書などを彼女に渡さず、記録を残すことを禁じていたからだ。「「与えた愛は忘れなさい、親の立場に立てば忘れる」と繰り返し語られ、自分がした多額の献金について早く忘れるようにしていたし、資料も残さないよう指導されるまま廃棄していた」と彼女は語った。しかし、幸いなことに日記を残しており、そこに献金の要請や差し出した金額が受取者の名前や場所も併せて記載されており、弁護士たちが農協の通帳にある出金の記録と照合しながら献金の事実を確定していったのである。ただし、このやり方では、文書の記録がなく、彼女の記憶に残っていただけの献金や信者たちに融通した事実は証明できない。

もう一つの理由には、献金を要請された時に彼女がためらったりしたか、あるいは信者たちから心理的な威迫行為を受けたりしたかどうかが問題とされ、それがない場合には自発的な献金と裁判所にみなされてしまったことがある。一〇〇〇万円単位や数百万円単位の場合は、所属教会に課せられた献金摂理をどれだけ分担するかについて彼女自身が決意して渡すまで気持ちの逡巡ぶりが記録されているのだが、日常的に数十万円単位で渡していたお金の場合、請われるままに応じていたのだった。

先に述べた郷路弁護士が提起した信教の自由回復訴訟では、信教の自由が侵害されて入信させられたのだから、信者として教団に捧げた労務や献金はすべて欺罔させられた結果として損害賠償の対象になりうると考えられた。しかしながら、その他の裁判では献金の都度、威迫的言動があったかどうかの確認がなされ、それがない場合は自発的な宗教的献金とみなされてしまっていることが多い。抗拒《こうきょ》不能の証明が求められる点は性被害の法理と似ている。

この原告は一三年間の信者生活を送ったが、資産家であるために統一教会から継続的な献金要請を受け続け、子供たちが気づいて親子の話し合いを行うことでようやく母親に自分が置かれた客観的な状況を理解させ、教会をやめる決心を促すことができた。「考え直してみるということで三人の子供たちと一通りの話し合いを終え、その間家を離れていた孫たちが親にすがりついて泣いている様を見て、孫たちをここまで悲しませた自分の姿が客観的に見えた。つまり、自分としては子供たち、孫たちのためによかれと思ってやってきたことだったが、そうではなかったのではないか。これほどまで子供や孫たちを悲しませてしまった自分の愚かさと申し訳なさに涙し、その瞬間、ある意味で楽になった。これまでは自分だけが神の摂理を知り、氏族メシヤとして孤軍奮闘してきたが、ようやくそのような状態から解放された」と述懐した。

一人の信者が被害者であったことに気づいてから、金銭的被害や家族関係を取り戻すのにはさらに数年を要する。家族の理解や弁護士、関係者の支援なしに損害賠償請求訴訟を起こすことはできない。潜在的には全国で数百件以上の事件が提訴される可能性がありながら、そこまでの条件を揃えられる人はわずか一握りなのである。また、統一教会と元信者・家族・関係者が金銭の授受に関して和解をすることも多々あるが、明確な証拠を被害者側で用意できなければ、教団から誠意ある対応が得られないことは言うまでもない。

次に、統一教会による刑事的な違法行為はどの程度あるのか、まとめておこう。

統一教会による刑事事件

一九八〇年代以降、統一教会によって組織的に行われた違法行為は相当数あったと考えられる。ただし、警察の捜査、検察による起訴を経て裁判所が有罪の判決を下した刑事事件は三〇件あまりであり、民事訴訟において損害賠償が認められた裁判も三〇件ほどである。刑事事件の内訳として、一九七〇年代から八〇年代にかけての研修会中の過失致死、高麗人参茶で病気が治るなどといって販売した薬事法違反、霊感商法による執拗な勧誘や脅迫、物品販売グループの過失運転致死、九〇年代以降は信者個人の窃盗、祝福家庭内の殺人、二〇〇〇年以降は公職選挙法違反や特定商取引法違反が目立つ。霊感商法は四〇年以上行われてきたのに、事故死や殺人などを除けば、刑事手続きを経た事件はあまりに少ないと言える。

比較対象として、霊感霊視商法として詐欺で立件された明覚寺《みょうかくじ》や法《ほう》の華三法行《はなさんぼうぎょう》と比べると、その類似性と規模感が浮かび上がる。明覚寺では、チラシ広告の無料相談で人を集め、姓名判断で因縁鑑定を行い、セミナー参加を強要してそこで家系図診断をし、先祖の供養や浄霊を行うよう説得して百万円単位で供養料を得たとされる。代表役員には懲役六年の実刑判決が下され、文化庁は組織ぐるみの違法性が認められたとして和歌山地方裁判所に宗教法人明覚寺に対する解散命令を請求し、和歌山地裁は二〇〇二年に解散命令を出した。

法の華三法行では、足裏診断と称する運勢鑑定や富士天声村などでアタマを取るといった研修を行い、病気快癒や開運のために代表役員福永法源の著書やグッズを高額で購入させ、献金などを強要したとして、教祖以下幹部が詐欺罪で逮捕され、二〇〇五年に懲役一二年の実刑判決が出された。被害金額は六百億円に達し、教団は破産宣告を受け、破産手続き終了後に解散した。

この二つの事件の手口は、信者が霊能者役となり、マニュアルに沿って霊能をかたり、威迫的行為によって高額商品を購入させるなど、統一教会による霊感商法の手口と酷似している。

また、全国霊感商法対策弁護士連絡会の集計（全国の消費者センターと弁護士会による集約）によれば、一九八七年から二〇二一年までの統一教会による被害件数は三万四五三七件、被害金額は一二三七億三三五七万五四〇六円であり、法の華三法行などと比べても甚大である。統一教会による霊感商法は、日本宗教史における最大規模の詐欺事件となってもおかしくはなかった。実際、二〇〇七年から一〇年にかけて日本各地の統一教会関連の販社と近隣教会が警察の強制捜査を受け、特定商取引法違反によって計一〇件に有罪判決が下されている。

5-2　統一教会信者の責任を認めた刑事手続き

	日時	事件概要	刑事手続き・判決
1	1970年7月	大阪　原理研究会の修練会で錯乱者を監禁・致死	保護責任遺棄致死、執行猶予
2	1977年1月7日	鹿児島　人参液を病気に効くと販売	薬事法違反で高麗屋の信者6名に罰金
3	1978年12月25日	新潟　人参茶を諸病に効くと販売	薬事法違反で青心の信者数名に罰金
4	1982年2月12日	最高裁　人参液を高血圧に効くと販売	薬事法違反でファミリー委託販売員に罰金
5	1984年1月12日	青森　悪霊の祟り／夫や子の供養と言って10時間ホテルで説得し、1200万円払わせる	恐喝で3名に懲役2年半、執行猶予5年
6	1986年12月1日	東京　執拗な来訪・鑑定、印鑑販売	迷惑防止条例違反で永福堂鑑定師に罰金1万円
7	1988年8月25日	福岡　霊石愛好会の役員が弁護士誹謗のビラ	名誉毀損　2名に20万円ずつの罰金
8	1988年10月20日	東京　幸運堂の信者が信号無視で事故女性信者3名死亡2名重症	運転役信者に懲役2年実刑
9	1990年7月29日	神戸　マイクロ車事故　1名死亡6名重軽傷	
10	1991年1月25日	名古屋　マイクロ車事故　2名死亡4名重症	居眠り運転手に禁固1年実刑

11	1991年1月30日	京都　話し合い中の信者を奪回に来た信者たちが家族に暴行	懲役3ヶ月猶予1年
12	1993年4月19日	愛知　祝福家庭のフィリピン人男性が妻の日本女性を絞殺	精神鑑定
13	1993年8月	東京　自民党議員の戸別訪問を行い、国際勝共連合職員を逮捕	公職選挙法違反　罰金
14	1995年11月	岡山　話し合い中の信者宅に押し入り家族に暴行	信者5人逮捕3人罰金
15	1996年3月15日	福島　祝福家庭の韓国人男性が家族トラブルで妻の母を刺殺	
16	2003年12月19日	富山　韓国人信者が教団施設8箇所で1800万円相当の窃盗	懲役3年執行猶予5年
17	2007年10月	沖縄　天守堂職員が客を畏怖困惑させた	特商法違反で罰金
18	2008年2月12日	松本　煌健舎職員が客を畏怖困惑させ印鑑販売	特商法違反で罰金
19	2008年9月27日	大阪　ファミリーネットワークが人参茶をガンが治ると販売	特商法違反で100万円、70万円の罰金
20	2008年11月	新潟　北玄社員が運勢判断などで水晶を販売	特商法違反で50万円2名、40万円2名の罰金
21	2008年12月	福岡　サンジャスト福岡が地獄に墜ちるなどと言って水晶、彫刻を販売	特商法違反で罰金50万円

22	2009年2月	東京　新生、渋谷教会に強制捜査	特商法違反で社長・職員5名罰金100万円、会社に罰金800万円、社長・営業部長に各執行猶予付懲役2年、1年
23	2009年9月	大阪　民主党議員の電話掛け報酬を信者が出す	公職選挙法違反　罰金
24	2009年9月	大阪　共栄、吹田教会の強制捜査	特商法違反で2名に罰金100万円、他2名に70万円の罰金
25	2009年10月	和歌山　エムワン、和歌山教会の強制捜査	特商法違反で店長100万円、鑑定師70万円、販売員50万円の罰金
26	2010年1月	大分　天一堂と聖和、大分教会の強制捜査	特商法違反で職員50万円の罰金
27	2010年7月	東京　ポラリス職員　鑑定と念珠販売	特商法違反で罰金
28	2010年8月	熊本　信者による健康保険証の不正使用	詐欺で懲役1年半執行猶予
29	2011年2月	東京　脱会した信者へのつきまといとGPS付携帯電話を設置	ストーカー規制法違反

（全国霊感商法対策弁護士連絡会HP「霊感商法の被害」を参照の上、筆者作成）

コングロマリット宗教のリスクヘッジ

一方で、統一教会の霊感商法が、明覚寺や法の華三法行の詐欺事件と異なっていた点も見ておきたい。組織の分割・多角化によって宗教法人の本体部分を守る戦術が、功を奏していると考えられる部分だからである。

一九六〇年代における草創期の日本統一教会は新宗教運動であり、原理研究会や国際勝共連合などの関連団体を結成するなど事業多角化の戦略は当初からあった。韓国の物産を日本に輸入して販売する企業から始めて、霊感グッズの仕入れや販社を束ねる「世界のしあわせグループ」、教団書籍や教団紙の発刊に至り、政治的ロビイング活動を行う諸団体をも結成した。一九八〇年代以降は、韓国系小財閥に多いコングロマリット（複合事業体）としての事業展開を見せる。コングロマリット化による収益性の向上は期待したほどでもなかったが、不採算部門を日本の統一教会が穴埋めすることで、統一教会のコングロマリットは世界展開が可能になった。

第一章でも述べたように、グローバルな事業体連合となった統一教会において、アメリカと韓国にまたがる経済事業部門は四男の文國進が握り、宣教部門の総帥であった世界原理研究会長は三男の文顕進の手にあったが、文鮮明の死後、妻の韓鶴子と子供たちおよび韓国幹部たちの間で起きた利権をめぐる争いが高じて、コングロマリットは三男と四男、母親と三男の訴訟合戦によって分断されている。

日本においてもコングロマリット化が進み、現在は韓鶴子の主流派によってほとんどおさえられている。簡略化した全体図を5－3に示した。

このコングロマリットは韓国の統一教会本部と傘下の日本の統一教会本部によって統治され

5-3　コングロマリット宗教としての統一教会

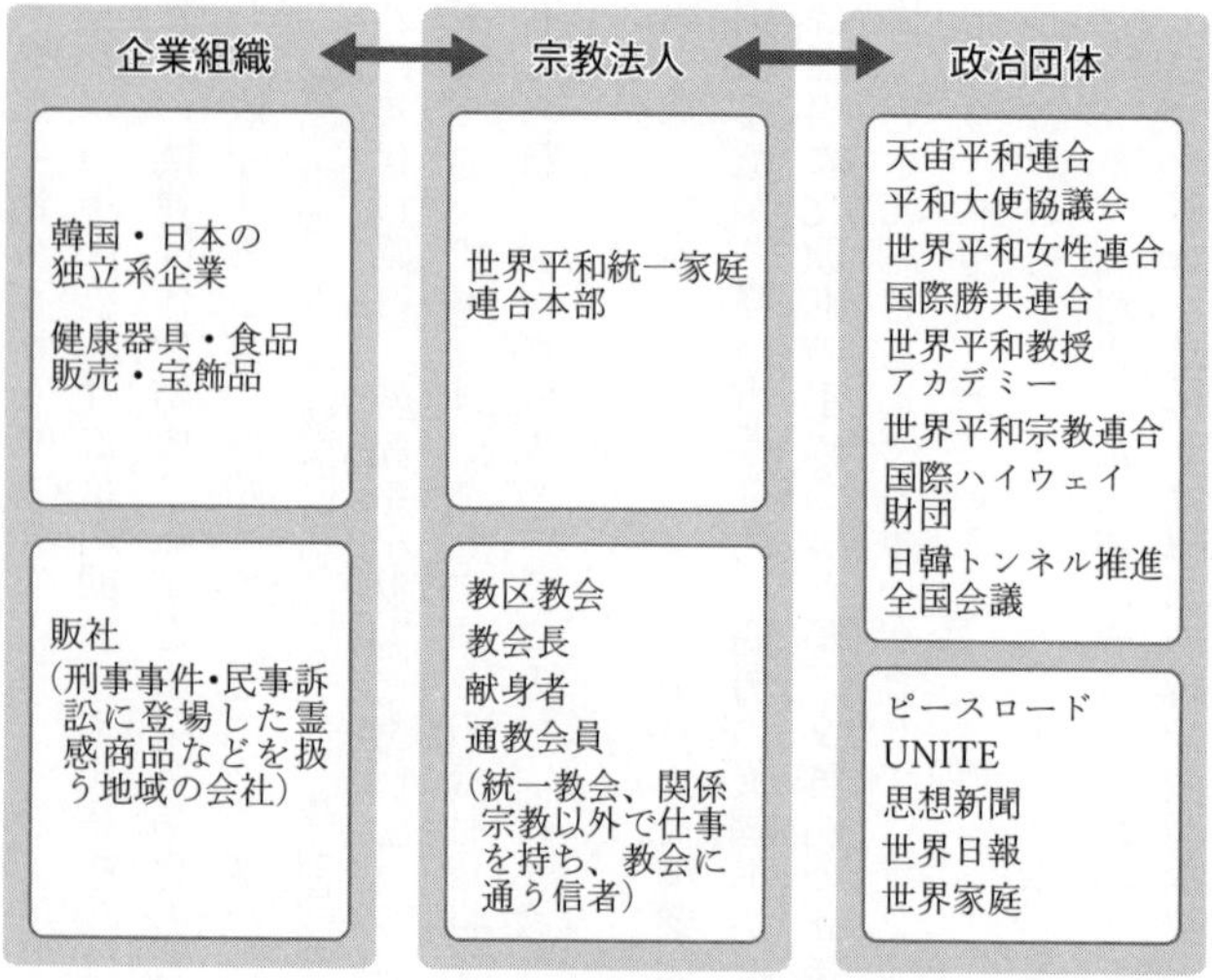

ており、幹部職員たちは宗教法人の「世界平和統一家庭連合」と企業組織、および政治団体の間で人事交流を行っている。したがって、民事裁判において判示されているように、これらの三部門やそこに所属する組織は一体のものとしてみなすことができる。しかしながら、統一教会は、これらの諸団体は統一教会の関連団体ではあるものの別組織であると強弁してきた。その狙いはリスクヘッジにある。霊感商法において、信者たちが個別訪問をして霊能による鑑定を行い、霊感商品を販売したとしても、それは販社の販売員（従業員もしくは委託販売員）がやったことであり、宗教法人は関与していないとすべての裁判で繰り返し述べてきたのである。裁判所において使用者責任が認められながらも、統一教会という

宗教法人による組織的な不法行為や悪質性の高い詐欺と認定されにくかった理由がここにある。

二〇〇九年に統一教会員が特定商取引法違反や詐欺で逮捕される事件が相次ぎ、統一教会は二〇〇九年三月二五日、徳野英治会長名で「教会員の献金奨励・勧誘活動及びビデオ受講施設等における教育活動等に対する指導について」という文書を出した。献金は「自由意志」によるものであり、「勧誘の際には統一教会の名前を出している」うえに「法令も遵守」している、というのがその中身である。つまり裏返せば、この三点に問題の核心があることを統一教会側が認めたに等しい。宗教法人本部が、関連団体の刑事事件をきっかけとして宗教法人内部のコンプライアンスの徹底を周知させたという構図は、宗教法人と関連組織の間に強い関係があり、法人本部に信者全般にわたる指揮統制の権限があることを図らずも明らかにしてしまった。

また、コングロマリット化のもう一つのメリットが、一般市民だけではなく社会的影響力のある大学教員、政治家、企業経営者などにアプローチする際に関連団体を使えることにある。統一教会には入り口が無数にある。たとえて言えば、要人には宗教法人の建物とは別棟の入り口から入ってもらい、応接間で適宜応対し、そこで要用の話が済みしだい、別々の出口から帰ってもらったり、関心のある人には共同棟のメインホールで文鮮明の御言葉を学習させ、統一教会の支援者になってもらったりするイメージである。こうした統一教会の趣向を、大学人や政治家たちも歓迎した。つまり、統一教会からお座敷がかかっても出向くには憚られるが、関連団体からであれば「別組織だと思っていた」と言えるからである（もっとも、こうした言い訳は、インターネットの時代にはかなり苦しいが)。

以上、問題性が明らかにされつつも、統一教会による違法行為の認定が困難を極め、被害者の救済も遅々として進まない現状とその背景を確認してきた。そうした中、安倍晋三元首相への銃撃事件が発生する。

II 安倍元首相銃撃事件

銃撃事件と容疑者

安倍晋三元首相が街頭演説中に銃で撃たれたのは、二〇二二年七月八日の午前一一時半過ぎのことである。安倍元首相が奈良県の近鉄大和西大寺駅北側で佐藤啓参議院議員(再選された)の応援演説をしていた時、聴衆として銃撃の機会をうかがっていた山上徹也容疑者が元首相の背後に近づき、手製の銃を発射した。SPや警護員が虚を突かれた二・七秒後に二発目の銃弾が元首相を襲い、左上腕部にあたった複数の銃弾が鎖骨下の動脈を傷つけ、搬送された奈良県立医科大学附属病院において夕刻、元首相は失血死した。

事件の衝撃は国内外を駆け巡ったが、九日の翌朝から参議院選挙が実施された一〇日まで選挙戦に影響を与えかねないとして詳細な報道が差し控えられた。その結果、九日の新聞報道は「民主主義の破壊許さぬ」(朝日新聞社説)、「卑劣な凶行に怒りを禁じ得ない」(読売新聞社説)、

「民主主義の破壊許さない」（毎日新聞社説）、「テロに屈しないためにも投票へ行こう」（日本経済新聞社説）など各社横並びで、安倍元首相個人と選挙制度に向けられた暴挙として、この事件を最大限批判したのである。

ところが、奈良県警に事件現場で逮捕された山上容疑者が「（安倍元首相の）政治信条に対する恨みではない」「特定宗教団体に対する恨みがあった」と捜査関係者に話していること、および容疑者の親族に対する取材から「家族が宗教団体の活動に熱心になり、二〇〇二年に破産し、同年に容疑者が海上自衛隊に入ったこと」（朝日新聞七月九日付、以下年数表記の無い記述は二〇二二年を指す）も同日に報道され、疑念が広がった。しかしながら、この教団がどこであるかは、講談社が運営するウェブメディアの『現代ビジネス』を除き、九日には報道されなかった。そして、選挙後の一一日午後、統一教会が記者会見を開いた。

統一教会の田中富広会長は容疑者の母親が会員であることを認めたものの、献金金額と母親の破産との関連については詳細不明であると述べた。報道各社はこの記者会見以降、特定宗教団体を「世界平和統一家庭連合（旧統一教会）」と報道し、それからは嵐のように統一教会をめぐる報道が新聞・雑誌・テレビを席巻した。筆者もまた、その渦に巻き込まれながら、その時々で統一教会問題に関わる見解を述べてきた。

まさにパンドラの箱が開かれた感がある。災いは、統一教会による霊感商法や多額の献金被害に無頓着なうえ、統一教会に利益供与してすらいた政治家にまず向かった。日本国内で元首相がテロによって殺害されたこと、しかも容疑者の動機から、自民党と統一教会の関係に焦点が当てられたことによって、日本の政治に対する国際的な信頼は大きく損ねられた。日本会議をはじめ保守的な政治団体から熱烈な支持を受けていた安倍元首相が、歪んだコリアン・ナショナリズムが根付く教義を持ち、国益と国民の権利を害するような問題行為を繰り返してきた宗教団体の有力な後援者であったという事実は、海外のメディアを絶句させた。筆者は事件後、十数社の海外の新聞・雑誌社から取材を受けたが、まず聞かれるのはこの点であり、日本の保守はどういう発想をしているのかという疑問への答えが求められた。それについて検討する前に、まずは山上容疑者について報道された当初一ヶ月間のメディア情報から、事件に至るまでの背景を大まかにたどっていこう。

山上徹也と統一教会

山上容疑者は一九八〇年に建設業を営む父と母の次男として生まれた。兄と妹がいる。彼は一九九六年に奈良県内でよく知られる進学校に入学した。父親は容疑者の幼いころに自死したという。九八年には祖父が亡くなり、母親が奈良市内の二ヶ所の土地を相続した。この頃、母親は統一教会に入信し、九九年に二回に分けて土地を売却して、教会に多額の献金をしたとされる（朝日新聞七月一五日付）。『情報ライブ ミヤネ屋』（日本テレビ系列）のインタビューに応じた伯父は、「入会とほぼ同時に二〇〇〇万円、さらにすぐ三〇〇〇万円。そのあと三年後くらいに、現金で一〇〇〇万円。合計六〇〇〇万円。この原資は、保険金です。命の代償です」と述べた。「会社の事務所の土地を相続して、それの処分が二〇〇〇万円。自宅の処分が二〇〇〇万円。これが、総計一億円なんですよね。保険金と不動産でね」。しかも、統一教会に入信した母親は、韓国の統一教会本部を訪れるため、子供たちを残して長期間留守にすることも多く、この伯父のところへ、山上容疑者の兄から「「食べるものがない」ってSOSが来た」という。この伯父は、子供たちのために統一教会に対して返金を要求し、五〇〇〇万円を取り戻したと言うが、母親の手で再び献金されたのではないかとも語った（『情報ライブ　ミヤネ屋』七月一五日付）。

経済的に困窮する中で、容疑者は伯父による学資の支援を受けて専門学校に進学する。二〇〇二年に母親は自己破産した。同年に容疑者は任期制の海上自衛官に任官する。二〇〇五年一月に容疑者は一度自殺未遂を起こし、伯父が海上自衛隊から連絡を受けたという（『情報ライブ　ミヤネ屋』前掲）。自衛官を任期満了した後は、測量会社など複数の会社でアルバイトし、二〇一三年からは派遣社員として働いてきたが、二〇二二年五月中旬に体調不良を理由に退職した。「金がなくなり、七月中には死ぬことになると思った」ため、「その前に安倍氏を襲うと決めた」と供述しており、奈良県警は経済的な困窮が事件の引き金と見ていると報道された（朝日新聞七月一六日付）。

安倍元首相と天宙平和連合

人生を変えられたという統一教会に対する山上容疑者の恨みは、持続的なものであった。二〇一九年一〇月六日に愛知県常滑《とこなめ》市の愛知県国際展示場で統一教会関連団体の「孝情文化祝福フェスティバル　名古屋四万名大会」が開催された。そこに、統一教会の韓鶴子総裁が来日し、容疑者は火炎瓶を持って会場に行ったが、会場に入れずに襲撃を断念したという（朝日新聞七月一五日付）。なお、同大会には、愛知県の大村秀章知事がメッセージを寄せ、前日に名古屋市内でUPF（天宙平和連合）が開催した「ジャパンサミット&リーダーシップカンファレンス」では、細田博之衆議院議員（現衆議院議長。安倍元首相の前の清和会会長）が基調講演を行ったという（『現代ビジネス』七月一四日付）。

翌年から新型コロナウイルスの世界的な感染拡大のために海外渡航が制限され、「トップが日本に来ず、狙うのは難しいと考えるようになった」と容疑者は供述した。そのうえで二〇二一年九月一二日にUPF（天宙平和連合）主催の「THINK TANK 二〇二二希望前進大会」に寄せられた安倍元首相のビデオメッセージについて、ネット上で「この春にメッセージを見た」という（朝日新聞七月一五日付）。

YouTube に複数アップされていた安倍元首相のビデオメッセージには、「一五〇カ国の国家首脳、国会議員、宗教指導者が集う大会で、盟友トランプ大統領と共に演説できる機会を光栄に思う……THINK TANK 二〇二二に大きな役割があると期待している……朝鮮半島の平和的統一に向けて努力してきた韓鶴子総裁をはじめみなさまに敬意を表します」という主催者への挨拶がある。その後は東京五輪が成功裏に終了したことを誇り、インド太平洋の地政学的な情勢を分析した後、世界平和統一家庭連合にも通じる家庭の価値を述べ、「偏った価値観を社会革命的な運動として展開する動きに警戒しよう」と保守的な考え方を披瀝したうえで、「この大会が大きな力を与えてくれると確信している」とまとめている。

このビデオメッセージに対しては、二〇二一年九月一七日付で「衆議院議員 安倍晋三 先生へ」と題した公開抗議文が、全国霊感商法対策弁護士連絡会から送付された。要点は次の通りである。

①「昨今、国会議員や地方議員の方々が統一教会やそのフロント組織の集会・式典などに出席し祝辞を述べ、祝電を打つという行為が目立っています。これらの議員の方々の行為は、統一教会により、自分たちの活動が社会的に承認されており、問題のない団体であるという「お墨付き」として利用されます」

②「本年九月一二日、韓国の統一教会施設から全世界に配信された統一教会のフロント組織である天宙平和連合（UPF）主催の「神統一韓国のためのTHINK TANK二〇二二希望前進大会」と称するオンライン集会において、安倍晋三前内閣総理大臣の基調演説が発信される事態が生じました。これを統一教会が広く宣伝に使うことは必至です」

③「安倍先生が今後も政治家として活動される上で、統一教会やそのフロント組織と連携し、このようなイベントに協力、賛助することは決して得策ではありません。是非とも今回のような行動を繰り返されることのないよう、安倍先生の名誉のためにも慎重にお考えいただきますよう強く申し入れます。また、事の重大性に鑑み、公開抗議文として送付するとともに抗議文を公開させていただく次第です」

安倍元首相の事務所から返答はなく、一〇ヶ月を経て今回の事件が起きた。山上容疑者の家族は、典型的な統一教会による被害者家族である。もちろん、母親は現在も教会員であると統一教会側から発表されており、本人の意思で献金したと統一教会が記者会見で述べている（朝日新聞七月一二日付）。統一教会信者が姓名判断などで自宅を訪問し、母親の家庭内の悩みなどを聞き出し、各種セミナーや集まりに誘い出す中で「壮婦」信者として教化していったことは想像に難くない。その結果として、伯父の話にあるように、子供たちを残して清平修練会に一ヶ月以上も出かけ、また、資産相当額を献金することで自己破産に追い込まれたのである。母親にとって頼れるところは統一教会だけであり、献金や修練会への参加で先祖や夫の霊を解怨し、「壮婦」信者として一般市民に布教していくことに充実感を得たこともあったかもしれない。しかし、山上容疑者を含む子供たちの教育資金や子供たちの面倒を見る時間まで統一教会に捧げた結果、残念ながら子供たちはまさしく「不本意」な人生を送ることになった。

山上容疑者の私憤は、世界平和統一家庭連合の看板を担いでしまった安倍晋三元首相に向けられた。容疑者は、統一教会を批判するブログを実名で運営している男性宛に匿名で手紙を寄せた。その中で安倍氏について「本来の敵ではないのです」「最も影響力のある統一教会シンパの一人に過ぎません」と記述する一方、「安倍(元首相)の死がもたらす政治的意味、結果、最早それを考える余裕は私にはありません」と殺害を示唆していたという(読売新聞オンライン七月一七日付)。現在、山上容疑者は精神鑑定のため留置されており、本書の執筆時点ではこれ以上の情報がないので公判を待ちたい。

政治家と統一教会・関連団体

八月に入って連日、政治家と関連団体(天宙平和連合や世界平和女性連合)との関係が報道され、日本国民は統一教会が日本の政治にここまで食い込んでいたのかと衝撃を受けた。

国会議員と統一教会および関連団体との接点だが、新聞社の国会議員アンケートによれば共同通信では七一二人中一〇六人(共同通信八月一三日付)と報じられ、朝日新聞が全国の国会議員、都道府県の議員、知事を対象に実施したアンケート調査では、国会議員一五〇名、地方議員二九〇名が接点ありとの回答だった。国会議員の政党別では自民が一二〇名、維新が一四名、立憲が九名、公明一名、国民一名、参政一名、無所属が四名であり、自民党議員の派閥別では安倍派が三四名、麻生派一九名、岸田派一六名、二階派一四名、茂木派一四名、谷垣グループ四名、森山派二名、無派閥一七名だった（朝日新聞九月四日付）。第二次岸田改造内閣では、五四人中二三人（複数回答で「選挙での支援」五人、「政治資金のやりとり」四人、「会合出席」一五人、「祝電」九人）の関係が明らかになった（朝日新聞九月一七日付）。

自民党は九月八日、衆参両院議長を除く三七九名の党所属議員に対して、統一教会との接点を調べる点検作業を行い、一七九人の接点を確認し、一二一人の氏名を公表した。茂木敏充幹事長は「九割近くの議員が関連団体であることとの認識がなかった」と述べた。しかし、岸田文雄首相が「統一教会および関連団体と関係を断つ」と言い、茂木幹事長が「党のガバナンスコードを強化する」と述べ、統一教会から種々の支援を受けた萩生田光一政調会長までが関係を見直すと明言している。そこまで言わせるほどの「関係」とは何か。それがなぜ長く維持されたのか。三つほど理由が挙げられる。

一つは、選挙協力のうまみ（政治家全般）。岸信夫前衆議院議員（安倍元首相の実弟）は長年の付き合いがあることを認め、無償で選挙運動員や私設秘書などを統一教会関連団体から派遣してもらえると証言した（東京新聞七月三一日付）。公職選挙法はウグイス嬢や事務員を除いて運動員の雇用を禁止しているので、電話がけ、ポスター貼り、立ち会い演説の動員などで運動員の派遣を得られれば、ありがたいことこの上ない。地盤・看板・鞄に心配のある新人議員や選挙に弱い議員ほど、こうした申し出を断れないし、いったん懐（地元選挙組織）に入られたらなかなか手を切れないのが実情だろう。政治家は世話になっているのだからということで、祝辞を送り、団体のイベントで挨拶するなどして信者たちを激励することになる。また、義理ができることで統一教会に対する政治的な対応が鈍ることにもなる。

二つ目は、フロント団体を通じた世論形成（主に自民党）。第二章でふれた国際勝共連合が典型的だが、スパイ防止法制定（廃案になり、二〇一三年に特定秘密保護法が成立）やジェンダーフリー反対運動などを通じて、保守派の政治家の主張を草の根レベルで拡大してきた。戸別訪問やポスティングなど、政権与党の自民党が直接やれないことをやる。萩生田政調会長は、世界平和統一家庭連合が家庭の重要性を説き、世界平和女性連合が女性の活躍を支援しているから、接点を持つことになったと述べた（朝日新聞八月一九日付）。文字面だけ見ればその通りだが、統一教会が理想とする真の家庭（文鮮明と韓鶴子を真の父母として合同結婚で信者同士が結ばれ、無原罪の子をなす）に照らしてみれば、自民党の保守政治家が考える家族像や現実の日本に暮らす家族などは偽りの家庭に過ぎず、本来双方の家族像は相容れない。二〇〇九年から一二年まで浪人中だった萩生田氏は「青年指導者フォーラム」（当時の事務局長は家庭連合の田中富広会長）などで頻繁に講演し、八王子教会の礼拝でも講演することがあり、信者たちは萩生田氏の選挙活動も手伝っていたと言う（『TBS報道特集』八月二〇日）。

三つ目は、フロント団体を利用した布教活動。統一教会の目的は日本国民を教化し、二〇〇一年に始まったとされる「天一国」という統一教会の地上天国に導くことにある。もちろんこのような考え方を一般市民に説いて賛同者が多数現れる事態は考えにくい。そのことを統一教会もわかっており、そのためにまず政治家に影響力を行使し、上から日本社会を変えようとしているのである。地方自治体のイベント開催に統一教会の関係団体が相乗りし、政治家や企業家など地元名士と交流したり、市民向け講座を開催したりして統一教会の政治的主張を拡大する。天宙平和連合主催のイベントで、全国六二ルートにおいて平和を訴えながら自転車を乗り継ぐ「ピースロード」に関しては、富山県の知事・富山市長・県議会議員の関わりが報じられているほか（NHK八月九日）、岡山県でも全一五の市と一つの町が関わっているとのことなので（NHK八月一六日）、おそらく全国の自治体で同様のことが生じていただろうと推測できる。

統一教会の組織票

岸信介元首相から安倍元首相へ三代続いた政界きっての名家が、統一教会とその関係団体である国際勝共連合と深いつながりを維持していた。一般には衝撃的な事実であろうが、第二章をはじめ、本書の前半部分を読んだ読者なら腑に落ちるかもしれない。

派閥の選挙対策という側面も大きい。自民党には、平成研究会（元は経世会。吉田茂、佐藤栄作、田中角栄、竹下登、小渕恵三、橋本龍太郎を経て現在の茂木派につながり、八月二二日現在所属議員五四名）、宏池会（池田勇人、大平正芳、鈴木善幸、宮澤喜一、加藤紘一らを経て岸田文雄、四三名）の保守本流に加えて、清和政策研究会（岸信介の派閥を継いだ福田赳夫、安倍晋太郎、森喜朗、小泉純一郎、細田博之らを経て安倍晋三、九七名）という大派閥がある。現在、清和会は群を抜いて大きく、これはこの二〇年間で小泉純一郎、安倍晋三というキャラクターが濃く、選挙に強い政治家を得た結果である。自民党が大勝すれば、いわゆるチルドレンも増える。しかし、元々名前が売れておらず、選挙区に地盤と業界団体の票を持たない議員は毎回支援者の確保に苦しむ。そこで、派閥の選挙対策に大きく依存し、統一教会の組織票のような、危ない票にも手を出さざるをえなくなる。

ところで、この種の依存がどの程度のものであるのかについては、統一教会の実力を固定票の票数から算定し、それを得た候補者と差配した人物についての証言を得る必要がある。

七月二八日にローカル局の北海道テレビ（HTB）は、北海道選出の元参議院議員で、参議院議長も務めた伊達忠一氏のインタビューを放映した。証言するところによると、七月の参議院選挙において現職の宮島善文参議院議員のために統一教会関連団体の組織票を安倍元首相に依頼したところ、難しい旨の返答があり、宮島議員は出馬を断念したとのことであった。もともと伊達忠一氏は宮島氏と同じく元臨床検査技師であり、日本臨床衛生検査技師会から候補者を擁立することを考え、当時の会長であった宮島氏に出馬を打診、安倍首相に支援を要請したという。HTBのインタビューの翌週に伊達忠一氏は当時の安倍首相ではなく、清和会会長であった細田博之氏（元官房長官であり、衆議院議長）に依頼したと発言を変更したが、その後は取材には応じていない。

朝日新聞は、八月二〇日に宮島善文氏が直接取材に応じた談話として、「伊達氏から党の支援団体の票をもらってきたと言われ」、「団体名が世界平和連合であり、陣営幹部から統一教会と関連があると教えられ戸惑った」のだが、「教団側の支援が公になると危ういと考え、トップシークレットとして、外でおおっぴらに言ってはいけないと忠告された」と報じた。宮島氏は「選挙期間中、全国遊説の合間に指定された教会十数ヶ所に行き支持を訴え」、「平和連合はボランティアで数万通のハガキの郵送を手伝い、ビラを配布した」とのことである。結果的に、陣営幹部の分析によれば「日技連の組織票が三万から三万五千票、関連団体が二万票、教団票は六万から七万票」を獲得し、宮島氏は二〇一六年の参院選で初当選した。

宮島氏は、この後清和会に入り、議員在職中にお礼の挨拶回りや教団主催の研修会に参加して平和連合への理解を深めることになった。また、この研修中に安倍元首相が登場するビデオを視聴し、教団の理解者であることを伝えられたと言う。

ところが、宮島氏は前年に党の公認を得て二〇二二年の参議院選出馬の準備を始めるものの、年始めに伊達氏から忠告を受けて安倍氏への面会を行い、「前回と同じように応援票を回してもらえないか」と依頼したところ、明確な回答を得ることができず、三月に再度訪問した際に今回は自分でやるようにと告げられたと言う。そこで、宮島氏は、今回の参議院選に安倍元首相の首相秘書官を務めた井上義行氏が立候補を予定し、安倍元首相が井上氏に平和連合の支援を一本化すると受けとめ、総合的に判断して当選は難しいと立候補を断念した。

井上義行参議院議員については、統一教会の集会において「食口《シック》（統一教会の会員）」になった先生として紹介され、「投票用紙二枚目（比例区）は井上義行と書いてください」と教団指導者が指示する場面の映像がニュースで度々放映された。当人は信者ではなく、「賛同会員」であるとの説明をしていたが、議員当選後に辞めたと述べた。八月二〇日付の朝日新聞の分析によれば、井上氏は一九年の参議院選挙において約八万八〇〇〇票で落選しているが、今回は得票数を約一六万五〇〇〇票に倍増させた。全国の自治体を統一教会の「家庭教会」と呼ばれる施設がある二五九自治体と施設がない一六三七自治体に分け、自治体の有権者数ごとに四分類を行って変化を見たところ、一九年と二二年の得票の変化は、都市圏では〇・一ポイント、地方都市では〇・四ポイントほどの得票率の上昇が見られた。井上氏は得票増の要因について「世界平和連合の企画などYouTubeなどネットを通じて国民向けに支援を呼びかけた」ためとしていたが、統一教会の組織票が井上氏に投じられたことは明らかである。

井上義行氏は国鉄職員から総理府に転籍になり、その後、内閣官房長官秘書官などを経て、安倍氏の私設秘書や参議院議員一期を務めていた。二〇一九年の参議院選挙では自民党から出馬し、前述のように落選していた。なお、同氏は日蓮宗神奈川県第三部青年会・安國寺からの申請を受け、日蓮宗からも推薦を受けていた。

この選挙で日蓮宗では九人を推薦し、五人が当選した。ちなみに全日本仏教会では推薦者計二六名が当選、立正佼成会では一七人が当選した（中外日報七月一五日付）。このように政治家と宗教団体との関係は統一教会に限らず、多数の宗教団体が多くの政治家を自教団の理念に共鳴してくれるということで推薦・後援している。その中でも統一教会は、教団推薦が盤石の組織票になる希有な存在として、創価学会と並び称される存在となっていた。

国葬と政治批判

岸田内閣の支持率は二〇二二年七月の五二パーセントからわずか一ヶ月で三六パーセントに急落した。不支持は三七パーセントから五四パーセントに急増した（毎日新聞八月二一日付）。自民党の議員が統一教会と選挙協力をはじめ密接な関係を結んできた疑惑を払拭できないだけではなく、統一教会および関連団体に対して今後どのように対応していくのか、明確な方針を示せていないことがその要因であった。そのような状況で、九月二七日に安倍晋三元首相の国葬儀が日本武道館で挙行された。二一八の国や地域、それに国際機関などから参列の意向があったとされたが、G7首脳の参加は見送られた。国内では、四七都道府県中四五の都道府県が国葬当日に弔意を示すために庁舎に弔旗や半旗を掲げ、国葬儀には自民党議員のみならず自治体の長も多数参加した。しかしながら、国葬に関する国論は二分された。

一〇月に入り、九月五日から政府が設けた被害相談の窓口に寄せられた電話相談について、松野官房長官は、同月末までに寄せられた約一七〇〇件の相談のうち、警察につないだ相談は速報値で七〇件程度だったこと、そして「犯罪が疑われる相談もある一方、見守り支援など犯罪捜査を求める以外の相談も相当数ある」と述べた（時事通信一〇月一八日付）。国会の衆参両院本会議では、野党が統一教会との接点が大きく報道された細田衆議院議長に異例の質問を行ったり、セミナー出席の記憶がないと答弁をはぐらかす山際大志郎経済再生大臣に質問が殺到したりし、山際大臣は一〇月二四日に事実上の更迭である辞任を余儀なくされた。

一〇月一一日には、全国霊感商法対策弁護士連絡会が、世界平和統一家庭連合への解散命令の請求を法務省・検事総長と文部科学省に申し入れる声明を発表した。一〇月一七日には、消費者庁に設置された有識者会議が報告書をとりまとめ、宗教法人法に基づく調査の必要性を提言し、首相も承認した。統一教会問題に手をこまねいていては、国会運営もさることながら、政権支持率が下がるだけという状況に、岸田首相は解散命令の請求を視野に入れた調査の実施を決断した。

こうして、統一教会問題は二〇二二年後半の国政を揺るがす最大の事案となった。岸田政権は野党からの攻勢や被害者・二世信者からの切実な要求、支持率低迷という世論からの厳しい評価を受ける中で、「文科省に世界平和統一家庭連合に対する解散命令の請求を出させる」というカードを切るしか事態打開の方策はないと決断したように見える。

III 統一教会の解散命令請求と宗教規制

宗教法人の解散命令請求

文部科学省の文化庁宗務課は宗教行政の所轄官庁だが、主たる業務は宗教法人の認証である。宗教法人法の目的は宗教団体に対して法人格を与え、活動の利便性を提供することであり、所轄庁（都道府県知事または文部科学省）が宗教法人を管理する仕組みにはなっていない。第一条第一項を引用してみよう。「この法律は、宗教団体が、礼拝の施設その他の財産を所有し、これを維持運用し、その他その目的達成のための業務及び事業を運営することに資するため、宗教団体に法律上の能力を与えることを目的とする」。

ただし、宗教法人法の後半部分には、宗教法人に対する管理を行政行為として可能にする条文があり、文化庁宗務課は宗教活動実態のない不活動宗教法人の解散や、合併を勧める権限があるとしている。管理に関わる部分を条文に沿いながら順に見ていこう。第七九条第一項には、「所轄庁は、宗教法人が行う公益事業以外の事業について第六条第二項の規定に違反する事実があると認めた時は、当該宗教法人に対し、一年以内の期間を限りその事業の停止を命ずることができる」とある。「第六条第二項の規定」とは、「宗教法人は、その目的に反しない限り、公益事業以外の事業を行うことができる。この場合において、収益を生じた時は、これを当該宗教法人、当該宗教法人を包括する宗教団体又は当該宗教法人が援助する宗教法人若しくは公益事業のために使用しなければならない」というものだ。

統一教会は、「霊感商法は当法人ではなく、信徒組織が関連団体において自主的に行ってきた」と述べ、宗教法人としての責任がないとした。しかしながら、全国各地の訴訟において裁判所は「宗教法人統一教会は関連団体も含め一体のものとみなすことができる」と述べ、統一教会の使用者責任を認定し、最高裁においても確定している。このような判決が積み上がってきた時点において、所轄庁としての文部科学省が統一教会に対して第七九条に基づいて事業停止を命じてもよかった。なぜなら、日本の統一教会本部は事業収益の大半を韓国の統一教会に送金したり、国内関連団体の経済活動や政治活動に回したりと目的外使用を行っていたからである。実際、統一教会の幹部や元信者がこのことを証言しており、教団改革推進本部長の勅使河原秀行氏も「韓国への日本からの送金額の見直しを行う」と九月二二日の記者会見で述べていた（朝日新聞九月二三日付）。

宗教法人法第七八条二の第一項には、下記のように、文化庁宗務課による宗教法人に対する質問権の行使が定められている。「所轄庁は、宗教法人について次の各号の一に該当する疑いがあると認める時は、この法律を施行するため必要な限度において、当該宗教法人の業務又は事業の管理運営に関する事項に関し、当該宗教法人に対し報告を求め、又は当該職員に当該宗教法人の代表役員、責任役員その他の関係者に対し質問させることができる」。

そして、質問の際には宗教法人審議会に諮問して意見を聞くことが定められている（第二項）。「前項の規定により報告を求め、又は当該職員に質問させようとする場合においては、所轄庁は、当該所轄庁が文部科学大臣である時はあらかじめ宗教法人審議会に諮問してその意見を聞き、当該所轄庁が都道府県知事である時はあらかじめ文部科学大臣を通じて宗教法人審議会の意見を聞かなければならない」。

一〇月二五日、文化庁は報告聴取・質問権の行使を行うために有識者会議を先行して開催し、質問権の行使の基準検討に入った。宗教法人法が一九九五年に改正された際に、宗教法人法に違反したことが疑われる法人に対して報告を求め、責任者に質問することができるとされながら、この権限を一度も行使してこなかった。そのために、質問するかどうかの基準と項目などを具体的に定めなければならず、有識者会議を立ち上げたのである。この有識者会議は、ほぼ宗教法人審議会のメンバーと重なる。人選を一新する案も出されたが、宗教学者・法学者・各宗教界の代表者が集まる宗教法人審議会の構成を変えることは難しい。したがって、個々の問題に詳しい専門家からヒアリングなどで意見聴取を受ける形が適当であろう。筆者も意見を求められたが、外部から自由にメディアなどで意見を述べるほうが、この問題に三〇年近く関わってきた研究者として一貫した態度を維持できると考え、そのように提言した。

さて、宗教法人審議会による世界平和統一家庭連合に対する報告の聴取と質問などのやりとりが複数回行われたなら、二〇二三年の早い段階で解散命令の請求を出すかどうかの決定に到るだろう。ただし、質問権の行使によって統一教会の実情を解明するとまではいかない可能性がある。警察による強制捜査と異なり、施設への立ち入りや証拠品の押収などはできないからである。第七八条の二第一項「この場合において、当該職員が質問するために当該宗教法人の施設に立ち入る時は、当該宗教法人の代表役員、責任役員その他の関係者の同意を得なければならない」および第六項「第一項の規定による権限は、犯罪捜査のために認められたものと解釈してはならない」によるものである。

そうして報告と質問への回答、および民事・刑事の判例や政府相談窓口による相談事例などもふまえた総合的な判断として、宗教法人の適格性が審議されるだろう。究極的な論点は、世界平和統一家庭連合の活動全体が「法令に違反して公共の福祉を害している」と言えるかどうか、当該法人に反省や改善が見込めないと言わざるをえないほど被害の態様が甚だしく悪質で深刻なものであると評価できるかにある。宗教法人法第八一条第一項には、「裁判所は、宗教法人について左の各号の一に該当する事由があると認めた時は、所轄庁、利害関係人若しくは検察官の請求により又は職権で、その解散を命ずることができる」とあり、該当事項の第一号は「法令に違反して、著しく公共の福祉を害すると明らかに認められる行為をしたこと」、第二号は「第二条に規定する宗教団体の目的を著しく逸脱した行為をしたこと又は一年以上にわたってその目的のための行為をしないこと」とある。

現時点においては、「公共の福祉を害している」との評価は揺るがないものと思われるが、

「法令に違反して」の「法令」の範囲をどう定めて、「違反して」の程度をどう評価するのかは、まだ十分検討がなされているとは言えない。一〇月一八日の予算委員会において岸田首相は「法令」の解釈を、従来の文化庁宗務課の「民事の不法行為は含まれない」という見解を踏襲したものの、世論からはあまりにも不評だった。それでは何のために解散命令の請求まで視野に入れた質問権の行使を文科省に命じたのか、整合性が問われる。そこで、一九日には「行為の組織性や悪質性、継続性などが明らかとなり、宗教法人法の要件に該当すると認められる場合には、民法の不法行為も入りうる」と答弁を変更したのである。こうした答弁の揺れは、法律の運用に関して不安を抱かせるものである。

筆者と東京大学名誉教授の島薗進氏を含む二五名の宗教研究者は、一〇月二四日に「旧統一教会に対する宗務行政の適切な対応を要望する声明」を出した（三二二－三二三頁）。二八日に東京地方裁判所の司法記者クラブで開かれた記者会見では、デュープロセス（法律的手続き）の公正で慎重な適用についての注意喚起を行った。つまり、刑事事件の中にある一〇件の特定商取引法違反（地域の統一教会施設に対する警察捜査）の実刑判決が精査された痕跡もないのに、いきなり民事の不法行為も入る、使用者責任も認められるなどと「法令」の範囲を二、三日で変えたのでは、法的解釈の安定性という点から見て不安が残ると申し上げたのである。

さらに、岸田首相が答弁で重ねて述べた「組織性や悪質性、継続性」を、当該の宗教法人による報告や質問への回答だけから判断することはかなり難しいと言わざるをえない。民事・刑事の判例は教団の過去を評価するに十分な資料となりうるが、現在進行形の案件について教団が実態をそのまま明らかにするとは考えられない。この点は質問権の行使についてのプロセスを追っていくしかないので、ここまでの記述に留める。

その後、第八一条第四項にある通り、この解散の請求を受けて裁判が行われる。「裁判所は、第一項の規定による裁判をする時は、あらかじめ当該宗教法人の代表役員若しくはその代務者又は当該宗教法人の代理人及び同項の規定による裁判の請求をした所轄庁、利害関係人又は検察官の陳述を求めなければならない」。裁判では、当該団体からの陳述および判決が不服の場合は抗告も認められているので、解散命令の請求に到るまでの議論以上に、統一教会の実態があぶり出されるものと期待される。

一一月二一日、文部科学省は統一教会に対して法人の組織運営や収支、財産に関して一二月九日までに報告を求める書類を送り、宗教法人法に基づく「質問権」を行使した。これに対して統一教会は、オウム真理教への解散命令を認めた東京高裁決定をもとに「法令違反」とは主に刑法に違反する行為を指しているとして、「民法は含まれない」と主張し、今回の行使は要件を欠き違法と二四日付で意見書を出した。案の定の反論である。

一二月一四日、文化庁は宗教法人審議会に教団をめぐる民事判決などの事実確認を軸とする「質問権」の二回目の行使について諮問し、了承の答申を受け、二〇二三年一月六日を期限とする質問書を統一教会に送付した。長くても数ヶ月のうちに回答内容を吟味し、宗教法人の解散命令に相当する要件について法律的な精査を行い、裁判所への請求についても検討するとしている。

解散命令の請求から裁判の結審に到るまで一、二年の期間を要するだろう。ここまで示してきた諸手続きは宗教法人法に則って宗務行政の一環として透明性を確保し、公正に慎重に行われることが重要である。なぜなら、憲法第二〇条にある信教の自由と宗教法人法の総則に記載された法の目的は、繰り返しになるが宗教団体の管理・統制にはないからである。したがって、宗教法人としての適格性を判断し、宗教法人の解散という行政処分を下すにあたって、慎重さと法の適正手続きの保障が何よりも重要であることは論を俟たない。

解散命令請求後の課題

本書脱稿の二〇二三年一月時点では予測を含めて書かざるをえないのだが、現時点において筆者が考える統一教会問題の課題は二つある。一つは、解散命令の請求がなされた後、裁判所において論点として浮上してくるのが、先に述べた統一教会の多角化・別団体戦略をどう考えるかである。明覚寺と法の華三法行は、宗教法人自身が詐欺的な霊感霊視商法を行っていた。統一教会の場合、形式的には霊感商法の実施主体は販社という別組織の活動だった。判例としては組織的一体性が認められてきたものの、宗教法人の解散にまで判決が踏み込めるのかどうか。

もう一つは、コングロマリットである統一教会にとって、世界平和統一家庭連合は組織の一部でしかなく、そこが宗教法人格を失い、任意の宗教団体となっても本体のダメージはそれほどないのではないかとも予測されることだ。すなわち、信者が「天の父母様聖会」を構成する世界平和統一家庭連合から同じ構成団体の国連NGOに登録された天宙平和連合や世界平和女性連合に移動し、教会施設なども登記を変更して従前通りの諸活動を継続するのではないか。

もちろん、解散により宗教法人に認められた税制上の優遇的地位を取り消されることのインパクトは大きく、市民もこの事件を記憶して統一教会と関連団体には注意を払うだろうし、大方の政治家も選挙協力を通じて関係を結ぶことに躊躇するだろう。そうなれば、新規の信者を獲得することができず、信者による高額献金も減少し、政治権力によってオーソライズもされない統一教会の組織は徐々に縮減していくはずだ。これはこれでよいのだが、それで統一教会がなくなるかと言えばそうとも思えず、今後も数十年にわたって存続することが予測される。

オウム真理教事件から二七年が経過し、団体規制法による観察処分が継続されているにもかかわらず、後継組織のアレフとアレフから分派したひかりの輪などは、併せて一六五〇人の信者がおり、道場など全国三十数ヶ所の施設で活動を続けている。最盛期の約一〇分の一に縮減したものの、正体を隠した活発な勧誘活動によって新規信者の獲得にも成功し、小教団として生き残っている。規模の比較だけで言えば、数万人の信者と数千人の専従職員・活動家から構成される統一教会は、関連団体を含め数十年後まで存続することが予想される。そして、このコングロマリット教団が、正体隠しの勧誘や霊感商法、および信者に対するエンドレスの摂理献金を継続する可能性は高い。そうなった場合、統一教会の宗教法人としての解散をもって問題解決とはならないし、これで政治的決着とすることはできない。

この点も考慮すると、被害者救済のための施策が別途必要ではないかということになる。先に述べた消費者庁の専門家会議からの提言や、立憲民主党や日本維新の会が提起したカルト規制法案のアイディアもある。順に見ていこう。

救済新法の概要

一〇月七日に消費者庁の専門家会議は、全国霊感商法対策弁護士連絡会や被害者・二世信者からの提案も受けて、統一教会のような宗教トラブルを予防し、違法行為を規制するための包括的なガイドラインの案を提出した。そして、野党の立憲民主党と日本維新の会は自民党・公明党に対して攻勢をかけるべく、規制案の草案策定を先んじて行い、与党側も修正案で応じるなどして急速に法案文面のすり合わせが始まった。こうして、国会の会期末ぎりぎりの一二月一〇日に「法人等による寄附の不当な勧誘の防止等に関する法律」が成立した。

ところで、寄附行為に対する規制法案だが、首相を含め与野党の国会議員が「救済新法」と呼び、メディアも同調してこの呼称を用いた。統一教会の被害者救済に力を尽くしたという印象付けをねらったものだが、この名称があるために新法は統一教会を取り締まるために作られたという理解が世論や宗教界に広がった。しかしながら、この法律は宗教法人を含む全ての法人の寄附行為を規制するものになっている。そのために統一教会問題への対応としては緩さが目立ち、宗教法人全体への対応としては強すぎる規制になりかねない面も浮き彫りになった。

簡単に新法の構成を説明しておこう。新法の目的は、①法人等による不当な寄附の勧誘を禁止し、②行政上の措置を定めることによって、消費者契約法とあいまって、勧誘を受けるものの保護を図る、ことである。具体的には、次のような法人側の配慮義務（第三条）が定められている。

①自由な意志を抑圧し、適切な判断をすることが困難な状況に陥ることがないようにする
②寄附者やその配偶者・親族の生活を困難にすることがないようにする
③勧誘する法人等を明らかにし、寄附される財産の使途を誤認させるおそれがないようにする

この中で最も重要な項目は①である。統一教会ほかのカルト視される団体に見られる「正体を隠した勧誘」やダミー団体の使用などは認められない。この法律は寄附金勧誘の場面に限定したものとなっているが、「自由な意思を抑圧しない」という配慮義務は、布教目的の勧誘行為に対しても、将来的に寄附金の要請が発生する場合には適用可能である。②は野党側が要求

していた寄附金額の上限設定に相当するもので、信者から根こそぎ財産や生活資金を収奪するような寄附を禁止している。③は単なる収奪を寄附行為と誤信させたり、ニセ募金に応じさせたりすることを戒めたものである。

これらの配慮義務は、今後寄附行為のトラブルが発生した場合は解決の指針となり、裁判官の判断基準となるだろう。こうした配慮義務を課した上で、法人側に寄附の勧誘に際し、不当勧誘行為で寄附者を困惑させることがないように具体的な禁止行為（第四条）を明示している。簡単にまとめると次の通りである。

①法人側の不退去
②寄附者の退去妨害
③勧誘することを告げず退去困難な場所へ同行して勧誘すること
④威迫による言動を交え相談の連絡を妨害すること
⑤恋愛感情等に乗じ関係の破綻を告知すること
⑥霊感などによる知見を用いた告知をすること

これらの具体的な禁止行為は、消費者契約法においても規制対象となる。①は、押し売りや押し買いのほか、戸別訪問などで勧誘者がなかなか立ち去らない事例であり、②は逆に被勧誘者が帰ろうとしても帰らせない事例である。統一教会の場合は霊感商法や高額献金の要請などにおいて一般市民や信者を数時間にわたって説得する行為が見られた。③などは貸し会議室や人里離れた研修施設などのすぐに逃げ出せない場所に連れていき、イエスと言わない限り帰さない行為を指している。

④も特定商取引法違反などで見られる強引な説得行為であり、特に、契約者に時間的猶予を与えず即断即決させるようなケースを念頭においている。⑤はロマンス詐欺を想像してしまうが、強調点は「好意」にある。人は相手に好意を持つことで、その人が語る内容それ自体を吟味することなく受け入れてしまうので、そうした特性を悪用しないようにという規制である。

さて、注目点は⑥にある。霊感商法を念頭においたものとはいえ、宗教儀礼とも重なる部分がある。特定商取引法における「霊感霊視商法」の禁止事項と読めば、そのことかと素通りする文言なのだが、拡大解釈されると宗教における「霊感」や「霊能」とも関連する。

簡単に言えば、車のお祓いや合格祈願程度の日常化された「霊能」の用い方と五千円程度の金額では問題なくとも、より差し迫った重大な事柄に対する特別祈禱や特別祈願によって何十万円もの寄附を依頼する行為はグレーゾーンに入る。あるいは数百万円以上の寄附金の要請においても、招福除災や極楽往生などを確約した場合には、状況によってはこの禁止規定に抵触するとみなされかねない。

布施や献金などの宗教的寄附行為は、必ずしも寄附を要請した宗教者の高潔な人柄や社会事業の有益性、宗教的建築物の意義や効用に納得してといった合理的な目的のためだけに寄附金が集まるわけではない。ご利益があればこその献金という側面もある。超自然的な働きや計らいの可能性に言及することがはばかられるとなると、宗教団体は今後寄附集めに苦労することが予測される。

寄附の取消と債務者代位権という論点にも言及しよう。不当な勧誘により困惑して寄付の意思表示をした場合は取り消しが可能であり（第八条）、取消権の行使期間としては寄附の時点から①〜⑤は五年、⑥は一〇年とされた（第九条）。これらの取消権については従来の消費者契約法の取消権とさほど変わらないが、霊感霊視商法的な寄附については、「不法行為によって困惑された場合」とみなして取消権の時効消滅期間を長く設定している。従来の民法上の贈与行為の取消（民法第五四九条）をふまえて、新たに寄附の取消可能な事由と期間を設定したことにより、今後、宗教法人は寄附の依頼に際して、前記の配慮義務と禁止規定を守っていたかを証明する必要に迫られる。

もう一つの留意点は、債務者代位権の行使に関する特例であり、子や配偶者が婚姻費用・養育費などを保全するための特例が認められた（第一〇条）。寄附者が自身の財産をどのように使うかは個人の自由だが（憲法第二九条一「財産権は、これを侵してはならない」）、子は親の財産に扶養義務に相当する金額分をあらかじめ権利として有していると考えられる。したがって、寄附にその権利（債権）が含まれている場合、家族が寄附者本人に代わって債務を有する法人から相当額を取り戻すことができると明示されたのである。

こうした寄附金の取消や返還交渉には時効なども考慮する必要があるので、不当な勧誘による寄附者などへの支援として法テラスや関係機関での相談体制の整備がなされる（第一一条）。そして、禁止行為の違反に対する行政措置としては当該法人に報告を求め、虚偽報告などの場合は五〇万円以下の罰金を科し、一年以下の拘禁刑か一〇〇万円以下の罰金として（第一六〜一八条）、実効性を持たせた。

以上の一連の寄附金規制法を実行するにあたっては、法人などの活動に寄附が果たす役割の重要性にも留意し、信教の自由などに十分配慮しなければならない（第一二条）と付言している。

マインドコントロールか信教の自由か

全国霊感商法対策弁護士連絡会は、新法成立の日に声明を発表した。論点は次の五つである。①家族被害の救済が図られないこと、②行政処分による救済可能性が不明なままであること、③禁止行為等の範囲、適用対象が狭いこと、④個人への寄附が対象から外れていること、⑤いわゆる「二世」の支援が十分ではないこと。

③については詳しく説明したほうがよいだろう。悪質な寄附を規制する六つの禁止事項を伴

わなければ、自発的な寄附とみなされてしまうのかということである。統一教会において信者となるまでは何らかの禁止事項が勧誘手法に用いられ、信者の初期段階においても禁止事項に該当する教化方法が用いられる。しかし、数年を経過した信者に対しては、わざわざこのような手法を用いずとも、信仰にうったえるだけで献金が引き出せる。信者には地上天国実現の使命感があり、神の経綸や再臨のメシヤ、あるいは統一教会組織や上位の指導者から具体的に何をしたら良いのかを事細かく教えられる。その通りにやるかやらないかだけの決断が迫られる。やれば信仰的であるし、やらなければ堕落人間に戻るのか、先祖を地獄で苦しむままにしておくのかと言われ、道徳的な断罪がなされる。そのために、年季の入った信者はその決断が自動化されている。このことを「マインドコントロールされている状態」とみなすのが、社会心理学者の西田公昭や弁連の弁護士たちであり、立憲民主党や日本維新の会は「マインドコントロール」の文言を規制法案に盛り込むことを最後まで自民党と協議してきた。

自民党が躊躇したのは、マインドコントロールの定義が難しいという話だったが、禁止事項を見れば、勧誘時のマインドコントロールの中身がほとんど盛り込まれている。問題は、信者の精神状態の診断とマインドコントロールの持続性にある。

たとえば数年から数十年の期間、特定宗教の信者になっているからといって、一概にマインドコントロール下にあると言えるだろうか。現役の統一教会信者にたずねれば、誰もが自発的な信仰であると答えるだろう。他方で、脱会して元の教団を批判する場合、マインドコントロールされていたと語られることが多い。どちらが正しいのか。あるいは、そもそもどちらが正しくてどちらが間違っているという考え方自体が妥当なのか。

勧誘時になされたマインドコントロールとは、客観的に確認可能な勧誘側の働きかけであり、配慮義務や禁止規定に違反しているかどうかで確認できる。それに対して、信者となった状況に対して「私は自発的に信仰している」、あるいは「マインドコントロールされて被害を受けた」という証言は、それぞれが当人にとっては真正性を有する自己物語である。精神科医であれ、裁判官であれ、第三者が客観的にあなたは正しいとも間違っているとも言いにくい。

この問題は、欧米においてマインドコントロール論争として長らく議論され、決着がつかないまま現在に至っている。マインドコントロール論は、市民の信教の自由を守るために主張される一方で、教団信者の信教の自由に制限を加え、司法や行政による宗教への強力な介入という側面もあるため、諸刃の剣であることを自覚しておく必要がある。

寄附金規制法案は、「法人による不当な寄附金勧誘の規制」という名目で策定されたものの、実質的には宗教法人の宗教活動に介入する法律でもある。宗教法人の運営基盤は信者からの献金、布施、玉串料などに依拠している。悪質な寄附金の強要を規制するという趣旨は理解できるが、行政処分を伴う規制は宗教法人の運営を管理することにつながる。

宗教を考える際に、消費者が多数の商品から自分の好みに合うような品物を選択し、対価を支払うという経済的行為の論理でルール化してよいのだろうか。たとえば、仏教でいう布施は自分が受けた利益への対価ではなく、一般的な他者に対する贈与である。財施としてまとまった寄付が行われる際、受け取り側が受領書や領収証を発行するのは常識だが、その金額の高さ（年収の何分の一などの基準設定）や、寄付の依頼や取消の仕方まで消費者契約法の枠で捉えるのが適当だろうか。むしろ、こうした諸点については宗教界や宗教研究者からの適切な提言が求められるのではないか。

統一教会による献金の要請は、その目的、方法、金額、帰結としての献金者の経済的困窮など、いずれの点においても宗教的寄附や布施などの常識からかけ離れたものである。このことを宗教の側からも積極的に示していかなければ、全面的な行政規制をかけるのが妥当だと国民に受け取られてもやむをえまい。

財産権のみならず、悪質な宗教団体その他による様々な人権侵害や搾取を防ぐために法整備を行おうと、カルト規制法案も検討され始めている。二〇二二年九月七日、筆者はカルトによる財産権侵害防止のための法律案策定について、立憲民主党主催のヒアリングでレクチャーをした。そこで説明したことに加え、以下ではカルト規制についての私見を述べたい。

カルト規制法の可能性

ヨーロッパではアメリカの「カルト」に相当する団体を「セクト」と呼ぶ。フランスの反セクト法の法令の正式名称は「人権および基本的自由の侵害をもたらすセクト的運動の防止および取り締まりを強化するための二〇〇一年六月一二日法律二〇〇一－五〇四号」である。

同法は、法人が活動参加者の心理的または身体的従属を企図し、実際に行ったことで、法人自体または管理者に対して最終刑事有罪判決が下された場合に解散を宣告することができるという法令である。具体的な犯罪としては、人種に対する犯罪、身体的暴力や生命を危険にさらすこと、個人の尊厳や自発性・精神の自由を脅かすこと、人格攻撃、未成年者虐待、財産権の侵害、医療・薬事法違反、消費者法違反、詐欺などが列挙され、後に、セクシャルハラスメントや自殺教唆などが追加された。子供や障がい者、高齢者の保護を念頭に置きながら「無知・脆弱者の不正利用（濫用）」を問題視しているところがこの法の特徴と言える（違反者には三年の禁固や三七万五〇〇〇ユーロの罰金）。

反セクト法の成立は二〇〇一年だが、一九八五年にヴィヴィアン報告書が一一六のセクト団体を列挙し、一九九五年にギュイヤール報告書が一七三のセクト団体をリスト化するなどの過程を経て、その問題点が指摘されてきた。「国が宗教に介入して国民の精神の自由を守る」という考え方は、フランスにおける共和制の成立、カトリック教会との政教協約、現在に至るライシテ（公共の場を非宗教化する）という二〇〇年間の歴史の中で形成されてきたものであり、日本がこの法を短期間で導入するには無理がある。

反セクト法に対しては、フランス国内でも信教の自由に抵触するのではないかという異論はあり、英国国教会を有するイギリスから批判されている。つまり、その人が自分の意思で宗教活動を行っているのか否かをどういう基準で判断するかは難しく、当人の言を重視するのであれば、現役信者は自分の意思と答えるだろうし、元信者や批判者は他者や団体の影響力下にあったという判断にならざるをえない。そのためにこの法を適用して団体の解散に追い込んだ例はないとされる（中島宏、朝日新聞八月二五日付）。実際、EU諸国においてフランスに次いでセクト規制法を導入する国はないが、セクトの実態を調査したり、相談機関を設けたりする動きはベルギーやドイツにある。

セクトを識別する基準としてしばしば引用される、ギュイヤール報告書における一〇の指標がある（5‐4）。ただしこれらの項目がセクトであることの判断基準として、実際に個別教団の評価に使えるかどうかはなかなか難しい。一般の宗教団体においてもオーバーラップするグレーゾーンを5‐4の括弧内に併記してみた。

5‐4　反セクト法におけるセクトの判断基準

①精神の不安定化（病理的精神状態と宗教心理の区別可能性）
②法外な金銭的要求（献金や布施に限度額を設定すべきか）
③生まれ育った環境からの誘導的断絶（僧院や修道院の存在）
④健康な肉体への危害（苦行、難行の存在）
⑤子供の強制的入信（幼児洗礼や児童の得度などを含む宗教教育）

⑥社会に敵対する説教（社会体制や世俗社会への批判）
⑦公共の秩序を乱す行為（政治運動や社会運動のあり方）
⑧多くの訴訟問題（市民運動として訴訟を起こすこともある）
⑨通常の経済流通からの逸脱（コミューンや自給自足的生活）
⑩国家権力への浸透の企て（宗教政党の位置付け）

※（　）内の文言は筆者による。判断が難しい事例など。

一つひとつ考えていけば、なかなか厄介な問題があることは明白で、フランスでも実際の運用はかなり抑制的になっていると見られる。しかしながら、首相直轄の機関として設置された「セクト的逸脱行為関係省庁警戒対策本部（MIVILUDES）」の役割には目を見張るものがある。セクトに関する情報の集約と調査活動、および啓蒙活動を行い、毎年報告書をウェブサイトで更新し、相談窓口も設置している。日本では、全国霊感商法対策弁護士連絡会や日本脱カルト協会のような民間団体がこの役割を果たしてきたが、民間のボランティア組織であるために人材と資金の確保が常に課題となってきた。こうした相談対応機関に行政が事業委託を行い、必要な窓口を都道府県の関係機関に常設し、そこで宗教問題にも知見を有する臨床家・宗教者・法律家を相談員として雇用することで被害はかなり抑止できる。公的資金が投入されることで相談対応機関の適切な対応力も高められ、監査などによる透明性も担保できる。

教団弾圧の記憶

最後に、反セクト法のような法律と相談体制を導入することの問題点としてもう一つ考えておかなければいけないことは、フランスと異なり、日本では国民の精神の自由を守るためではなく、国民の精神的統合を図るために、異を唱える宗教団体を行政的に管理・統制してきた戦前の歴史がある、ということである。

出口なおによって創始され、出口王仁三郎が教団の体制を整えた大本は、大正一〇年と昭和一〇年にそれぞれ、不敬罪や新聞紙法違反、治安維持法違反によって教祖家族、教団幹部、一般信者らが特高警察によって多数検挙された。教団施設が警察隊により破壊され、信徒の書籍や祭具は没収され焼却された。大正一〇年の事件は大正天皇崩御による免訴、昭和一〇年の事件は七年後に無罪判決が出て、戦後の控訴審では原審通りの判決を得た。この間、大本信者は世間の白眼視に耐えて信仰を維持し、戦後に自力で教団施設の再興を果たした。しかも、大本は国家賠償の請求を行わなかった。国家窮乏の折、請求するに忍びないというのが出口王仁三郎の言として伝えられ、大本信者も同意して教団再建に邁進した。

戦前は国体と天皇制崇拝を行う国家神道を最上位に、国家翼賛を余儀なくされた伝統教団や新宗教が続き、最下位に類似宗教とされた民間信仰や迷信が位置づけられた宗教界のヒエラルキーがあった。この権威主義的体制の枠外に出てしまった教団の中で、大本以外にも指導者が拘留された教団は少なくない。GHQの神道指令によるヒエラルキーの解体と、宗教法人法によって諸宗教を平等に位置づける体制、および戦前のような国家総動員体制に対する宗教界の深い反省から現在の宗教制度ができあがってきたこともまた、しっかり記憶に留めておきたい。むしろ国家や権力に近い専門家集団が宗教とカルトを区別するような制度は、恣意的に使われるおそれもあり、注意しなければならない。

Ⅳ　被害救済の道筋

被害者支援のあり方

法人寄附不当勧誘防止法は、施行されてから効力を発する以上、これまでの被害を直接的に救済することはできない。ただし、今後、過去の被害について損害賠償請求訴訟を行った場合に司法的判断に一定の方向性を示すという意味では、立法の意義は大きい。ここからは、過去の被害および現在起きている問題解決のためにどういう課題があるのか、論点を整理しておこう。

まず、過去の被害だが、霊感商法や多額の献金要請については従来の損害賠償請求訴訟が主要な救済手段になる。問題は、民事の損害賠償請求訴訟の説明で述べたように、金銭の授受に関する物的証拠を被害者側が用意できない可能性が高いことである。最低限、領収書や受取書がなくとも、被害者の記憶を補完するメモや預金通帳などで出金記録が確認できるのであれば、訴訟の手助けになる。当然、公的な相談窓口の設置や、法テラスなどを通じての弁護士委任に向けたアドバイスを行うことも必要である。この支援だけでも相当数の被害者が救済されていくだろう。

次に、統一教会の二世信者たちに対する支援や家族の生活困窮被害の救済なども、規制法案の審議過程において課題としてあげられた。新法では十分な支援や救済ができないという指摘もある。現在二世信者問題を告発している人たちは、信者の親たちから経済的にも精神的にも自立した成人なので、家族代位権を利用した特例措置では、独立生計を営む子供たちは除外される。一方、アピールのできない未成年の中高生などの二世信者では、そもそも親の年収や寄附金額を知るよしもなく、親の許可なく裁判所に申し立てること自体ができない。

こうした批判に対応するべく、一二月二七日、厚生労働省は「宗教の信仰に関する児童虐待への対応指針」として詳細なQ&Aを全国の自治体に通知した。宗教的な背景のもとで児童虐待が行われた場合、児童相談所は躊躇なく対応することが求められるとした。虐待の例としては、身体的虐待（体罰により集会や儀式などに参加を強要）、心理的虐待（嗜好の強要や娯楽の禁止）、性的虐待（教育と称し、年齢に見合わない性的な表現を含んだ資料を見せる）、ネグレクト（宗教活動に金銭を費消し、子供に適切な食事や衣服を提供しない）などが挙げられている。

統一教会に関して言えば、ネグレクトが生じるケースとして、祝福家庭や親族の一員が多額の献金のために経済的に困窮し、子供への十分な監護や学資支援を行えなくなるという事態が考えられるだろう。現行法の枠内で考えれば、生活困窮者自立支援金の貸与、児童相談所での対応、奨学金の利用が想定できる。この指針ではさらに踏み込んで、児童が自身の扶養にかかる寄附金の返還を教団に申し立てる代位権請求を弁護士などの第三者に依頼することができるとして、児童相談所などとの連携が可能であるとアドバイスしている。

政府がせっかく知恵を絞った代位権請求の仕組みなのだから活用してもらいたいという気持ちはわかるが、これはやや無理筋ではないかと感じる。想定された教団はもとより、日本の親子関係や、法律や訴訟を日常生活に活用することが稀な日本の社会を考えたときに、子供が親をとばして児童相談所や法律事務所に相談を持ち込むことは考えにくい。また、児童相談所も、親子関係が破綻しているとみなして子供を親から引き離し、代理で訴訟に持っていくことには躊躇するだろう。

また、この指針ではその他の箇所で、社会的養護施設やファミリーホームを営む里親に対して、宗教の信仰を促すような行為は慎み、過剰な場合は児童虐待に相当と判断すると述べている。しかし、宗教心にもとづいて、社会に注目されるかどうかに関係なく、里親となることを組織的に推進し、チャリティ支援を行ってきた宗教団体による社会事業をどう評価するのだろうか。天理教やカトリックによる里親家庭の推進や施設運営などの実態をどのように捉えるべきかなど、検討すべき項目は多い。たらいの水と一緒に赤子を流すようなことがあってはならない。

被害者支援・救済を施策とする時には、誰のどんな被害をどこまでの範囲で救済するかを明確にすべきだろう。被害を訴える市民や元信者、二〇歳前後の二世信者は当然対象になる。明確に児童虐待などの兆候が見られれば、積極的に学校が児童相談所と連携して親の子育てに介入する必要がある。そうでなければ、二世信者であることがわかったとしても見守り程度に留めるべきだろう。祝福家庭が困窮している場合は、求めに応じて社会福祉協議会や行政が適切なアドバイスなどを行うべきだが、その他の理由で困窮している一般家庭とのバランスの観点から言って、特別補助金などの支給は現実的ではない。少なくとも、脱会して自身の被害を回復する方策を司法的・精神的ケアで支援するか、成人後の二世信者含めての就労支援を行うほうが適切である。少しこの点を二世信者一般の問題として敷衍して考えておきたい。

二世信者問題

二世信者とは、近年日本で使われるようになった言葉である。主としてエホバの証人信者の子供が、特殊な環境で育てられた自分たちの人生を振り替える著書が数冊出たことが契機となり、NHKが「二世信者」「宗教二世」と名の付く番組を制作した（ハートネットTV「〝神様の子〟と呼ばれて～宗教二世　迷いながら生きる～」二〇二一年二月九日、逆転人生「宗教二世　親に束縛された人生からの脱出」二〇二一年五月一〇日）。

安倍元首相の事件以降、統一教会の問題を報道番組で扱う際に、統一教会の二世信者が直面している困難から容疑者の経済的・精神的苦悩を探ろうという企画の番組が相次ぎ、二世信者自身が声を挙げることでこの問題がクローズアップされるようになった。

しかし、二世信者がおしなべて虐待などを受け、信仰を強制されてきたというイメージには修正が必要と私は考えている。二世信者としてカテゴリー化される人々にも、多様性がかなりある。三点にまとめよう。

①日本の伝統宗教と新宗教、および世界の諸宗教においても、家族内で信仰や儀礼慣行の継承が行われる例が宗教行為や活動の半数を占める。親から子へと宗教文化が受け継がれるのはノーマルな状態とも言える。日本は世襲的に継承される神社や寺院が多く、牧師や新宗教の教師たちも信仰家族出身者が圧倒的に多いだろう。問題は、こうした二世信者や信仰家族と、現在問題になっている「宗教二世」との違いである。この点を明確にせずに、「宗教二世」問題として「子供の信仰権」といった一般的な問題にしてしまうと、宗教一般と特定宗教の差異に即していないだけでなく、後者の信仰の中身や教団の体質、親のあり方の問題がぼやけてしまうおそれがある。

②信仰の継承それ自体ではなく、信仰を盾にとった子供への虐待（叩く、食事を与えない、無視

する、過剰な介入と依存など）や子供の進路選択の強制（伝道者になることや合同結婚式への参加など）が問題なのである。これらの諸点は信仰家族であってもなくても、一九九四年に日本が批准した「子どもの権利条約」から考えて許されるものではない。こうしたケースでは、行政が親の子育ての仕方にアドバイス、もしくは保護という形で介入すべきである。特定教団においてこれらの事例が多発するケースは確かに認められるが、教団の教えや組織のあり方に起因する部分と個々の家族のあり方による部分、および日本における家族の特徴といったものが複雑に関係している。児童相談所が対応する身体的・心理的虐待の対応件数と児童の死亡件数は、過去三〇年間一貫して増加傾向にあり、ここには子育ての孤立や窮乏家庭の増加が影を落としている。そして日本の場合、特定教団においても他国と比べて厳格に教えを守り、組織内の同調圧力が高いために躾や家庭内教育の域を超えた子供への暴力が生じやすいという報告もある。日本と韓国における祝福家庭の違いを見ても頷けるだろう。ただし、同じ教団であっても家庭は一様ではなく、親の経済状況と教団組織への忠誠度、および子育ての仕方は異なる。したがって、信仰二世の子供期・青年期も多様である。統一教会でも文鮮明家族・幹部家族においてすら信仰継承されなかった事例があるように、一般信者においても継承されない例は少なくない。虐待された子供や青年もいれば、そうではなく暖かく育てられた子たちもいる。その差異は、親たちの「信仰」の持ち方や組織との距離の取り方（そこから生まれる生活の余裕）から生じるように思われる。

③統一教会の二世信者には、少なくとも次のようなバリエーションがある。統一教会の場合、教義に従い合同結婚式に参加して祝福を受けた真の家庭の夫婦は原罪のない子供を授かることができると言われている。それに対して、結婚後に統一教会に入信した壮年壮婦信者が子供たちに信仰を持たせた場合、無原罪の子よりも一つ下のランクの、統一教会特有の言葉で「ヤコブ」と呼ばれる二世信者となる。統一教会の二世信者たちは親たちと同様に合同結婚式で信者同士の祝福を受けることが期待されているが、教団幹部の子弟たちの層、原罪のない子供たちの層とヤコブの層には壁があり、交叉的な祝福には親たちが抵抗感を持つと言われる。

いわゆる二世信者において、親たちが教会に一切合切献金して困窮を強いられているのは、日本人の一般信者家庭である。幹部家庭では二世信者も将来を嘱望されているので、子供たちは日本の大学や場合によっては韓国の鮮文大学という統一教会立の大学に進学する。それに対して、ヤコブの子供たちを待ち受ける運命は過酷である。主婦が勧誘され入信した場合、夫や子供を教化することができなければ、自分だけで信仰の証しを立てなくてはいけない。彼女たちは捧げ尽くす人生を自らに課すことで自己破産してしまうケースが珍しくない。まさしく山上容疑者の家族がその例である。彼自身は統一教会の信仰者ではないので言葉の厳密な意味では二世信者ではないが、被害を受けた子供だった。

私が統一教会の調査研究を始めた三〇年前、統一教会信者は一世信者が大半だった。しかし、十数年前から二世信者が大学に進学するようになり、統一教会の学生組織である原理研究会や地区教会においても二世信者たちが組織の中核をなしていることが報告されている。私も二世信者である学生たちと話したことがあるが、親元から離れることで高校生までの熱烈な信仰が冷めてしまい、大学の勉強やサークル、アルバイト、友人関係の中で新しい生き方を模索していく学生が多かった。二世信者は当然のことながら自分の意思で回心したわけでも信仰的な生き方を選択したわけでもない。当該宗教を家族の宗教文化として育ってきたのである。その中だけで違和感を持たずに育ち、成人すれば、統一教会を担う二世信者ともなろう。しかし、少なくない若者が親たちの生き方とは別に自分の生き方を探そうとしている。そのために、奨学金を借り、アルバイトだけで自活している学生も少なくない。私はそうした学生と話す時、いつでも相談に来てほしいと言っているが、同時に自分の人生は自分で切り開くしかないのだということも伝えてきた。

「親ガチャ」という言い方が近年広まっているが、「宗教二世」の問題でもそのような言い方が可能かもしれない。しかし、彼・彼女たちには無力感を持たないでほしいと思っている。私たちは自分が生まれ落ちる家庭を選択することはできない。だが、条件が不利であっても自分で切り開く余地はある。世の中には親以外にも頼れる大人がいることを伝えるべく、相談窓口を増やすべきである。学び直したいという若者にはチャンスが与えられてしかるべきだ。

養子問題

統一教会に固有の二世信者問題として注目されたのが、教団斡旋の養子縁組である。一一月一五日、筆者がＮＨＫ『クローズアップ現代』でこの問題を取り上げた翌日以降、メディア報道が相次ぎ、厚生労働省と東京都が二二日に教団に実態の報告を求めた。無許可での仲介事業を禁じた特別養子縁組あっせん法に違反していないかどうか確認するためである。

教団は、一九八一年から二〇二二年まで、七四五人の縁組みについて、信者から所属教会経由で希望の申請書を受け取っていたことを明らかにしているが、「いずれも信者間の個人的な関係を基にした縁組で、教団は縁組の法的手続きに一切関わっていない」と主張した（読売新聞一二月九日付）。それに対して、厚生労働省は、二〇二三年一月二三日に二度目の指導文書を発出し、児童福祉法や養子縁組あっせん法に抵触することのないよう是正を求めた。

二世信者の中には、自身の兄弟姉妹が養子に出された経験を語る者もいる。いわく、祝福家庭という体裁を整えるために子供の福祉を度外視した斡旋がなされているという。問題は法令に従っているかどうかよりも子供の人権を尊重しているかどうかであろう。

二〇〇四年に発行された『出産』という教団誌では、巻頭言にて白井康友家庭局長が「天国は個人ではいるところではなく、家庭的四位基台（神－父－母－子）をなして入るところ」と文鮮明の言をひき、「子女の必要性や血統を残すことの重要性がわかればわかるほど、子女に恵まれない家庭にとっては、誰にも言うことのできない苦しみを味わい、心情的な十字架を背負っておられることと思います。そこで、こうした課題を解決するために養子縁組という方法が、真のご父母様の許可のもとに始められたのです」と制度の起源と恩恵を述べている。

具体的には、①養子を捧げる家庭は妊娠前か、妊娠後できるだけ早い時期に、遅くとも出産前に相手の家庭と約束を交わす（養子縁組申請書と家族写真一式を本部家庭局に提出し、会長が承認）、②授かる方は相手の母親の胎を通して自分の子供が生まれる気持ちで準備する（出産費用の一切は授かる側持ち、子供の健康に異常があった場合は両家と教会で協議）、③出産日から八日目に奉献式（神に子供を捧げる意味）を行う。

こうした記載を見る限り、教団による組織的斡旋は明白であり、妊娠前に子供のやりとりを約束するというのは、一種の代理母的な役割とも言える。特別養子縁組は、本来、保護者のない子供や実親による養育が困難な子供に温かい家庭を与える仕組みである。子供の誕生が先なのであって、生まれる前から約束をして「捧げる - 授かる」という想定ではない。しかも、子の利益のため、特に必要があると家庭裁判所に認められる必要がある。

在韓女性信者の交流紙『本郷人』（二〇〇五年九月）には、養子を出したい方は家庭局に電話連絡するようにと「お知らせ」があった。祝福家庭においては知られた制度であり、日本の統一教会が把握していない養子の斡旋も韓国国内で行われていた可能性がある。引き続き調査を進めていくべきだろう。

代替わりと教団の未来

親の勧めで祝福家庭を形成していく二世信者たちがおり、彼・彼女たちがこれからも統一教会の屋台骨を背負っていくという事実も見逃してはならない。文鮮明家族や韓国の幹部を含め、信者たちは二世信者の時代に入っている。日本も若干遅れてはいるが、古参信者や指導層は続々と引退の時期に入り、その子供たちが四〇代の中堅層に達している。統一教会の教団改革推進本部長の勅使河原秀行氏は教区長クラスの三分の一に二世信者を抜擢すると言ったが、改革しようとしまいと、世代的にそうならざるをえない。一〇年後には、ほとんどの幹部クラスが韓国から来た二世信者と日本の二世信者層に置き換わるのではないか。この二代目たちがどのような方針で教団組織の存続を図っていくのかが注目される。

彼・彼女たちは、教義上は無原罪であり、日本でも二世信者の蕩減（負債返済）は一世信者と比べて軽くなっているはずである。一世信者が人生をかけて献金したり、韓国の未信者に嫁いでいったりという労苦は、そもそも一世信者の親たちが自身の子供たちに負わせたくないだろう。他人に対して苛烈にできたことでも身内にはしないというのが、家族主義的な宗教である。ソフト化された家族環境や教団環境の中で育った二世信者たちが残り、厳しい環境のまま据えおかれた二世信者は離反していく状況がある。日本の統一教会が二世信者の残存率を高めるためにはソフト化を推し進めるしかないが、韓国側からの要求を拒みきれないのは、依然として一世信者の使命感が勝っているからだろう。しかし、この世代が去った時、使命感ではなくサバイバル戦略として二世信者たちがどういう選択をするかという岐路が教団に訪れる。考えうるシナリオを三つ挙げよう。

①韓鶴子の主流派と共に自壊する。独生女（独り娘）を称する韓鶴子は生まれながらにして無原罪であったと独自の教説をたてて韓国人幹部に支えられているが、文鮮明（第三のアダム）のようなカリスマはない。男子の継承者である三男派や七男派が第四のアダムを主張するので、対抗するため韓鶴子派は、文鮮明はそもそも無原罪ではなく、自分と祝福を受けたがためにメシヤになれたのだという新説を出した。しかし、まともに信じる信者は少ないだろう。韓鶴子派は既得権益から離れられない韓国人幹部と日本人幹部から構成されている。この主流派は依然として韓国がアダム国で日本がエバ国であり、エバがアダムを堕落させ、日本が韓国を植民地支配したのだからその蕩減を追わなければならないという文鮮明の教説を繰り返している。アダムとエバのジェンダー不平等を自分の場合だけ無しとして、既得権益を守る時には使わせてもらうという韓鶴子のご都合主義に呆れる信者もいるだろう。ともあれ、今後、日本の統一教会は世間の厳しい目にあい、従来通りには韓国本部へ献金の送金ができなくなるだろうから、主流派の本拠地である清平の建設事業はストップし、既存施設

の運営・維持管理経費も捻出できなくなる可能性が高い。独自の方針を立てなければ韓日の統一教会には共に自壊の道しかない。

②三男派や七男派、あるいは分派へ、主流派からの流出が加速化し、分派乱立状態になる。分派しようと自主脱会しようと統一教会信者の一世が最後まで捨てきれない信念が、文鮮明がメシヤであるなら彼の言うことに従わなければ霊界で裁かれるという絶対恐怖である。これを捨てれば、統一教会に留まる必要はないのだから完全脱会できる。しかし、そこまで決心できない人たちが、文鮮明のカリスマを継承する子供たちの分派や、主流派にはじかれた元幹部層たちの研究・礼拝グループのような小コミュニティを形成するかもしれない。三男派はアメリカの統一教会関連団体の資産を保持しているので比較的安定的に存続するが、日本人信者たちを受け入れる余地があるのかどうかは定かではない。七男派のライフル武装スタイルの礼拝やアメリカ保守派に通じる極端な教説についていける信者がそれほど多いとも思えない。乱立・カオス状態の中で、再臨のメシヤという教説や呪縛が次第に薄れていくのではないか。

③統一教会スタイルのネットワークビジネス、スピリチュアルビジネス、あるいはコンサルタントビジネスが、様々な分野に浸透し、それぞれの事業になっていく。統一教会自体がコン

グロマリット化し、多角的経営を行っていることはすでに述べたが、一世信者が始めた新分野でそれなりに食えるようになった人たちは、教団とは距離を取りながらビジネスを継続している。統一教会が組織的に蓄積しているノウハウとは、未信者を様々な方法で勧誘し、即戦力の信者や献金してくれるパトロンに仕立て上げることである。需要のないところに需要を作り出すノウハウともいえ、グレーゾーンのビジネスに応用できる。霊能は依然として日本人相手には使える道具であることがわかっているし、修練会は自己啓発型セミナーに転用できる。国際勝共連合で培ったノウハウが関連団体による自民党政治家へのアプローチで役立ったように、今後も選挙支援のプロとして、あるいは自治体のモデル事業作成の手伝いなどをなりわいとして存在感を示す道もあるだろう。教団組織が自壊、分裂した時に、この人たちが統一教会の組織のみならず、思考様式やライフスタイルもすべて捨て去って新しい人生を始めるのか、それとも昔取った杵柄で後の人生を送るのか。やはり後者の可能性が高いが、どうなるか。

世論が望む統一教会の未来は①だろうが、二世信者たちは①と②の間で揺れ動き、野心のある二世信者は一世信者と共に③の道を模索する可能性が高い。どのシナリオに移行するかは、統一教会の戦略と共に、日本社会が統一教会に今後どう対応していくか次第とも言える。

独居高齢者の問題

若者の話とあわせて、高齢者の話もしておく必要がある。

統一教会は、元々宗教運動の活動家を増やすために青年層に布教のターゲットを絞っていた。ところが、一九六〇年代から親たちの反対運動に直面したため、伝道に成功して味方になってくれる親たちを壮年壮婦と位置づけ、一九八〇年代には先に述べた霊石愛好会や天地正教という関連組織の構成員としていた。一九九〇年代以降は、霊感商法から一般市民を信者にして献金を要求するやり方に変えて中高年の人たちをも布教対象にした。特に資産家に的を絞り、高額の献金を奪取してきた手口は、前章において紹介した通りである。

現代日本において、高齢者世帯は最も資産を保有している世代である。日本人の金融資産約二〇〇〇兆円の六割が六〇歳以上の人たちに保有され、また人口のボリュームゾーンでもある。他方で、日本の全世帯において六五歳以上の高齢者のいる世帯は全体の約四九パーセントを占め、その内訳で三世代家族は約一〇パーセント、夫婦だけの世帯が約三二パーセント、未婚子と夫婦の世代が約二一パーセント、高齢者独居世帯が約二七パーセントとなっている。つまり、資産家とまでいかなくとも、それなりの老後資金を持ちながら一人暮らしを続ける高齢者が三人に一人の割合に近づいているのである（二〇一八年時資料、内閣府『令和二年版高齢社会白書』）。

グループホームや高齢者施設に入居している後期高齢者であれば、振り込め詐欺はもとより統一教会からのアプローチを避けることも可能だが、約七〇〇万世帯ある高齢者一人暮らし世帯ではどうか。私の八八歳の母親も田舎で独り暮らしをしており、親族に週に何度か訪問してもらい、私も週に何度か電話がけなどしているが、やはり心配である。地域では子世代と暮らしている世帯はほとんどなく、世帯主の死去に伴う空き家が櫛の刃が欠けたように増加している。このような状況では近隣の付き合いや見守りもなかなかできなくなり、親切な人が何くれとなく声がけや用向きを聞いてくれれば、心を許すのは自然の情である。こうした高齢者に働きかけて、一緒に暮らさないかと声をかけ続けた結果、統一教会の関連団体が運営する高齢者居住施設ができた北海道の地方都市もあり、自治体や地域住民から懸念の声があがっている。

このような親族の支援が見込めない高齢者一人暮らし世帯には、子世代と同様、意思決定や安全配慮を支援する成年後見制度の活用が不可欠である。物品購入・献金などの記憶も定かでなくなり、記録も残せていない状況でいつの間にか資産がなくなっていたという相談を個人的に受けたこともある。こうした話は一地方だけの問題ではない。安心して人生の最終段階を迎えられるよう、包括的な支援スキームの中で統一教会の問題も考えていく必要がある。

被害支援のスキーム

これまで述べてきた統一教会問題の解決に関わるべきアクターとその役割を明確化しよう。三つの領域がある。

①政治・司法の領域で、統一教会が宗教法人としてオーソライズされるべき宗教団体であるかどうか、公正に評価されるべきである。具体的には、宗教法人に対する宗教法人審議会による質問権行使と活動実態の適切な評価を経て、解散命令の請求を判断し、その後は裁判所が非訟事件手続法に基づき適切に判決を下すべきである（非訟事件＝私人間の民事や商事を、訴訟手続きによらずに簡易な手続きで処理すること）。また、立法府には被害者救済のために必要な立法をすみやかに行うことが求められる。

②統一教会問題を含め、宗教が関わる社会問題についてはマスメディアが継続的に視聴者や購読者に対して注意喚起の情報を提供すべきである。その上で、政治・司法・行政や宗教界全体の動きについても適切な批判を行うことが求められる。統一教会問題については一九八〇年代後半と九〇年代前半の霊感商法や合同結婚式の報道を除き、メディアが等閑視してきた結果、統一教会の違法な活動が十分周知されてこなかったとも言える。アカデミズムの研究も決して十分になされてきたとは言えないし、宗教を批判的に研究するという姿勢自体が薄かった。そこにはマイノリティ・当事者の尊重という研究倫理があったとはいえ、そのことで宗教的マイノリティが政治権力に過剰に浸透し、国民の生活を不当に侵害するという事態はなかったか。宗教界においても宗教的多様性を認め、宗教間対話や共生を目指すという理念を掲げる一方で、他宗教への建設的な批判および厳しい自己評価を怠ってきた結果、宗教

5-5　被害支援のスキーム

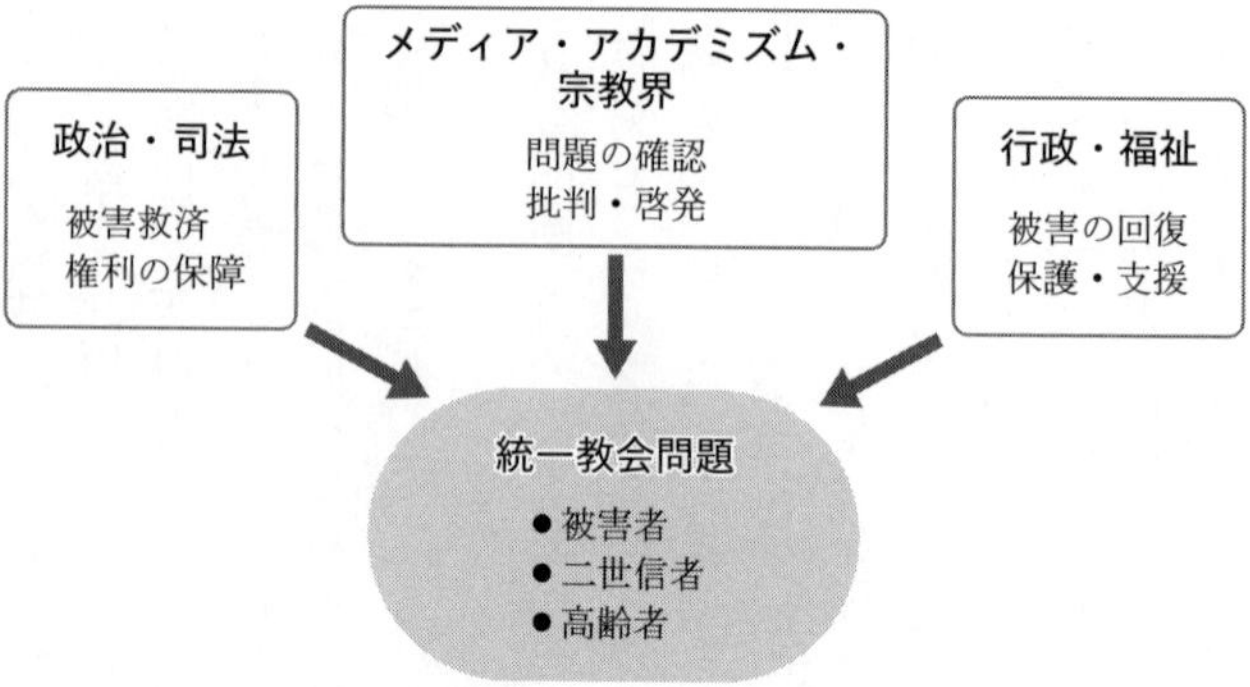

を一般常識が通用しない異世界にしてしまい、宗教そのものへの信頼低下を招いた。宗教の規範性を回復すべきと言えよう。

③行政は、市民の福祉的領域で人権侵害や財産権の侵害が生じているようなケースについて、積極的に被害者支援に乗り出すべきである。「政教分離を堅持する＝宗教的トラブルには関与しない」という建前のために児童虐待やネグレクトなどの問題が放置されたり、子育て期間中に孤立した主婦や独居高齢者が霊感商法や正体を隠した勧誘に巻き込まれるという事態につながったりすることにもなった。その一方で議員や自治体の首長の提案による家庭教育支援条例が都道府県で一〇例、市町村で六例制定されている（二〇二二年九月三日時点。一般財団法人地方自治研究機構）。あえて忠言すれば、家族の問題は家庭教育の不在よりも、長引く経済低迷の時代におい

て家庭の困窮や子供の貧困化が生じ、長時間労働で子育てに余裕がなく、親族や地域社会から支援を受けられない家庭が増加してきたことが根本的な問題ではないか。地域の福祉社会化を推進すべき自治体が現実を見ずに、理念主導で市民を教化するようなあり方は見直されるべきである。

以上、被害支援のスキームを提示することをもって本章の結論としたい。

あとがき

この半年間、統一教会について、国内外の新聞や週刊誌、テレビ局の取材対応に多くの時間を投じてきた。情報番組や討論番組にも出演する機会を得て、統一教会をまったく知らない若い記者や、あるいは学生時代に原理研究会の活動を目撃してきたベテランの論説委員や評論家の方などに、のべ数十時間にわたって統一教会の説明をしてきた。

三〇分話すくらいでは新聞の紙面にして数行分の短評になってしまい、二時間話してようやく数段のコメントになる。情報番組では数分の持ち時間でまとめた話し方になる。報道や討論の番組では比較的ゆったり話せるものの、統一教会の一側面に光を当てるくらいである。統一教会の全体像になかなか迫れないもどかしさも感じながら、求められる問いに答えてきた。

おそらく新聞の購読者や番組の視聴者も、統一教会に関する大量の報道に接しながら、何が肝心な話で、何がトリビアルな話題なのかがわからなくなっただろう。メディアは、他局や他紙をにらみながら次々に新しい情報を報じた。自民党の政治家と統一教会との接点に対する指摘が一段落すると、選挙や政策立案などの過程において、実際どのような関係や便宜供与などがあったのかに論点が移された。しかしその実態の解明は容易ではなく、当事者や関係者に対する本格的な調査報道を組まない限り、続報が簡単に出せないこともわかってきた。いわゆる当事者や識者へのインタビューだけで記事は作れない。そこで、統一教会被害者に対する救済新法（法人寄附不当勧誘防止法）が成立すると、これで被害者の金銭的な被害が回復され、二世信者問題が解決するのかをメディアは論点に設定した。ただしこの議論も、宗教法人を含む法人への寄附全般を規制する法律への評価が意外に難しい。その要点は、第五章で述べておいた通りである。

二〇二三年は、安倍晋三元首相を殺害した山上容疑者の公判、文部科学省による解散命令の請求といったスケジュールを慌ただしく追うことになるだろう。しかし一方で、宗教法人の所轄官庁や司法に任せたままで統一教会の実態が解明されるのか、山積する問題の解決を首相のリーダーシップに期待するということで果たしてよいのかと疑念を持つ人たちも増えている。

社会問題の解決は必ずしも勧善懲悪とはいかないし、司法や行政の施策にも限界がある。そこを補完するのが市民による社会活動なのだが、統一教会問題にこれから宗教界はどう関わり、個々の家庭や学校はどう対処していくべきかといった、社会の側に論点をすえる動きは乏しい。けれども、宗教に対する規範意識の緩さ、家族の孤立、歴史教育の弱さや宗教文化教育の欠落といった背景があるからこそ、統一教会は教勢を拡大できたのである。逆の言い方をすれば、日本社会に足りないこうした部分を強化することでしか、統一教会問題をはじめとする種々のカルト問題は解決できない。

ともあれ、被害者や二世信者が、旬の話題を追うメディアや世間に再び忘れ去られることを恐れているのも事実である。他方で、メディア報道の終息を待ち、ほとぼりがさめる頃合いを見計らっている政治家や教団関係者もいるだろう。事件後半年を経て、統一教会報道はどこに向かうべきか。教団幹部、現役の信者、脱会した元信者、二世信者、関係者、支援する弁護士、ジャーナリスト、研究者、政治家――人々がそれぞれの立場から、リアルな統一教会像を語る。メディア情報は、これらの語りが二次的に編集された情報である。それぞれが部分的な真実と言えよう。だからこそ、できる限り多様な視点を持って統一教会を理解していくことが重要である。

統一教会のあり方がその歴史を通じて大きく変わってきたように、その論じられ方も時期ごとに異なってきた。どの論説もその時期の統一教会の特徴を指摘していたが、それらを通時的に見ていくことで、統一教会の多様な側面が明らかになる。それは以下の通りである。

①一九六〇~七〇年代にかけて、統一教会はキリスト教の異端、新種の過激な学生運動とみなされていた。この時期は正体を隠しておらず、宗教運動の様相が明確だった。批判者はキリスト教の牧師と学生たちの親が中心だった。

②一九八〇~一九九〇年代の統一教会は、資金調達というミッションのために霊感商法、清平の先祖解怨、高額献金を行い、資金調達に特化した組織形態や勧誘・教化方法を採用してい

た。この時期、対応した弁護士たちは統一教会を「宗教を偽装した経済団体」と認識し、被害の回復に努めた。カルト論やマインドコントロール論から、統一教会が批判されてきた。

③二〇〇〇年代以降、統一教会は資金調達活動を継続しながら、関連団体を通じて保守政治家に急接近し、ジェンダーフリー批判や家庭教育の推進といった旗頭を掲げる宗教右派として注目される機会が増えた。自民党議員への選挙協力や政策協定などを進めることで、政治や行政を通じた日本社会へのいっそうの浸透を図った。一種の政治宗教の様相である。

①~③の時期を通じて、宗教法人としての統一教会と国際勝共連合は一本の車軸でつながった両輪であり、どちらも文鮮明の地上天国実現に向けて多くの日本人を動員してきた。約六〇年の歴史において、統一教会はメディア報道の有無と関係なく、着々と活動の規模を拡大させてきたのである。多くの政治家は②の時期の問題は知っていたが、③の時期には収まっていたと認識していたと語り、協力関係を維持する口実とした。安倍晋三元首相の事件がなければ、③の時期はさらに延び、統一教会問題がメディアによって報道されることも、議論の俎上に載せられることもなかっただろう。

統一教会をカルトや反社会的団体とみなすだけでは、この組織の特徴はわからない。カルト教団といったところで教義や儀礼、活動の目的や戦略を説明したことにもならない。むしろ逆説的に、カルトとして批判することで、政治宗教としてのフェーズを過小評価することになる。

さらに付言すれば、現在の韓国本部や文鮮明の子供たちによるアメリカでの活動などを含めれば、コングロマリットとしての組織構成からして、日本だけの統一教会批判や法律的規制で活動を停止させることはできない。規模感だけから言えば、統一教会は教団類型論でいう「世界宗教」に近づいているのだ。

統一教会とは何なのか、どういう宗教なのか、なぜ人を集められるのか、どのようにして多額の献金を引き出せたのか、なぜ離脱・棄教しないのか――統一教会についての情報が氾濫するなかで、このようなシンプルだが本質的な質問に答えるためには、統一教会の宗教としての誘因も含めて、統一教会に巻き込まれた人々の歴史を描き出すしかない。そのような思いから、本書を書き進めてきた。

それは同時に、副題にある「性・カネ・恨《ハン》」から、統一教会を私なりに描き直そうとした試みでもあった。私は論点を三つに分けるのが好きだが、三という数字に特別な意味（数秘術、画数や三位基台などの原理数）を込めたわけではない。せいぜい三つの論点に収めないと、人の記憶や分析能力が追いつかないという経験則に従ったまでである。末尾に、それぞれの論点について、本書全体の議論を簡潔にまとめてみよう。

①「性」こそ、統一教会の教説・実践の核心である。統一教会の教義はキリスト教的な体裁を

取っているが、性による堕落（サタンと不倫、悪の血統が人類に継承される）と性による復帰（再臨主が人間の娘と聖婚、神の血統を家族・信者に分かち与える＝血分け）という思想があり、創造・堕落・復帰の摂理とされている。性や性交という人間の情念や肉体にとって本源的な部分に「悪」を認め、同時に「善なる救済」とも意味づけて、合同結婚式という集合的祝祭まで設けた。私秘的な性行為が宇宙論的な儀礼（四位基台の形成、無原罪の子を繁殖）になるというのが、統一教会の独自の教説である。このシンボリズムは強烈であり、祝福（家庭）は統一教会信仰の強力な磁場であり続ける。ここからシンボリズムを抜き去り、東アジア的な家族観で粉飾すると、家庭の重要性を説く「家庭教育の推進」となり、自民党政治家の家父長制的家族観や文部科学省、地方自治体のパターナリズム的な家族政策に重なり合う。

②コングロマリットをめざした統一教会にとって、「カネ」はなによりも大事なものと化していった。次第に、サタンの支配権から神の支配権に主管を移す（万物復帰）ということで正当化された経済行為、霊感商法や高額献金、先祖解怨や各種献金摂理などがエスカレートしていく。なぜ、信者たちは、目の前の主婦や高齢者が不安におののき、なけなしの財産を消尽するさまを黙って見とどけ、教会ごとに実績を競い合う活動に突き進むことができたのか。世間の常識や道徳を捨てさせる教化過程がなければ、ここまで信者の認識枠組みを変えることはできなかっただろう。これを「マインドコントロール」と言うのは簡単だが、元来、宗

教は世俗的価値を超えようとするものである。日本の統一教会信者は、己をむなしくすることを信仰とした。信者は自身をメシヤによる地上天国実現のための道具、使われるものになりきることを信仰と心得て、相手を救うために情け容赦のない収奪を行ったのである。教団幹部もまた信者の実生活を顧みることなく、メシヤである文鮮明や韓国人幹部に用いられることを信仰とした。この有りようは、教祖の文鮮明やその家族、教団幹部や韓国人信者たちが強い自我を保持したままであったのとは対照的である。

③「恨《ハン》」は、文鮮明のみならず韓国人幹部や朝鮮半島で生まれたこの世代の人々に共有された日本に対する恨みの心情である。日本は、東アジアにおいていち早く近代化して植民地宗主国となり、世界大戦の敗戦国でありながら戦後いち早く経済復興し、世界が瞠目する先進国になった。その間、朝鮮半島は植民地化され、光復後も冷戦体制下で分断され、同じ民族同士が現在に至るまで戦わなければならなかった。そのうえ、日本社会では在日コリアンに対する差別が残存し、政府は植民地支配に反省の弁を述べつつも、従軍慰安婦や徴用工の問題では曖昧な態度を示した。一九九〇年代以降、韓国の市民社会の動向を見極めた韓国政府は、日本の歴史認識を問うた。軌を一にして、統一教会も日本に道義的責任と賠償を求める宗教運動を展開していった。恨の心情が神や再臨主の言葉として語られるのを前に、日本人信者は、求められる贖罪に応じるしかなかった。なぜなら、日本人信者には日韓の近現代史につ

いての知識も歴史認識もなかったからである。統一教会問題は、日韓におけるポストコロニアルな問題なのだ。

これまでの統一教会報道において、光が当てられたのは主に②の部分である。しかし、統一教会の組織構造や信仰のあり方、韓日における統一教会の支配・従属の関係を理解するためには、①と③の部分を知らなければならない。①は宗教右派としての統一教会における家族観ということで報じられることもあったが、統一教会の宗教史的背景や教説は複雑であり、証言でたどることも難しいので、報道の仕方には熟考が求められただろう。

同じく、③についても報道しづらかったかもしれない。議論が日韓関係に及ぶことに加えて、日本の代表的な保守政治家と目されていた安倍晋三元首相が、韓国に基盤を持つ統一教会の最大の支援者と名指しされて殺害された事件は、日本政治における保守の信念と真っ向から衝突するねじれた現実であり、批判するにしても沈黙するにしても、メディア報道や論壇の「整合性」を根底から揺さぶるものだった。しかし筆者は、むしろ保守陣営こそ、③の論点から統一教会問題を真剣に論じるべきだと考える。それは日本の保守主義の本来あるべき姿を考える上でも、必須のプロセスであるはずだ。

本書が宗教としての統一教会を多面的に描き出せたかどうかは読者の判断に任せたいと思う。

いささか長いあとがきの最後に、本書執筆の経緯を示して終わりとしよう。

私の統一教会研究は、一九九〇年の論文「消費者被害――霊感商法の現状を中心に」（『北星学園女子短期大学紀要』二七号、五三‐九一頁）以来、三十数年にわたる。その成果は、二〇一〇年に中西尋子との共著『統一教会――日本宣教の戦略と韓日祝福』（北海道大学出版会、四刷では二〇二二年七月一九日までの報道を元に安倍元首相銃撃事件についても増補）と、二〇一四年の単著『カルト問題と公共性――裁判・メディア・宗教研究はどう論じたか』（北海道大学出版会、のちに『カルト論の構図――信仰かマインドコントロールか』と改題の上、法藏館より文庫版として二〇二三年再刊予定）にまとめている。本書の典拠資料や事例の詳しい解説に関心のある方は、これらの書籍も参照していただきたい。特に、『統一教会――日本宣教の戦略と韓日祝福』では、現役信者（韓国の日本人女性信者）と脱会信者（日本の元信者）併せて百名を超える詳細なライフヒストリーの聞き取り調査や裁判記録を扱い、統一教会に関する日韓報道の比較や教団年表などの基礎的資料を収録している。

そして、この新書の執筆に至るのだが、実は脱稿までに一〇年もの歳月をかけてしまった。二〇一二年に中央公論新社から新書執筆の依頼を受け、二〇一四年に『カルト問題と公共性』の執筆を終えて本腰を入れようとしたところ、二〇一五年から二〇二〇年まで学務担当の総長補佐（学生相談、ハラスメント相談、障がい支援の担当）となり、各種会議とハラスメント相談室の立ち上げや運営で手一杯となった。さすがに不義理の期間が長過ぎて諦められたと思い、寺院仏教や創価学会の研究（法藏館から編著『創価学会――政治宗教の成長と隘路』を二〇二三年刊行予定）などを手がけている折、二〇二二年七月に安倍晋三元首相殺害の事件が起こった。

取材に忙殺されていた八月、担当者から再び連絡が来て、新書の完成を促された。まだ待っていてくれたのかと感謝し、二つ返事だった。まず、書き上げるのに数年かかった第三章の途中までの原稿を二〇二二年段階に合わせて一ヶ月で書き直し、あとの三ヶ月で第三章の残りと第四章、第五章を脱稿した。九月から一一月にかけても取材対応で忙殺されたが、数十人に及ぶ国内外の記者への対応や、情報・報道番組などで視聴者に語ることによって思考が整理され、統一教会の実像をわかりやすく説明する工夫ができたように思われる。

統一教会の調査研究や本書執筆については名前を挙げられないくらいの方々に世話になった。御礼申し上げたい。本書が、統一教会問題に関心を持つ多くの方々に読まれることを期待しつつ擱筆しよう。

二〇二三年一月

櫻井義秀

声明文

旧統一教会に対する宗務行政の適切な対応を要望する声明

2022年10月24日

本年7月8日に発生した安倍元首相銃撃事件を契機として、世界平和統一家庭連合（旧世界基督教統一神霊協会、以下「旧統一教会」）が行ってきた霊感商法や過度の献金要請、旧統一教会と政治家との関係、および宗教二世の問題などがマスメディアの報道によって周知されることになりました。現在、必要なことは、新たな被害を生み出さないために、現代宗教のあり方、宗教と政治の関係について認識を深めると同時に、透明なプロセスにそって所轄官庁が適切かつ迅速な宗務行政の対応を行うことだと考えます。

すでに、旧統一教会に対する見解や声明は、霊感商法対策弁護士連絡会、日本宗教連盟理事長談話、および被害者や二世信者などからさまざまな形で出されており、内閣府も省庁連絡会議や消費者庁に設置された有識者検討会の報告ということで、宗務行政や消費者法における対応の強化を提言し、政府も質問権の行使を文部科学省に指示したところです。

私たちはこの問題に対してかねてより懸念をもってきました。正体を隠した勧誘は「信教の自由」を侵害しますし、一般市民や信者の家計を逼迫させ破産に追いこむほどの献金要請は公共の福祉に反します。そして、こうした人権侵害に対して教団としての責任を認めてこなかったことは許容できることではありません。ここであらためて研究者有志として旧統一教会問題に対する行政的対応の迅速かつ適切な遂行を求めたいと考えています。

具体的には、宗教法人法の78条2項に定める報告質問権の速やかな行使に基づいた事態の把握、また関連する既決の諸判決、宗教家・宗教学者・法律家などによる旧統一教会の諸活動に対する専門的な調査などをもとに、宗教法人審議会における公正な検討を求めます。そのうえで旧統一教会の諸活動の中で法令遵守に違反し、公共の福祉を害するものがあるのであれば、第81条1項に基づき、宗教法人格の取消しを視野に入れ、裁判所への解散命令請求などの行政的措置を速やかに行うことを求めます。また、霊感商法や高額献金の被害者救済と二世信者支援の施策を併せて行うことも望みます。

以上

宗教研究者　有志　氏名略

参考文献

第一章

浅見雅一・安廷苑、二〇一二、『韓国とキリスト教――いかにして国家的宗教になりえたか』中央公論新社。

青野正明、二〇一五、『帝国神道の形成――植民地朝鮮と国家神道の論理』岩波書店。

青野正明、二〇一八、『植民地朝鮮の民族宗教――国家神道体制下の「類似宗教」論』法藏館。

尾形守、一九九七、『日韓教会成長比較――文化とキリスト教史』ホープ出版。

韓国基督教歴史研究所、韓晳曦・蔵田雅彦監訳、一九九五、『韓国キリスト教の受難と抵抗――韓国キリスト教史一九一九-四五』新教出版社。

韓国歴史編纂委員会、二〇〇〇-〇四、『真の御父母様の生涯路程①～⑪』光言社。

世界基督教統一神霊協会、一九六七、『原理講論』光言社。

澤正彦、一九九一、『未完　朝鮮キリスト教史』日本基督教団出版局。

諸点淑、二〇一八、『植民地近代という経験――植民地朝鮮と日本近代仏教』法藏館。

閔庚培、金忠一訳、一九八一、『韓国キリスト教会史――韓国民族教会形成の過程』新教出版社。

卓明煥、一九八六、『基督教異端研究』現代宗教・国際宗教問題研究所。

卓明煥、一九九二、『改定版　韓國의新興宗教　基督教編第Ⅰ巻』韓國宗教問題研究所・國際宗教問題研究所。

武田吉郎、二〇一四、『再臨主の証明』賢仁舎。

趙載国、一九九八、『韓国の民衆宗教とキリスト教』新教出版社。

萩原遼、一九八〇、『淫教のメシア文鮮明伝』晩聲社。

文鮮明、二〇〇九、『平和を愛する世界人として――文鮮明自叙伝』創芸社。

朴正華、一九九六、『野録　統一教會史』クンセン出版社（一九九三、『六マリアの悲劇』恒友出版）。

洪蘭淑、林四郎訳、一九九八、『わが父文鮮明の正体』文藝春秋。

イ・デボク、一九九九、『統一教原理批判と文鮮明の正体』キリスト教異端問題研究所。

柳東植、一九八七、『韓国のキリスト教』東京大学出版会。

柳東植、澤正彦・金纓共訳、一九八六、『韓国キリスト教神学思想史』教文館。

第二章

アウグスティヌス、清水正照訳、一九九五、『創世記逐的訳注解』九州大学出版会。

荒井荒雄、一九七一、『日本の狂気——勝共連合と原理運動』青村出版社。

小熊英二、二〇〇九、『1968 上 若者たちの叛乱とその背景』『1968 下 叛乱の終焉とその遺産』新曜社。

久保木修己、一九八八、『久保木修己講演集』光言社。

久保木修己、二〇〇四、『美しい国日本の使命——久保木修己遺稿集』世界日報社。

栗田宣義、一九九三、『社会運動の計量社会学的分析——なぜ抗議するのか』日本評論社。

櫻井義秀、二〇〇六、『「カルト」を問い直す』中央公論新社。

櫻井義秀、二〇一四、『カルト問題と公共性——裁判・メディア・宗教研究はどう論じたか』北海道大学出版会。

清水幾太郎、一九七八、『オーギュスト・コント——社会学とは何か』岩波書店。

鈴木広、一九七〇、『都市的世界』誠信書房。

鈴木博雄、一九六八、『学生運動——大学の改革か 社会の変革か』福村出版。

世界基督教統一神霊協会歴史編纂委員会編、二〇〇八、『日本統一教会 先駆者たちの証言①』光言社。

関根正雄、一九八四、『関根正雄著作集第13巻 創世時代講解』新地書房。

全共闘白書編集委員会編、一九九四、『全共闘白書』新潮社。

高山和雄、一九九九、「統一教会よなぜ変わってしまったのか」『別冊宝島 救いの正体』四六一号、宝島社。

高橋徹、一九六八、a「1 全学連——その運動組織と論理」『中央公論』83(5)二五六-二七二。b「2 活動家学生——その運動への参加動機」『中央公論』83(6)一七〇-一八七、c「3 体系への信従と実験——活動家学生のマルクス主義理解」『中央公論』83(8)二六八-二八六、d「4 直接行動の心理と思想」『中央公論』83(9)一三二-一四七。

時任兼作、二〇一七、「安倍・トランプ会談を実現させた『カルト宗教人脈』」『新潮45』二月号
世界基督教統一神霊協会編、一九六七、『原理講論』光言社。

野本真也・越後谷朗・仲村信博・水野隆一、一九九六、「創世記」高橋虔、B・シュナイダー『新共同訳新約聖書注解I』日本基督教団出版局。

古屋安雄、二〇〇九、『なぜ日本にキリスト教は広まらないのか——近代日本とキリスト教』教文館。

山平重樹、一九八九、『ドキュメント新右翼　果てなき夢』二十一世紀書院。

李相憲、一九六八、『新しい共産主義批判』世界基督教統一神霊協会／国際勝共連合。

李相憲、一九七二、『勝共論』世界基督教統一神霊協会。

李相憲、一九七九、『統一思想詳説　第一篇・第二篇』統一思想研究院。

李相憲、一九八四、『共産主義の終焉』統一思想研究院、光言社。

李相憲、一九九〇、『金日成主体思想の批判』統一思想研究院、光言社。

レベル4編集委員会、一九八八、『概説　統一原理レベル4』光言社。

第三章

塩谷政憲、一九八六、「宗教運動への献身をめぐる家族からの離反」森岡清美編『近現代における「家」の変質と宗教』新地書房、一五三－一七四。

副島嘉和・井上博明、一九八四、「これが『統一教会』の秘部だ」『文藝春秋』七月号。

川崎経子、一九九〇、『統一協会の素顔――その洗脳の実態と対策』教文館。

郷路征記、一九九三、『統一協会マインド・コントロールのすべて――人はどのようにして文鮮明の奴隷になるのか』教育史料出版会。

浅見定雄、一九八七、『統一協会＝原理運動――その見極めかたと対策』日本基督教団出版局。

有田芳生、一九九二、『統一教会とは何か――追いこまれた原理運動』教育史料出版会。

金英順、一九九九、『人類の犯罪者ルーシェル　李相軒先生が霊界から送ったメッセージ2』光言社。

桑野燿、一九九四、『桑野式新内画法姓名判断』日東書院。

国際家庭特別巡回師室、一九九六、『本郷人の行く道』国際家庭特別巡回師室刊行（韓国）

氏族メシア勝利マニュアル編纂委員会、一九九六、『氏族メシア勝利　書き込み式　マニュアル part 1』光言社。

青春を返せ裁判（東京）原告団・弁護団編、二〇〇〇、『青春を奪った統一協会』緑風出版。

世界基督教統一神霊協会、一九九八、『聖本』光言社。

世界基督教統一神霊協会、二〇〇三、『天聖経』光言社。

全国統一協会被害者家族の会編、二〇〇五、『自立への苦闘――統一協会を脱会して』教文館。

清平修練院大母様み言編集部、二〇〇〇、『成約時代の清平役事と祝福家庭の道』成和出版社（韓国）。

天地正教、一九九六、『おさとし』正心社。

天地正教『天地新報』正心社、一九九二年六月号、一九九四年一月号、一九九五年三月号。

天地正教、一九九六、『弥勒信仰概説と霊妙慈経解説』正心社。

天宙清平修練院、二〇〇〇、『成約時代の清平役事と祝福家庭の道』成和出版社。

天宙清平修練院、二〇〇二、『真の愛の奇跡』成和出版社。

松本雄司、二〇〇一、『氏族伝道論』光言社。

霊感商法被害救済担当弁護士連絡会、一九八九、『証言記録I告発統一協会・霊感商法』晩稲社。

霊感商法被害救済担当弁護士連絡会、一九九一、『証言記録II告発統一協会・霊感商法』晩稲社。

第四章

光言社出版企画部編、一九九三、『誰も書かなかった国際合同結婚式』光言社。
光言社制作部、一九九九、『真の家庭――真の家庭を求めて』光言社。
国際家庭特別巡回師室、一九九六、『本郷人の行く道』国際家庭特別巡回師室刊行（韓国）
氏族メシヤ勝利マニュアル編纂委員会、一九九六、『氏族メシヤ勝利　書き込み式　マニュアル　part 1』光言社。
世界基督教統一神霊協会、一九九〇、『祝福の意義と価値』光言社。
世界基督教統一神霊協会世界宣教本部、二〇〇三、『祝福家庭』光言社。
世界基督教統一神霊協会二世局編、二〇〇四、『二世祝福の手引き　父母が二世祝福に責任をもつ時代』心情文化研究所・光言社。
世界基督教統一神霊教会、一九九三、『原理講論』（普及版）光言社。
世界平和統一家庭連合、二〇〇六、『祝福結婚』成和出版社。
全国統一協会被害者家族の会編、二〇〇五、『自立への苦闘――統一協会を脱会して』教文館。
全国霊感商法対策弁護士連絡会・日本基督教団統一原理問題連絡会・全国原理運動被害者父母の会編、一九九七、『統一協会合同結婚式の手口と実態』緑風出版。
武田里子、二〇一六、「『韓日祝福』で韓国に渡った日本人女性たちの『その後』」『アジア太平洋研究センター年報』二〇一六-二〇一七、二四-三一頁。
本郷人編集部、二〇〇八、『しあわせいっぱいになる本郷女性講座』
「統一教会『合同結婚式』の悲劇――日本人妻はなぜ韓国人夫を殺したのか」『週刊文春』二〇一二年一二月六日号
「日刊スパ電子版」二〇一六年三月八日
Eileen Barker, 1984, *The Making of a Moonie, Choice or Brainwashing?* Gregg Revivals.
David G. Bromley, 1985, 'Financing the Millennium: The Economic Structure of the Unificationist Movement,'

JSSR: 24-3.
Lofland, John and Stark, Rodney 1965, 'Becoming a World-Saver: a Theory of Conversion to a Deviant Perspective,' American Sociological Review 30.

第五章

大本七十年史編纂会、一九六四・一九六七、『大本七十年史　上・下』大本。

荻上チキ編、二〇二二、『宗教2世』太田出版。

小泉洋一、二〇〇五、『政教分離の法――フランスにおけるライシテと法律・憲法・条約』法律文化社。

郷路征記、二〇二二、『統一協会の何が問題か―人を隷属させる伝道手法の実態』花伝社。

櫻井義秀、二〇〇九、『霊と金――スピリチュアル・ビジネスの構造』新潮社。

櫻井義秀・大畑昇編、二〇一二、『大学のカルト対策』北海道大学出版会。

櫻井義秀、二〇一四、『カルト問題と公共性――裁判・メディア・宗教研究はどう論じたか』北海道大学出版会。

櫻井義秀編、二〇一五、『カルトからの回復――心のレジリアンス』北海道大学出版会。

鈴木エイト、二〇二二、『自民党の統一教会汚染――追跡3000日』小学館。

伊達聖伸、二〇二三、「フランスのライシテとセクト規制」島薗進編『政治と宗教――統一教会問題と危機に直面する公共空間』岩波書店。

本田由紀・伊藤公雄編、二〇一七、『国家がなぜ家族に干渉するのか――法案・政策の背後にあるもの』青弓社。

山口広・佐高信・川井康雄・阿部克臣・木村壮・中川亮・久保内浩嗣、二〇二二、『統一教会との闘い――三五年、そしてこれから』旬報社。

山口智美・斉藤正美・荻上チキ、二〇一二、『社会運動の戸惑い――フェミニズムの「失われた時代」と草の根保守運動』勁草書房。

櫻井義秀（さくらい・よしひで）

1961（昭和36）年，山形県生まれ．北海道大学大学院文学研究科博士課程中退．博士（文学）．北海道大学大学院文学研究院教授．専攻は宗教社会学．
著書『霊と金――スピリチュアル・ビジネスの構造』（新潮社，2009）
『統一教会――日本宣教の戦略と韓日祝福』（共著，北海道大学出版会，2010）
『カルトからの回復――心のレジリアンス』（編著，北海道大学出版会，2015）
『これからの仏教　葬儀レス社会――人生百年の生老病死』（興山舎，2020）
『東アジア宗教のかたち――比較宗教社会学への招待』（法藏館，2022）
ほか

統一教会《とういつきょうかい》
中公新書 *2746*

2023年3月25日発行

著　者　櫻井義秀
発行者　安部順一

本文印刷　暁印刷
カバー印刷　大熊整美堂
製　本　小泉製本

発行所　中央公論新社
〒100-8152
東京都千代田区大手町1-7-1
電話　販売 03-5299-1730
　　　編集 03-5299-1830
URL https://www.chuko.co.jp/

Published by CHUOKORON-SHINSHA, INC.
Printed in Japan　ISBN978-4-12-102746-7 C1214

中公新書

日本史

d1

- 2189 歴史の愉しみ方 磯田道史
- 2455 日本史の内幕 磯田道史
- 2295 天災から日本史を読みなおす 磯田道史
- 2729 日本史を暴く 磯田道史
- 2579 米の日本史 佐藤洋一郎
- 2389 通貨の日本史 高木久史
- 2321 道路の日本史 武部健一
- 2494 温泉の日本史 石川理夫
- 2671 親孝行の日本史 勝又基
- 2500 日本史の論点 中公新書編集部編
- 1617 歴代天皇総覧(増補版) 笠原英彦
- 2302 日本人にとって聖なるものとは何か 上野誠
- 2619 もののけの日本史 小山聡子
- 1928 物語 京都の歴史 脇田修 脇田晴子
- 2345 京都の神社と祭り 本多健一

- 2654 日本の先史時代 藤尾慎一郎
- 2709 縄文人と弥生人 坂野徹
- 482 倭国 岡田英弘
- 147 騎馬民族国家(改版) 江上波夫
- 2164 魏志倭人伝の謎を解く 渡邉義浩
- 1085 古代朝鮮と倭族 鳥越憲三郎
- 2533 古代日中関係史 河上麻由子
- 2470 倭の五王 河内春人
- 2462 大嘗祭―天皇制と日本文化の源流 工藤隆
- 2095 『古事記』神話の謎を解く 西條勉
- 1502 日本書紀の謎を解く 森博達
- 2362 六国史《りっこくし》―日本書紀に始まる古代の「正史」 遠藤慶太
- 2673 国造―大和政権と地方豪族 篠川賢
- 804 蝦夷《えみし》 高橋崇
- 1041 蝦夷《えみし》の末裔 高橋崇
- 2699 大化改新(新版) 遠山美都男
- 1293 壬申の乱 遠山美都男

- 2636 古代日本の官僚 虎尾達哉
- 1568 天皇誕生 遠山美都男
- 2371 カラー版 古代飛鳥を歩く 千田稔
- 2168 飛鳥の木簡―古代史の新たな解明 市大樹
- 2353 蘇我氏―古代豪族の興亡 倉本一宏
- 2464 藤原氏―権力中枢の一族 倉本一宏
- 2563 持統天皇 瀧浪貞子
- 2725 奈良時代 木本好信
- 2457 光明皇后 瀧浪貞子
- 2648 藤原仲麻呂 仁藤敦史
- 2452 斎宮―伊勢斎王たちの生きた古代史 榎村寛之
- 2441 大伴家持 藤井一二
- 2510 公卿《くぎょう》会議―論戦する宮廷貴族たち 美川圭
- 2536 天皇の装束 近藤好和
- 2559 菅原道真 滝川幸司
- 2281 怨霊とは何か 山田雄司
- 2662 荘園 伊藤俊一